E-Book-Download der erweiterten *Scientific Edition*
des Buches unter:
shop.murmann-verlag.de/de/item/milliarden-joker-scientific-edition

Download Code
KX4JTZ6U

In the line of fire –
Losing the war against climate change

The Economist, August 4th 2018

Franz Josef Radermacher hat erneut ein großartiges Buch vorgelegt: Eine realistische Einschätzung der Situation des Weltklimas. Seine neuen Ideen zur Erreichung des Zwei-Grad-Ziels sind wegweisend. Wir werden in unserer Politik vieles davon aufgreifen. Die deutsche Entwicklungspolitik ist ein zentraler Akteur im weltweiten Klima- und Umweltschutz. Die Vorschläge von Franz Josef Radermacher sind für diese Arbeit eine wichtige Orientierung.

Bundesentwicklungsminister Dr. Gerd Müller,
Bundesministerium.für wirtschaftliche Zusammenarbeit
und Entwicklung (BMZ)

Im Senat der Wirtschaft Europa ist uns der internationale Klimaschutz besonders wichtig. Wir arbeiten an neuen Lösungen. Das Buch von Prof. Radermacher macht deutlich, wo die größten Potenziale liegen.

Dr. Benita Ferrero-Waldner, Senat der Wirtschaft Europa,
von 2004–2010 EU-Kommissarin

FRANZ JOSEF RADERMACHER
DER MILLIARDEN-JOKER
WIE DEUTSCHLAND UND EUROPA DEN GLOBALEN KLIMASCHUTZ REVOLUTIONIEREN KÖNNEN

MURMANN
MURMANN PUBLISHERS

Klimaneutral
Druckprodukt
ClimatePartner.com/12752-1803-1001

Zum Ausgleich für die entstandene CO_2-Emission bei der Produktion
dieses Buches unterstützen wir die Erhaltung und Wiederaufforstung
des Kibale Nationalparks in Uganda. Das Projekt trägt zum Klimaschutz
bei, indem die Bäume bei der Fotosynthese Kohlenstoff aus der Luft
binden, es schützt die Biodiversität des tropischen Waldes und sichert
260 Arbeitsplätze.

3. Auflage 2019
Copyright © 2018 Murmann Publishers GmbH, Hamburg

Lektorat: Marc Winkelmann, Tornesch
Druck und Bindung: CPI books GmbH, Leck
Printed in Germany

ISBN 978-3-86774-612-0

Besuchen Sie uns im Internet: www.murmann-publishers.de
Ihre Meinung zu diesem Buch interessiert uns!
Zuschriften bitte an info@murmann-publishers.de
Den Newsletter des Murmann Verlages können Sie anfordern unter
newsletter@murmann-publishers.de

INHALTSVERZEICHNIS

Vorwort: Patricia Espinosa

If this generation is to hand on a healthy, productive and climate safe planet to the next generation, it is imperative to meet the aims and ambitions of the landmark 2015 Paris Agreement. Swiftly and on time.

To do this, we must involve all parts of society. We must pursue every opportunity, large and small, and deploy every creative and positive solution to realize climate neutrality by the second half of this century.

Science advises us that this is the best chance for humanity to stay within the Agreement's key goal: namely keeping a temperature rise well below 2 degrees C and better no higher than 1.5 degrees C this century.

It practically means reaching a point when the emissions from our economies and our life-styles have been brought down to such a low level, that what remains can be easily and safely absorbed by the Earth's natural systems such as forests, soils and coastal ecosystems like mangroves, seagrasses and salt marshes.

Climate neutrality—or as some like to term it net zero—may seem like a remote vision. But the reality is that climate neutrality is an opportunity that many cities, companies and organizations have already committed to today. UNFCCC's Climate Neutral Now initiative already counts a large number of well-known companies and organizations, not least the United Nations itself, among the signatories that have taken the climate neutral commitment.

The question is not whether climate neutrality can be achieved or not. We know that it can be achieved, with the right policies, incentives and technologies. Instead, the question that is facing governments and the growing array of cities, states, territories, regions, companies, investors, civil society groups and citizens who are enthusiastically supporting the transformation, is how it can be achieved in an as cost-effective and rapid way as possible Low carbon, resilient policies need to be tuned, harmonized and streamlined across governments nationally and internationally.

Incentives need to be provided to companies and citizens to invest in clean technologies, goods and services, that will make a crucial difference.

The financial architecture of the global banking and investment system must be evolved to reward sustainability and capture a new notion of wealth generation.

But climate neutrality is not only a challenge for what you can do for yourself, your own organization, your city or country. It is also an opportunity for working together with other stakeholders around the globe to achieve emission reductions in other parts of the world, where the local stakeholders may not have the means to realize the emission reductions and associated benefits that come with climate action.

It is an unescapable fact that climate change is a global problem, that affects all of us, regardless of where the greenhouse gas emissions comes from. It is therefore also an unescapable fact that any action you take, regardless of whether it is »at home« or elsewhere, will contribute positively to a low-carbon future for all of us on this planet.

This is also the fundamental idea with climate compensation, or offsetting, which is the premise at the heart of Professor Franz-Josef Radermacher's new, thought-provoking and practical, forward-looking book.

This book is exploring how offsetting can be used in a positive way that is both safeguarding the environment and contributing to other sustainable development goals at the same time. It highlights the benefits from international cooperation that the offsetting offers and the importance of using offsets as they are intended: Not instead of emission reductions at home, but in addition to emission reductions at home. It highlights the importance of using offsets that are credible, verifiable and additional, and in the context of international offsets, safeguards against double counting. These are all important principles that also the parties to UNFCCC fully agree on.

Until today, more than 1.8 billion tonnes of greenhouse gas emissions have been avoided thanks to offsetting projects under UNFCCC's Clean Development Mechanism alone. As part of the Paris Agreement, parties are elaborating the rules for the next generation of market-based approaches. At its heart is the idea of international collaboration and harnessing the full power of a world that thrives on economic signals and opportunities. This is not about selling the environment but about enabling emission reductions practically, realistically and in a way that allows scaling up global climate action to the levels needed by the Paris Agreement.

In UNFCCC we are pleased to see an ever-increasing number of companies, organizations, cities and individuals joining the commitment to climate neutrality, ranging from some of the largest airports in the world, sports organizations, and IT companies, to fashion brands, schools, cities and A list celebrities.

I welcome Professor Radermacher's contribution to this debate and hope it will inspire many more institutions, organizations and individuals to consider offsetting as a contribution to the very urgent climate action needed to build a better future for every man, woman and child.

The journey towards achieving the Paris Agreement requires all solutions to be used and all hands-on deck. Many more people can play their part and in doing so can eventually making offsetting redundant because the aim of climate neutrality and a safer, cleaner and better world for all has been secured.

Patricia Espinosa ist die Generalsekretärin der Klimarahmenkonvention der Vereinten Nationen (UNFCCC). Zuvor war die Mexikanerin unter anderem Botschafterin in Deutschland und Außenministerin ihres Landes.

Vorwort: Prof. Klaus Töpfer

Die Menschheit sieht sich zunehmend herausgefordert durch Probleme, die über die Kapazität eines einzelnen Staates hinausreichen. Mehr denn je ist vertrauensvolle Zusammenarbeit über nationale Grenzen hinweg erforderlich, um diese Probleme nicht nur zu analysieren, sondern sie auch zu lösen. Und gleichzeitig: Mit großer Sorge müssen wir verfolgen, dass multilaterale Institutionen und Lösungen sich in einer massiven Krise befinden. Von den Handelssystemen der WTO bis zu weltweiten ökologischen Herausforderungen werden globale Lösungsansätze durch nationale Egoismen infrage gestellt.

Dieses Dilemma zeigt sich stärker als an vielen anderen Stellen in der Notwendigkeit, die durch die Konsequenzen menschlichen Handelns verursachten Klimaänderungen so zu bewältigen, dass sie nicht zu einer Gefährdung von Sicherheit und Stabilität in einer Welt mit bald 9 Milliarden Menschen werden können. Ganz im Gegenteil: Die wissenschaftlichen Analysen werden infrage gestellt, fossile Energieträger werden aus nationalem Interesse etwa in den Vereinigten Staaten von Amerika verstärkt gefördert – die Bemühungen für erfolgreiche Klimapolitik fallen hinter sicherheitspolitische Krisen und ökonomische Instabilitäten vornehmlich in den Entwicklungsländern zurück.

Mit der Klimakonferenz 2015 in Paris wurden sicherlich ambitionierte globale Ziele vereinbart. Deren konzentrierte Umsetzung fällt schwer und wird im Zweifel immer bei der anderen Nation eingefordert. Dabei zeigen technologische Fortschritte vornehmlich bei den erneuerbaren Energien, die durch Forschung und Technik und durch Economies of Scale wettbewerbsfähig geworden sind: Klimapolitik ist durchaus ein technologischer Treiber, ist ein wichtiger Beitrag zur wirtschaftlichen Stabilisierung der sogenannten Entwicklungsländer.

Eine Globalisierung der Energiewende muss auch in ihrer geopolitischen Konsequenz sorgfältig beachtet werden. Für viele Länder in der Welt sind Öl und Gas entscheidende Faktoren für wirtschaftliche Entwicklung. Eine Dekarbonisierung der Energieversorgung bewirkt zumindest in der Übergangszeit für diese Länder erhebliche Verluste, kann zu Destabilisierungen ganzer Regionen führen. Um es auf den deutschen Maßstab herunterzubrechen: Ein Ausstieg aus der Braunkohleförderung führt in der Lausitz zur Krise einer ganzen Region, wenn nicht überzeugende alternative Entwicklungskonzepte angeboten werden. Um wie viel stärker sind diese Strategien für einen stabilen Übergang in eine Dekarbonisierung erforderlich in den Ländern der Arabischen Halbinsel, in den ölfördernden Ländern Afrikas und Südamerikas, aber auch in Russland. Aus unserem eigenen Interesse heraus muss die Umsetzung der erneuerbaren Energien auf globaler Ebene verbunden sein mit Übergangsstrategien für die davon besonders betroffenen Länder und Regionen.

Diese hier nur kurz angesprochenen Zusammenhänge müssen den Menschen bei uns im Land, aber auch weiter darüber hinaus sehr bewusst gemacht werden. Erfolgreiche Klimapolitik wird immer massive strukturpolitische Konsequenzen auslösen. Es ist erforderlich, diese Konsequenzen frühzeitig zu analysieren und Ansatzpunkte für ein geschlossenes multilaterales Handlungskonzept zu schaffen. Die aktuelle Krise des Multilateralismus ist dafür Gift – gemeinsames, wechselseitig vertrauensvolles Zusammenarbeiten ist unerlässlich.

Vor diesem Hintergrund ist es höchst erfreulich, dass Franz Josef Radermacher in dem vorliegenden Buch zum Klima- und Energiethema eine Vielfalt dieser Fragen weltpolitischer Dimension in den Bereichen Klima und Energie in integrativer Weise anspricht und ihre handlungsrelevanten Ansatzpunkte konkret herausarbeitet. Ebenso ist es sinnvoll, dass Radermacher die unbedingte Erfordernis der Nutzung massiver Negativemissionen, vor allem durch Aufforstungsprojekte weltweit und insbesondere in den Tropen, aber auch durch verstärkte Humusbildung in landwirtschaftlichen Projekten in den semi-ariden Zonen der Welt analysiert und klimapolitisch bewertet. In Kenntnis der bereits gegenwärtigen Belastung der Atmosphäre mit klimawirksamen Stoffen wird es zunehmend darum gehen müssen, CO_2 wieder aus der Atmosphäre herauszuholen. Dafür verweist Radermacher auf die positive Bedeutung der großen heißen Wüsten, aber auch auf die Potenziale synthetischer Kraftstoffe. Wichtig ist dabei der Verweis auf die vielen Co-Benefits internationaler Kompensationsprojekte im Klimabereich für die Umsetzung der Nachhaltigkeits-Entwicklungsziele der Vereinten Nationen. Alles dies sind Dimensionen, die weiterer intensiver wissenschaftlich-technischer Forschung bedürfen, um abschließend festlegen zu können, inwieweit diese Dimensionen für die Gestaltung einer wirksamen Klimapolitik in unserem Lande, aber auch weltweit zunehmend Bedeutung gewinnen können.

Ebenso ist es zwingend, dass die Rolle der »Top Emitter« herausgearbeitet wird, also die extrem hohen Klimagasemissionen von Menschen mit hohem Lebensstandard und einem entsprechenden Lebensstil. Diese »Top Emitter« haben direkt und indirekt, faktisch und psychologisch einen großen Anteil am Klimaproblem. Gerade diese Gruppe profitiert aber auch in besonderer Weise von den Ergebnissen einer wirksamen Klimapolitik, die eine Klimakatastrophe vermeidet und weltweite wirtschaftliche und gesellschaftliche Stabilität sichert. Es zeigen sich damit auch über die staatlichen Initiativen hinaus Möglichkeiten und Notwendigkeiten privater und privatwirtschaftlicher klimapolitisch begründeter Kompensation.

Dem neuen Buch von Franz Josef Radermacher wünsche ich viel Erfolg. Dieser Erfolg ist auch damit verbunden, dass die Ansätze engagiert und sicherlich auch kritisch diskutiert werden. Nur aus dieser Auseinandersetzung heraus kann ein substanzieller Fortschritt globalen Handelns entstehen.

Prof. Dr. Dr. h. c. mult. Klaus Töpfer, Bundesminister a. D.
Ehem. Exekutivdirektor des Umweltprogramms der Vereinten Nationen (UNEP)
in Nairobi und Untergeneralsekretär der Vereinten Nationen (1998–2006)

TEIL 1

ZUR ORIENTIERUNG

1.1_EINLEITUNG

◆◆◆ Die Klimafrage ist eine der zentralen Herausforderungen für die Menschheit. Mit dem Vertrag von Paris wurde ein wichtiger Schritt getan, um sie zu lösen: Die Staaten der Welt haben das Problem gemeinsam benannt und eine Zielsetzung formuliert – sie wollen den Anstieg der globalen mittleren Temperatur auf unter 2 Grad im Verhältnis zur vorindustriellen Zeit halten, möglichst sogar auf unter 1,5 Grad.

Der Bundesminister für wirtschaftliche Zusammenarbeit und Entwicklung, Gerd Müller, hat im Dezember 2017 die Klimaneutralität seines Hauses ab dem Jahr 2020 erklärt. Bei der Eröffnung der Weltklimakonferenz am folgenden Tag ging er einen Schritt weiter. Er wolle sich dafür einsetzen, dass sich die Bundesregierung, die Landesregierungen und auf Dauer der ganze öffentliche Sektor sowie nahestehende Bereiche klimaneutral stellen. In einer Mitteilung des Bundesministeriums für Umwelt, Naturschutz und Reaktorsicherheit vom 01.11.2008 wird der Gesamtumfang der CO_2-Emissionen von Bund, Ländern, Kommunen und öffentlichen Unternehmen – der zwischenzeitlich spürbar abgesenkt wurde – auf etwa 43 Millionen Tonnen CO_2 pro Jahr geschätzt. Mehr als die Hälfte davon entsteht durch den Energieverbrauch der öffentlichen Gebäude.

Mit Blick auf die zukünftige deutsche Politik wäre es ein großartiges Signal, wenn sie für Deutschland das Ziel formulierte, dass Akteure mit Sitz in Deutschland ab dem Jahr 2025 eine Milliarde Tonnen CO_2 jährlich in internationalen Kooperationsprojekten kompensieren und in einer großen gesellschaftlichen Anstrengung zügig auf dieses Ziel hinarbeiten würden. Das wären mehr kompensierte Tonnen als die Gesamtemissionen Deutschlands. Deutschland hätte sich auf diese Weise als erster Industriestaat der Welt als Ganzes mehr als klimaneutral gestellt, also klimapositiv, und würde gleichzeitig in massiver Weise die Umsetzung der Nachhaltigkeitsziele, der »Sustainable Development Goals« (SDGs) fördern, nämlich durch sogenannte Co-Benefits internationaler Kompensationsprojekte: Geht man von Kompensationspreisen zwischen 10 und 20 Euro pro Tonne CO_2 aus, wären das trotz erheblicher Transaktionskosten zusätzlich deutlich mehr als 20 Milliarden Euro als deutscher Beitrag zur internationalen Entwicklungszusammenarbeit, die heute bei 22,3 Milliarden Euro liegt.

Dieser Vorschlag muss den Staatshaushalt nicht wesentlich belasten. Man kann sich sehr gut eine enge Zusammenarbeit zwischen Regierung, Unternehmen und den Bürgern in diesem Bereich vorstellen. Worauf es ankommt, ist, in einer konzertierten Aktion zusammenzuwirken, und zwar unter Nutzung der richtigen Art von öffentlicher Kommunikation. Gegen Hindernisse, die aus Unverständnis oder möglicherweise auch verdeckten Eigeninteressen resultieren, zum Beispiel durch negative und abwertende Formulierungen für internationale Kompensationsprojekte im Klimabereich, wie »Ablasshandel«, »Freikauf« und »Greenwashing«, muss argumentiert werden. Hier sollte die neue deutsche Regierung einen Schwerpunkt ihrer Aktivitäten im Klimabereich setzen.

Menschen, die sich freiwillig klimaneutral stellen, sollte gedankt werden. Was die Regierung tun könnte, wäre, für entsprechende Standards in Projekten zu sorgen. Wer also Teil dieses nationalen Programms sein will, kann nur solche Kompensationsprojekte nutzen, die entsprechende Standards erfüllen. Hierzu sind inhaltliche Vorgaben noch zu erarbeiten, das ist ein wichtiges Thema. Die Bundesregierung könnte auf dieser Basis ein Registrierungsumfeld für Maßnahmen zu diesem Thema schaffen und alle bei Privatpersonen, Organisationen und Unternehmen erfolgten Kompensationsmaßnahmen der zugelassenen Art dokumentieren und registrieren. In jedem Fall sollten entsprechende Ausgaben von Unternehmen als Betriebsausgaben anerkannt werden. Die Regierung könnte gegebenenfalls die Bereitschaft signalisieren, die auf diese Weise durch andere Akteure nicht kompensierten (Rest-)Volumina bis zu einer Milliarde Tonnen CO_2 pro Jahr aus Steuermitteln zu kompensieren.

Wenn Deutschland sich insgesamt auf diese Weise klimapositiv stellt, müssen wir in der nationalen Politik nicht mehr sklavisch Pläne für rein rechnerisch abgeleitete Reduktionsziele verfolgen. In Bezug auf Kohle, Automobile oder die energetische Sanierung von Gebäuden könnten wir mit mehr Augenmaß und vor allem Zeit für Anpassungen und orientiert an Kosten-Nutzen-Überlegungen verfahren. Die im Moment durch eine Art »Klimaplanwirtschaft« erfolgende Geldvernichtung in diesem Bereich könnte massiv zurückgefahren werden. Stattdessen könnten wir mittelfristig die jeweiligen Prozesse systematischer angehen. Dabei spielt der weitere technische Fortschritt eine zentrale Rolle. Er sollte technologieoffen beobachtet und genutzt werden.

1.2_THESENARTIGE ZUSAMMENFASSUNG

◆◆◆   Die internationale Klimapolitik braucht einen neuen Denkrahmen, einen neuen »Frame«, wenn das Zwei-Grad-Ziel noch eine Chance haben soll. Denn die Weltgemeinschaft droht im Klimabereich zu scheitern.[1] Die Zeit läuft davon. Weil wir zu wenig tun und dieses Wenige oftmals auch noch falsch ist. Ein alternativer Denkrahmen wird in diesem Buch entwickelt. Er löst sich insbesondere von der heute dominierenden nationalen Orientierung der verfolgten Aktivitäten. Folgende Elemente sind wesentlich:

1 Die Politik hat in Paris geliefert, was sie liefern konnte, auch wenn dies bei weitem nicht zur Erreichung des Zwei-Grad-Ziels reichen wird. Viel mehr kann die Politik nicht leisten. Weiterer Druckaufbau auf die Politik ist eher kontraproduktiv.

② Bilanziell müssen bis 2050 etwa 500 Milliarden weitere Tonnen CO_2 eliminiert werden. Zugleich dürfen insbesondere die erforderlichen Wachstumsprozesse der Nichtindustrieländer und damit (zumindest teilweise) die Umsetzung der Agenda 2030 in diesen Ländern bilanziell keine weiteren erheblichen Klimabelastungen zur Folge haben. Dies ist die Schlüsselfrage für eine eventuelle Erreichung des Zwei-Grad-Ziels. Soll dies gelingen, muss unter anderem der Atmosphäre massiv CO_2 durch biologische Sequestrierung, also zum Beispiel durch Aufforstungsmaßnahmen und Förderung der Humusbildung im Bereich der Landwirtschaft, entzogen werden. Es geht dabei um mindestens 250 Milliarden Tonnen CO_2-Negativemissionen bis 2050. Negative Emissionen besitzen insofern eine zentrale Bedeutung.

③ Die bilanzielle Vermeidung von 500 Milliarden Tonnen CO_2 bis 2050 erfordert geschätzt etwa 500 Milliarden Euro pro Jahr, was einem Vielfachen der heutigen Mittel für die internationale Entwicklungszusammenarbeit entspricht. Das kann die Politik nicht leisten. Schon die verabredeten 100 Milliarden US-Dollar für den Klimafinanzausgleich pro Jahr ab 2020 sind für die Politik in den Industrieländern fast eine Überforderung.

④ Neben der Politik brauchen wir deshalb einen zweiten starken Akteur in der Klimapolitik, und zwar den wohlhabenden Teil der Weltbevölkerung, etwa 1 bis 2 Prozent der Weltpopulation, die über alle Länder der Welt – reiche, weniger reiche und arme – verteilt sind und zum Teil sehr hohe CO_2-Emissionen erzeugen: 50, 100, 500 und sogar 1000 Tonnen CO_2-Emissionen pro Kopf und Jahr. Die sogenannten »Top Emitters«.

⑤ Ohne die Emissionen der »Top Emitters« gäbe es das Klimaproblem nicht. Die »Top Emitters« profitieren ökonomisch am meisten davon, wenn eine Klimakatastrophe vermieden wird. Es geht für sie um die Absicherung ihres Lebensstils und ihrer vielen Eigentumstitel. Sie und ihre Partner – weltweit operierende Unternehmen und Organisationen, reiche Gemeinden und Städte,

Lieferanten und Dienstleister – können, wenn sie wollen, sogar alleine die zweite Hälfte des Klimaproblems lösen, nämlich bis 2050 eine bilanzielle Einsparung von 500 Milliarden Tonnen CO_2, und dazu die Aufbringung von 500 Milliarden Euro pro Jahr bewirken, primär als »verlorene« Beiträge für die Finanzierung der freiwilligen Stilllegung hochwertiger CO_2-Zertifikate. Das heißt, dass den 500 Milliarden Euro in der Regel keine Eigentumstitel gegenüberstehen, sie keine Zinsen generieren und auch nicht zurückbezahlt werden.

6 Die freiwillige Klimaneutralität, besser noch Klimapositivität von »Top Emitters«, insbesondere durch globale Kompensationsprojekte, ist ein wesentlicher Schlüssel zur Erreichung des Zwei-Grad-Ziels. Dies kann zum Beispiel durch Projekte vom Typ »No Use« erfolgen, zu denen etwa das Stilllegen von Zertifikaten des europäischen Zertifikatssystems ebenso zählt wie das Zahlen von Entschädigungen für die Stilllegung von Kohlekraftwerken und die Nichtexplorierung neuer Ölfelder in bestimmten Regionen. Möglich ist auch die Finanzierung von Negativemissionen, insbesondere durch biologische Sequestrierung, also vor allem die Aufforstung und forcierte Humusbildung, sowie der Einsatz von Bio-Kohle auf potenziell jeweils bis zu einer Milliarde Hektar degradierter Böden.

7 Der beschriebene Ansatz eröffnet gewaltige Potenziale für die Umsetzung der globalen Nachhaltigkeitsziele der sogenannten Agenda 2030, und zwar über die großen Co-Benefits der beschriebenen Maßnahmen. Auch die Erreichung dieser »Sustainable Development Goals« erfordert erheblichen Mittelzufluss aus wohlhabenden Ländern in sich entwickelnde Länder. Auch dies kann die Politik nicht leisten. Das jahrzehntelange Lavieren bezüglich des 0,7-Prozent-Ziels für Mittel der öffentlichen Entwicklungszusammenarbeit (»Official Development Assistance«, ODA) spricht eine deutliche Sprache. Der wohlhabende Privatsektor aber kann diese Mittel im Rahmen freiwilliger Klimaneutralitätsmaßnahmen (über Stilllegung entsprechender Zertifikate

oder als Project-Owner) aufbringen. Das ist auch ein besonders kluger Weg, um mehr Suffizienz zu erreichen.

8 Die Politik sollte den wohlhabenden Teil der Weltbevölkerung und seine Partner motivieren, aktiv zu werden, und zugleich die Rahmenbedingungen für individuelle Klimaneutralitätsaktivitäten verbessern. Die Nichtregierungsorganisationen (NGOs) sollten dieser Gruppe ebenfalls viel mehr Aufmerksamkeit als bisher widmen, statt von der Politik Lösungen zu fordern, die sie ohnehin nicht liefern kann. Vor allem sollten manche NGOs ihre häufig praktizierte, völlig verfehlte Diffamierung internationaler Kompensation als »Freikauf«, »Ablasshandel« oder »Greenwashing« beenden.

9 Die deutsche Politik sollte sich, wie das aktuell auch zwischen den Koalitionspartnern Konsens zu sein scheint, mit überzogenen, teils planwirtschaftlich anmutenden Vorschlägen zur forcierten Stilllegung von Kohlekraftwerken, zur energetischen Rundumsanierung von Gebäuden und zum weitgehenden, das heißt flächendeckenden Umstieg auf Elektroautos zurückhalten und stattdessen technologieoffener und mit weniger Zeitdruck operieren. Parallel dazu sollte sie die Idee freiwilliger Klimaneutralität von Unternehmen, Organisationen und Individuen breit propagieren und koordinieren.

10 Als »Milliarden-Joker« sollte die deutsche Politik perspektivisch darauf hinwirken, dass deutsche Akteure ab 2025 jährlich mindestens einer Milliarde Tonnen CO_2 global kompensieren, dadurch Deutschland als ersten Industriestaat der Welt mehr als klimaneutral, genauer: klimapositiv, stellen und zugleich aufgrund der zahlreichen Co-Benefits den Umfang deutscher Entwicklungszusammenarbeit in Bezug auf die Umsetzung der SDGs vervielfachen. Der Hauptbeitrag der Politik liegt dabei in der offensiven öffentlichen Vertretung und Koordinierung dieses neuen Ansatzes in der Klima- und Entwicklungspolitik. Auf europäischer Ebene sollte die deutsche Politik versuchen, dazu beizutragen, dass europäische Akteure ab 2030 jährlich mindestens

5 Milliarden Tonnen CO_2 global kompensieren, und damit das Milliarden-Joker-Programm auf Europa auszuweiten versuchen. Europa wäre dann der erste klimapositive Kontinent. Die vor kurzem gestartete »Trillion Tree Campaign« der von Kindern initiierten »Plant for the Planet«-Initiative in Zusammenarbeit mit weiteren, vor allem britischen Partnern (WCS, WWF, BirdLife International) weist in die richtige Richtung. Solche Zielsetzungen sind mit individuellem Engagement, konsequentem Einsatz und mit langem Atem umsetzbar. Sie können den Menschen Mut machen und bieten eine motivierende Alternative zu den permanenten Weltuntergangsbotschaften und fast schon planwirtschaftlichen Lösungsansätzen, die uns täglich erreichen.

1.3_DER US-PRÄSIDENT, RECHTSFRAGEN UND DEUTSCHE BEFINDLICHKEITEN

◆◆◆ Die Lösung des Klimaproblems ist sehr schwierig. Das hängt unter anderem damit zusammen, dass die Klimathematik nicht primär als Umweltproblem verstanden werden darf. Vielmehr sind die das Klimaproblem verursachenden Emissionen aufs Engste mit dem Energiesektor, mit industriellen Aktivitäten und einer Hochleistungslandwirtschaft verknüpft, also mit ökonomischen, finanziellen, sozialen und damit weiteren, politisch höchst brisanten Themen. Es geht um Wohlstand, Reichtum, Ressourcenzugriff und -verfügbarkeit, Innovationen, um Macht und Stärke, um Fragen der Geopolitik, vielleicht auch um Krieg und Frieden. In jedem Fall geht es um viel Geld und um dessen Allokation. Wer ist Gewinner, wer ist Verlierer in diesem Prozess? Für die Ärmsten auf der Erde geht es vor allem um Wasser und Nahrung und das nackte Leben und Überleben in einem Umfeld, in dem die Weltbevölkerung weiter rasant wächst.

Zusätzlich erschwert wird die internationale Politik durch US-Präsident Trump, den geplanten britischen Austritt aus der Europäischen Union (»Brexit«) und Renationalisierungs- und Protektionismustendenzen in vielen Staaten. Der sich aufbauende Migrationsdruck stellt eine besondere Herausforderung dar, vor allem wenn man an die Möglichkeit von Millionen Klimaflüchtlingen in der Zukunft denkt. Parallel zu den internationalen Themen erzeugen die Verlierer der Globalisierungsprozesse der letzten Jahrzehnte politische Verwerfungen innerhalb der Staaten. Ihre Situation wurde in der öffentlichen Debatte und im politischen Prozess viel zu lange nicht fair zur Kenntnis genommen. Auf nationaler Ebene finden sich nun fast überall Akteure, die jetzt einfache Lösungen versprechen, während die schwierigen, aber erfolgversprechenden Ansätze echter internationaler Kooperation von fast allen Seiten eher ausgeblendet werden.

Die aktuellen Probleme werden beim Klimaschutz besonders deutlich. Der Pariser Klimavertrag ist in der internationalen Abstimmung zum Thema ein Schritt nach vorne, aber er bedeutet, wie dargestellt, nicht die Lösung des Klimaproblems, auch wenn viele Akteure, die sich im Bereich Nachhaltigkeit und Klimaschutz engagieren, so tun, als hätte die Weltgemeinschaft in Paris einen vollumfänglichen Lösungsweg zur Eindämmung des Klimawandels beschlossen. Das ist nicht der Fall.

Der Pariser Klimavertrag hat zwei Dimensionen. Formuliert wurden auf einer abstrakten Ebene Ziele, die aus Sicht des Klimaschutzes erforderlich sind. Dies allerdings nur in rechtlich unverbindlicher Weise bei nicht geklärter Zuständigkeit. Konkreter sind auf der Umsetzungsebene des Vertrages die freiwilligen CO_2-Reduktionszusagen (»Nationally Determined Contributions«, NDC) der einzelnen Staaten. Diese sind allerdings ungenügend und reichen, selbst wenn sie umgesetzt werden, in der Summe bestenfalls aus, die Erderwärmung auf vielleicht 3 Grad gegenüber dem vorindustriellen Zeitalter zu begrenzen. Das so wichtige Zwei-Grad-Ziel ist auf Basis dieser Zusagen nicht erreichbar. Zudem ist die Umsetzung unsicher. Denn selbst die freiwillig gemachten Zusagen sind nicht mit Sanktionen bei Nichteinhaltung verknüpft. Zudem ist mit drei Jahren Vorlauf sogar ein Ausstieg aus diesem sehr weichen Vertrag möglich.

Nun haben die USA unter Präsident Trump den Austritt aus diesem gerade geschlossenen Vertrag erklärt. Dieser Austritt wird 2020 wirksam. Der stärkste Akteur verweigert sich. Wahrscheinlich will er sich nicht völkerrechtlich verbindlich an das Zwei-Grad-Ziel binden, was in der Sache nicht bedeuten muss, dass er das Zwei-Grad-Ziel aufgeben will. Eher geht es um ein starkes politisches Signal, des Weiteren um die Vermeidung eventueller Rechtsfolgen. Dies betrifft vor allem rechtliche Auseinandersetzungen vor US-Gerichten, bei denen Betroffene des Klimawandels, auch Ausländer, versuchen könnten, aus dem gemeinsamen Ziel der Weltgemeinschaft im Klimabereich Handlungspflichten für die US-Politik zu erzwingen oder Haftungsansprüche gegen US-Unternehmen abzuleiten. Interessant ist, dass New York jüngst die Ölkonzerne BP, Chevron, Conoco Philips, Exxon Mobil und Royal Dutch Shell vor Gericht verklagt hat. Die Stadt will Milliarden US-Dollar zurückbekommen, die sie zur Abfederung der Folgen des Klimawandels ausgegeben hat. Andere Städte in den USA versuchen Ähnliches. Den Ölkonzernen wird vorgeworfen, dass sie über die Auswirkungen der Nutzung fossiler Brennstoffe auf das Klimasystem Bescheid wussten, aber die Öffentlichkeit zu diesem Thema absichtlich in die Irre geführt hätten. Die Argumentation erinnert an erfolgreiche Kampagnen gegen die Zigarettenindustrie.

Mit Blick auf die rechtliche Situation geht es vor allem um die Qualität der Verpflichtung auf das (verschärfte) Zwei-Grad-Ziel. Die Staaten der Welt waren sich einig, dass man sich auf dieses Ziel verständigt, aber sie waren sich auch einig, sich gegenseitig nicht die Maßnahmen abzuverlangen, die zur Erreichung des Zieles nötig wären. Wäre das die Intention gewesen, hätte man das Abkommen nicht unterzeichnet. Warum ist das so? Weil alle Vertragspartner seit Kopenhagen wussten, dass es keinen Konsens über einen derart weitreichenden Vertrag geben würde. Deshalb müssen gemäß der Logik des Paris-Vertrags die Staaten nur freiwillige Versprechen abgeben, die sie außerdem nicht einhalten müssen. Und das vor dem Hintergrund, dass selbst die Einhaltung der Versprechen nicht zum Zwei-Grad-Ziel führen würde. Für den Vertrag von Paris war also Voraussetzung, sich nur unter der Bedingung auf ein

Zwei-Grad-Ziel zu verpflichten, dass daraus keine materiellen Konsequenzen für die Umsetzung des Zieles folgen. Völkerrechtlich gibt es auch keine Instanz, bei der entsprechende Umsetzungsleistungen eingefordert werden könnten. Manche versuchen, das jetzt ersatzweise auf der nationalen Ebene nachzuholen. Das widerspricht aber der Entstehungsgeschichte und den Existenzvoraussetzungen des Paris-Vertrags. Außerdem stehen dann die Richter vor dem Problem, weltweite Ziele nach irgendeiner Logik auf national erforderliche Maßnahmen herunterzubrechen. Dafür gibt es keine logisch zwingende Argumentationskette. Jede Entscheidung dieses Typs ist deshalb in der Sache willkürlich.

Diese rechtlichen Auseinandersetzungen sind in einem größeren Kontext zu sehen, insbesondere nach der Wahl von Donald Trump zum Präsidenten der USA. Es läuft eine teilweise hässliche Auseinandersetzung der Zivilgesellschaft und vieler ökonomischer Verlierer gegen die Interessen der Wirtschafts- und Finanzeliten. Ferner gibt es an dieser Stelle auch einen Nord-Süd-Konflikt. Dabei geht es einerseits um billige Arbeitskräfte und niedrige Umweltstandards als Wettbewerbsvorteil sich entwickelnder Staaten, andererseits um einen beispiellosen Wettlauf um Ressourcen: Regierungen wie nationale und transnationale Unternehmen begehren wie nie zuvor Wasser, Land, fossile und mineralische Rohstoffe, genetische Ressourcen aller Art. Noch intakte Ökosysteme werden diesem Ressourcenhunger geopfert, Abertausende Menschen verlieren ihre Lebensgrundlagen, ihre Mitsprache- und Beteiligungsrechte werden beschnitten oder verwehrt.

Dagegen wehren sich weltweit Bürgerinnen und Bürger, die organisierte Zivilgesellschaft, soziale Bewegungen und die betroffenen Gemeinschaften, wobei sich Akteure aus reichen Ländern gerne in Nichtindustrieländern und in Entwicklungsländern engagieren. Nicht überraschend geraten sie dabei zunehmend unter Druck. Fragen, Kritik und Proteste werden zunehmend mit Repression, Einschüchterung und Diffamierung beantwortet. Dabei wird die staatliche Macht gegen entsprechende Nichtregierungsorganisationen und Bürgerbündnisse aktiviert. Die Handlungsspielräume für zivilgesellschaftliche

Akteurinnen und Akteure, die gegen Großprojekte aktiv sind, gegen soziale Missstände, Landraub und Umweltzerstörung protestieren und demokratische Teilhabe und Menschenrechte einfordern, werden dadurch weltweit immer kleiner.

Das ist auch in Indien zu beobachten, der größten Demokratie der Welt. Unter Premierminister Narendra Modi haben sich die Möglichkeiten der Zivilgesellschaft verschlechtert. Tausende von Nichtregierungsorganisationen verloren in den vergangenen Jahren ihre Lizenz. Gegen die Umweltschutzorganisation Greenpeace wird vorgebracht, ihre Aktivitäten verletzten nationale indische Interessen. Das alles geschieht im Rahmen des »Foreign Contribution Regulation Act«, der das Ziel postuliert, rechtswidrige ausländische Einflussnahmen zu verhindern. Betroffen sind auch ausländische Journalisten. Denn auf Medienkritik aus dem Ausland reagiert man vor Ort empfindlich. Unliebsamen Journalisten werden Visa verweigert. Auf dem Index der Pressefreiheit von »Reporter ohne Grenzen« belegt Indien den 136. Platz unter 180 aufgeführten Staaten – bietet der Zivilgesellschaft aber noch immer bessere Bedingungen als China, Pakistan oder das zunehmend autokratische Bangladesch.[2] Wie die Mechanismen der Einschränkung des Engagements funktionieren, zeigt auch eine Studie des European Center for Constitutional and Human Rights (ECCHR) und der Heinrich-Böll-Stiftung,[3] die auf Recherchen in Indien, Mexiko, Südafrika und den Philippinen basiert.

Wie schon immer in den letzten 25 Jahren geht es des Weiteren um die Lastenverteilung. Die Anpassungskosten, die eine klimaverträglichere Politik erfordert, sollen aus Sicht von Präsident Trump primär andere übernehmen, weniger die USA. Ferner will der US-Präsident nicht in Erklärungsnöte kommen, wenn er die Produktion fossiler Energieträger in seinem Land weiter ankurbeln wird, womit in den Bereichen von Gas und Öl, die aus Schiefergestein gewonnen werden, zu rechnen ist. Die Ausdehnung der Produktion fossiler Energieträger ist sicher kein Beitrag zur Dekarbonisierung. Die Konsequenzen des mittlerweile erklärten Ausstiegs der USA aus dem Paris-Vertrag sind im Moment daher noch nicht voll absehbar. Auf der Ebene der politischen

Beziehungen und des Strebens nach internationalem Konsens ist der Austritt der USA ein schwerer Schlag, möglicherweise auch für die Finanzierung des erforderlichen Klimafinanzausgleichs. Insbesondere ist im Moment nicht daran zu denken, den US-Präsidenten für eine Politik der Dekarbonisierung, im Besonderen für eine Begrenzung der Förderung fossiler Energieträger in den USA zu gewinnen. Ganz im Gegenteil. Für ihn sind fossile Energieträger eine strategische Waffe. Er will die Produktion in den USA weiter ankurbeln.

Nun mag man hoffen, dass die angekündigte Abkehr der USA eine Gegenreaktion in den anderen Staaten hervorruft und bewirken wird, dass diese umso enger zusammenarbeiten. Das ist möglich. Positiv zu vermerken ist zum Beispiel der »One Planet Summit« Mitte Dezember 2017, als auf Einladung des französischen Präsidenten Emmanuel Macron, zwei Jahre nach dem Abschluss der Klimakonferenz von Paris 2015, 50 politische Führer nach Paris kamen und ihren Entschluss bekräftigten, die Paris-Ziele zu erreichen. Möglich ist aber auch, dass weitere Staaten aus dem Paris-Vertrag aussteigen, wenn sie merken, dass Klimaschutz teuer ist und massive Veränderung vor Ort erfordert, oder wenn den sich entwickelnden Ländern im Rahmen des thematisierten Klimafinanzausgleichs nicht die Unterstützung zufließt, die sie erwarten. An dem letzten Thema reibt sich jetzt schon die Türkei als potenzielles Empfängerland für internationale Hilfe im Klimabereich und hat sich entsprechend auf dem G20-Gipfel in Hamburg Mitte 2017 geäußert.

Bezüglich der freiwilligen Zusagen kann Präsident Trump die Zusagen der USA revidieren. Das wird aber vielleicht gar nicht erfolgen. Und da, wo der Präsident bremst, trifft er zumindest auf Widerstand. Umweltschützer gehen vor Gericht, aber ebenso die US-Umweltbehörde EPA. Viele US-Bundesstaaten verfolgen eine eigene Klimaschutzpolitik und ebenso viele Unternehmen – und zwar als Teil ihrer Ausrichtung auf die Zukunft. Hinzu kommt, dass die USA ihre Zusagen über Reduktionen von CO_2-Emissionen bis zum Jahr 2025 schon jetzt mehr als zur Hälfte umgesetzt haben. Vieles spricht dafür, dass diese Entwicklung sich fortsetzen wird, selbst bei einem Ausstieg aus dem Paris-Vertrag. Schwieriger wird die Situation sicher bei der Finanzierung des

Klimafinanzausgleichs zugunsten ärmerer Staaten werden. Hier sind international ab 2020 mindestens 100 Milliarden US-Dollar pro Jahr zugesagt. Die Finanzierung ist bisher noch nicht gesichert. Fallen die USA ganz oder teilweise aus, verschärft sich die Situation weiter.

Die Pro-Kopf-Emissionen in den USA wurden bemerkenswerterweise in den letzten Jahren von etwa 20 Tonnen pro Kopf auf jetzt etwa 16 Tonnen reduziert, und zwar vor allem durch den Ersatz von Kohle durch Gas. Für 2025 werden etwa 12,6 Tonnen CO_2-Emissionen pro Kopf und Jahr anvisiert. Was erreicht wurde, ist erheblich, es ist etwa die halbe Miete. Deutschland kann keine entsprechenden Fortschritte vorweisen. Dies ist unter anderem eine Folge des – zumindest aus Klimasicht – zu raschen Ausstiegs aus der Kernenergie. Offensichtlich ist den Deutschen der Ausstieg aus der Kernenergie mindestens so wichtig wie der Klimaschutz. Und Schiefergasproduktion lehnen viele ebenfalls ab. Das aktuelle Vorgehen der deutschen Politik lässt eigentlich nur einen Schluss zu: Der Ausstieg aus der Atomenergie und die Ablehnung der Schiefergasproduktion sind den Deutschen so wichtig, dass sie im Zweifel auch mit mehr Klimagasemissionen einverstanden sind. Es wundert dann auch nicht, dass das Interesse an Grünstrom offenbar abnimmt. Wie Daten des Vergleichsportals »Verivox« zeigen, entschieden sich 2017 nur noch 36 Prozent der Verivox-Kunden bei einem Wechsel des Stromanbieters für einen Ökostromtarif.[4] Am Geld kann es nicht liegen, denn die Ökostromtarife sind meist sogar deutlich billiger als die standardmäßig angebotenen Grundtarife des jeweiligen Basisversorgers. Dass Deutschland mit der Energiewende Probleme hat, hatte bereits das Weltwirtschaftsforum (WEF) festgestellt. Auf einer Tagung im brasilianischen São Paulo stellte das Forum den ersten globalen Energiewende-Index vor. Für diesen Vergleichsindex hatte die Unternehmensberatung McKinsey zusammen mit dem WEF den Status der Energiewende in 114 Ländern anhand von 40 Indikatoren ermittelt. Das Ergebnis ist nicht erfreulich für Deutschland. Auf der Weltliste der besten Energiewende-Länder kommt Deutschland gerade einmal auf Platz 16. Selbst innerhalb Europas kommt die deutsche Energiewende noch nicht einmal unter die Top Ten.

Heute haben gemäß der Logik des erwähnten Index elf Länder allein in Europa ein ökologisch besser funktionierendes Energiesystem als Deutschland, darunter Schweden, Norwegen, die Schweiz, Finnland, Dänemark, Österreich sowie Großbritannien und Frankreich. Wenn Deutschland hier abgeschlagen auf Platz 12 kommt, liegt das vor allem an der schlechten Bewertung in der Kategorie »Struktur des Energiesystems«: Hier belegt Deutschland Platz 110 von 114 Staaten. »Das liegt vor allem an Deutschlands Abhängigkeit vom Kohlestrom: Dessen Anteil beträgt immer noch 42 Prozent – auch weil er seit der Entscheidung zum Kernenergieausstieg einen hohen Beitrag zur Grundlastversorgung leistet«, heißt es in der WEF-McKinsey-Studie: »In der Kategorie ›Umwelt- und Klimaschutz‹ kommt Deutschland weltweit nur auf Platz 61 – hauptsächlich wegen seines hohen CO_2-Ausstoßes. Denn die Emissionen in Deutschland betrugen zuletzt 906 Millionen Tonnen: ›Damit stagniert der Wert seit 2014 auf unverändert hohem Niveau.‹«

So geht Deutschland seinen eigenen Weg, wobei viele Akteure in Deutschland ihre Aktivitäten als beispielgebend ansehen. Sie setzen auf das deutsche Beispiel, engagieren sich nur vor Ort, predigen Suffizienz (vgl. hierzu Info-Box 12) und argumentieren gegen Zertifikatehandel und globale Kooperationsprojekte. Solche für den Autor eigenartigen Positionen finden sich übrigens auch in der aktuellen Diesel-Diskussion wieder. Die vermeintlichen Gesundheitsfragen sind offenbar wichtiger als die Klimafrage. Für manche ist das alles dasselbe – irgendwie alles grün und vegan und irgendwie richtig und wichtig. Legitim ist es natürlich, aus Sicherheitsgründen aus der Kernenergie auszusteigen. Jedoch sollte man dann die Konsequenzen für die Klimasituation ehrlich beim Namen nennen. Deutschland wird sein Klimaziel 2020 verfehlen. Das betrifft ausschließlich den sogenannten »Non-ETS-Bereich«. Präziser ausgedrückt: Deutschland wird die innerhalb Europas abgestimmten Emissionswerte für beispielsweise Verkehr, Gebäude, Landwirtschaft und den Abfallbereich auf eigenem Territorium nicht erreichen. Aus Sicht des vorliegenden Textes ist das allerdings nicht problematisch. In diesem Bereich soll Deutschland bis 2020 14 Prozent Minderung im Vergleich zu 2005 erreichen. 2016 waren jedoch erst 6 Prozent Minderung erreicht. Insgesamt will die EU bis 2020 im Vergleich zu 2005 10 Prozent Emissionen im Non-ETS-Bereich einsparen. Dieser EU-Wert ist die entscheidende Messgröße, denn die EU ist ein gemeinsamer Markt und verhandelt in Klimafragen – schon lange nicht mehr die Mitgliedsstaaten. Die innerhalb der EU vereinbarten Ziele pro Mitgliedsstaat differieren zwischen plus 20 Prozent und minus 20 Prozent. Mit dem Plus soll wirtschaftlich zurückliegenden EU-Staaten, wie Bulgarien und Rumänien, das Aufholen im Bereich Wohlstand erleichtert werden. Derartige Differenzierungen in den Verpflichtungen waren innerhalb der EU Voraussetzung dafür, überhaupt zu der erreichten Einigung bei den EU-Klimazielen zu kommen. Ökonomisch vernünftig und in der EU aus gutem Grund zulässig ist auch der Handel solcher Rechte zwischen Staaten. Deutschland wird Überschüsse an Rechten in diesen Ländern aufkaufen und so seine Ziele für 2020 doch erfüllen. Das macht Sinn. Denn mit den zufließenden Geldern können Staaten wie Bulgarien und Rumänien durch den Ausbau von erneuerbaren Energien vor Ort ihre Zusagen im Klimabereich besser erfüllen als ohne diese Gelder. Hier klar Position für den Handel von Emissionsrechten zu beziehen ist wichtig, auch wenn teilweise massiv dagegen argumentiert wird.[5]

Positiv hervorzuheben ist an dieser Stelle die Haltung der neuen Landesregierung von Nordrhein-Westfalen. Im Koalitionsvertrag der neuen Landesregierung heißt es hierzu: »Christdemokraten und Freie Demokraten begrüßen das Klimaschutzabkommen von Paris und bekennen sich zu dem Ziel, dass die Welt in der zweiten Hälfte des Jahrhunderts weitgehend treibhausgasneutral wirtschaften soll. Den Klimaschutz werden wir technologieoffen vorantreiben. Wir stehen für erfolgreichen Klimaschutz im Rahmen des EU-Zertifikatehandels und gegen klimapolitisch unwirksame und bürokratische Bevormundung in einzelnen Bundesländern. Deshalb werden wir das Landes-Klimaschutzgesetz von Regelungen, die über die Ziele und Maßnahmen der Europäischen Union hinausgehen, befreien. Wir werden eine innovationsgetriebene Modernisierungsstrategie für Nordrhein-Westfalen entwerfen und den bestehenden Klimaschutzplan zu einem ›Klimaschutzaudit‹ fortentwickeln, mit dem Maßnehmen auf Effizienz und ihre Wirksamkeit überprüft werden.«

Das Land Nordrhein-Westfalen verfolgt in seinem Klimaschutzplan[6] das Ziel einer klimaneutralen Landesverwaltung, was die Hochschulen mit einschließt. Dort arbeiten etwa 300 000 Menschen. Nach ersten Schätzungen (2015) werden in diesem Bereich etwa 1,168 Millionen Tonnen CO_2 pro Jahr freigesetzt. Bilanziert wird nach dem international anerkannten Standard DIN EN ISO 14064-1. Die Emissionsbereiche und -quellen werden in drei Sektoren unterschieden: Gebäude, Mobilität und Veranstaltungen. Klimaneutralität soll im Dreiklang Vermeidung, Minderung und Kompensation erfolgen. Von der Priorität her steht Vermeidung vor Minderung vor Kompensation. Sofern möglich, soll Kompensation in NRW stattfinden. 90 Prozent der Emissionen fallen im Bereich der Gebäude an. Bei der Fahrzeugflotte sollen auch die CO_2-Emissionen, die bei Herstellung und Entsorgung der Fahrzeuge entstehen, im Sinne eines »energetischen Rucksacks« mitberücksichtigt werden. Der energetische Rucksack ist eine Unterkategorie des sogenannten ökologischen Rucksacks [101], so wie der Klimagasfußabdruck eine Unterkategorie des ökologischen Fußabdrucks ist. Die Zielsetzung Klimaneutralität ist im Klimaschutzgesetz NRW in § 7 niedergelegt: »Das Land setzt sich zum Ziel, bis zum Jahr 2030 eine insgesamt klimaneutrale Landesverwaltung zu erreichen. Dafür legen die Landesregierung, die Behörden, Einrichtungen, Sondervermögen und Hochschulen des Landes sowie die Landesbetriebe ein verbindliches Konzept als Teil des Klimaschutzplans vor.«

In den USA liegt der Fall anders. Die erheblichen amerikanischen CO_2-Reduktionen haben wenig mit Klimapolitik zu tun. Auslöser ist die enorme US-Produktion von Schiefergas, durch die Kohle und Öl vielfach als Energieträger ersetzt wurden. Das gilt übrigens teilweise auch für Mexiko. Die US-Exporte an Schiefergas nach Mexiko haben massiv zugenommen. Gas verursacht deutlich niedrigere CO_2-Emissionen als Öl und erst recht als Kohle. Die Politik der USA in diesem Bereich hat massive Auswirkungen. Kanada sieht sich vor die große Herausforderung gestellt, sein Öl nicht mehr in den USA, die auf

Energie-Autarkie zustreben, zu verkaufen, sondern an andere Partner weltweit. Dies setzt neue Rohrleitungen an einen Meereshafen voraus, ein in jeder Hinsicht schwieriges Thema für die kanadische Politik. Betroffen ist vor allem die Provinz Alberta, in der die kanadische Erdölindustrie schwerpunktmäßig zu Hause ist. Für Kanada geht es um hohe Exporteinnahmen.

Die Schiefergasrevolution in den USA und der massive Ausbau der kohlebasierten Basis-Chemie in China setzen aber auch die arabischen Chemieproduzenten strategisch unter Druck. Den Kostenvorteil, den sie durch den direkten Zugang zu den arabischen Ölquellen lange genossen, haben sie größtenteils verloren. Umso wichtiger wird es für sie, ihre Wertschöpfungsketten in Richtung höher veredelter Spezialchemieprodukte auszubauen. Der jüngst erfolgte Einstieg des großen saudischen Chemieriesen Sabic, Nummer vier der Branche weltweit, bei dem Schweizer Spezialchemie-Konzern Clariant ist vor diesem Hintergrund zu sehen.

Öl ist nach wie vor mengenmäßig die Nummer eins unter allen Energieträgern. Der Verkehr, das Rückgrat der modernen Industriegesellschaft, ist immer noch zu mehr als 90 Prozent auf Öl angewiesen. Besonders attraktiv ist Erdöl oder Rohöl, also konventionell gefördertes »Crude Oil« mit einem hohen Energiegehalt, das in weltweiten Raffinerien leicht zu verarbeiten ist. Davon gibt es immer weniger. Dagegen steigen die verfügbaren Mengen von sogenannten »Natural Gas Liquids«. Das sind flüssige Nebenprodukte der Erdgasförderung. Sie sind je nach Druckverhältnis mal flüssig, mal gasförmig und stellen eine Art gleitenden Übergang zwischen Gas und Öl dar. Sie können Rohöl nicht überall ersetzen. Ihr Energieanteil liegt bei gleichem Volumen nur bei etwa 70 Prozent desjenigen von Rohöl. Das von US-Frackern geförderte »Light Tight Oil«, ein Nebenprodukt der Schiefergasförderung, liegt preislich etwa 10 US-Dollar unter dem Rohölpreis des saudischen Konkurrenzprodukts.[7]

Die Schiefergaspolitik der USA hat vor allem geostrategische Gründe. Es geht einerseits darum, die eigene Abhängigkeit vom Öl zu reduzieren und die Energiekosten für die US-Industrie niedrig zu halten. Andererseits ist es das

Ziel, Russland, den Iran, aber auch die arabischen Staaten und andere über massiv sinkende Ölpreise in wirtschaftliche und nachfolgend politische Schwierigkeiten zu bringen. Diese geopolitische Strategie ist ganz im Sinne von Präsident Trump, auch wenn er offensichtlich unterschätzt, wie schwierig das Verhältnis zu den genannten Staaten werden wird, insbesondere Russland, wenn man diesen ökonomisch die »Luft abdrückt«. Die Preise im Ölsektor sind in den letzten Jahren erheblich gefallen, ganz im Sinne der US-Strategie. In jüngerer Zeit hat es die Organisation erdölexportierender Länder (OPEC) im Zusammenwirken mit Russland und anderen Staaten durch untereinander abgestimmte Produktionsbeschränkungen geschafft, das Angebot zu verknappen. Hinzu kommen in jüngster Zeit bereits jetzt sichtbare Auswirkungen der angekündigten Sanktionen der USA gegen den Iran, aber auch die politische und wirtschaftliche Krise in Venezuela. Wie an anderer Stelle beschrieben, ist Iran der viertgrößte Ölproduzent der Welt. All dies hat dazu geführt, dass der Preis in jüngster Zeit wieder gestiegen ist, wenn auch längst nicht auf das frühere Niveau. Aus Sicht des Autors wird sich das auch nicht ändern. Denn an der Verfügbarkeit preiswert förderbarer fossiler Energie als Folge der Schiefergas- und Schieferöl-»Revolution« hat sich nichts geändert.

Der Versuch von Präsident Trump, neben der Forcierung der Schiefergas- und Schieferölproduktion zugleich eine Stärkung der Kohle zu bewirken, wird wahrscheinlich wenige Effekte zeigen, weil Kohle in den USA zunehmend zu einer ökonomischen Belastung und zu einem finanziellen Problem für Investoren wird, umso mehr, als es in den USA auch weiterhin massive, potenziell weiter steigende Schiefergas- und Schieferölaktivitäten als Konkurrenz geben wird. In diesem Kontext ist es wichtig zu wissen, dass Mengenanpassungen in der Schiefergas- und Schieferölproduktion finanziell und zeitlich leichter möglich sind als im konventionellen Förderbereich. Die Kohle kommt insofern unter Druck. Der *Economist* [8] schrieb dazu: »Die wirkliche Bedrohung für Kohle ist Gas, da Fracking billig ist und reichlich stattfindet. Kohle ist nach wie vor die am zweitstärksten genutzte Energiequelle Amerikas und war 2016 Basis für die Erzeugung von 30 Prozent des amerikanischen Stroms, mehr als

Kernkraft (20 Prozent) oder erneuerbare Quellen (15 Prozent). Erdgas hingegen erzielte 34 Prozent, ein Anteil, der gestiegen ist, da der Anteil der Kohle gesunken ist – von 2011 bis 2016 um fast ein Drittel. Erneuerbare Energie wird ebenfalls billiger und verbreiteter. Seit 2010 ist der Anteil erneuerbarer Energien an der heimischen Energie um fast 50 Prozent gestiegen.«

Die Probleme beim Klimaschutz liegen im Übrigen eher an anderer Stelle. Die weltweite CO_2-Belastung allein bis 2050 muss um 500 Milliarden Tonnen CO_2 bilanziell verbessert werden – wahrscheinlich durch Aktivitäten des privaten Sektors. Das ist eine große Herausforderung. Die weiteren Aktivitäten der USA sind demgegenüber in ihren unmittelbaren Wirkungen viel bescheidener. Es geht um vielleicht 50 Milliarden Tonnen CO_2. Wenn wir 500 Milliarden Tonnen bilanziell beseitigen können, dann auch 550 Milliarden. Anders ausgedrückt: Präsident Trump, der irgendwann durch einen neuen, hoffentlich kooperativeren Präsidenten ersetzt wird, ist eine Irritation in der Klimafrage – vielleicht sogar eine große – wegen der drohenden Entsolidarisierung zwischen den Staaten. Die Aktivierung des Privatsektors für freiwillige Klimaneutralität ist demgegenüber eine Schicksalsfrage. Entscheidend ist dabei, dass die leistungsstarken Akteure auf dieser Welt in wohlverstandenem eigenen Interesse endlich ihre Verantwortung gemäß Verursacherprinzip wahrnehmen und durch freiwillige Kompensationsmaßnahmen die verbleibenden, von der Politik nicht zu schließenden Lücken im Klimabereich beseitigen. Die Irritationen, die Präsident Trump verursacht, können wahrscheinlich beherrscht werden, wenn man sich erst einmal für einen klugen Weg im Klimabereich entschieden hat. Das ist aber erst noch zu leisten.

Ein Hinweis für eilige Leser. Wer wenig Zeit hat, dem sei es empfohlen, für einen Überblick diese Einleitung, die jeweiligen Zusammenfassungen der Kapitel 2 bis 5 sowie den Abschluss in Form von Kapitel 6 mit den Beispielen der Initiativen und Unternehmen, die in schwierigen Zeit vorangehen und CO_2-Emissionen heute schon vorbildlich kompensieren, zu lesen. Für Akteure in Ministerien, Behörden, NGOs, Unternehmen und Organisationen, die an der praktischen Umsetzung von Klimaneutralität arbeiten, ist der vertiefte

Blick unerlässlich. Entscheider und Multiplikatoren in Politik, Wirtschaft und Wissenschaft hingegen, deren Ziel es ist, die überfällige Debatte über den wirkungsvollen Hebel von Maßnahmen der Kompensation anzustoßen beziehungsweise zu befördern und in eine breitere Öffentlichkeit zu tragen, können dieses bereits mit den genannten fett gedruckten Kurzfassungen der Hauptkapitel erreichen. Sie erhalten dort notwendige Argumente und Impulse.

Ein weiterer Hinweis zielt auf Leser, die mehr wissen wollen. Zahlen in eckigen Klammern im Text deuten auf Literaturempfehlungen hin, hochgestellte Ziffern verweisen auf Anmerkungen; beide sind ab Seite 284 aufgelistet. Zudem gibt es von dem vorliegenden Buch digital eine Scientific Edition, die viele zusätzliche Informationen enthält, darunter 61 Info-Boxen, 44 Abbildungen, 171 Literaturangaben, einen Sach- und einen Personenindex. Mit dem Kauf des Buches wird auch das Zugriffsrecht auf diese digitale Edition erworben.

TEIL 2

KLIMA UND KLIMASCHUTZ – DIE PROBLEMLAGE RICHTIG VERSTEHEN

Der Klimawandel stellt die Welt vor enorme Herausforderungen, die weit über Umweltfragen hinausgehen [48, 49, 68]. Ein zentrales Problem ist die globale Energieversorgung. Sie müsste auf erneuerbare Quellen umgestellt, in großen Teilen der Welt überhaupt erst geschaffen werden. Dabei sind die Kosten für die Energieerzeugung nur der kleinere Teil. Versorgungssicherheit und Verteilung sind weitere Herausforderungen. Hinzu kommen häufig Altlasten verschiedener Art, etwa die Verschuldungssituation staatsnaher Energieunternehmen in Nichtindustrieländern.

Da Energie zugleich vitale Sicherheitsanliegen von Staaten berührt und eine Verfügbarkeit zu niedrigen Preisen Voraussetzung für breiten Wohlstand ist, werden fossile und vergleichsweise günstige andere Energieträger weiter genutzt. Die Hoffnung vieler Klimaschützer auf eine schnelle Dekarbonisierung ist unrealistisch: China, Indien, die USA und selbst Norwegen bauen ihre Förderung beziehungsweise Lizenzvergaben aus – und das trotz jahrzehntelanger Versuche, durch internationale Weltkonferenzen, wie Rio 1992 und 2012, die Vereinbarung der Millenniumsentwicklungsziele (MDGs) und der »Sustainable Development Goals« (SDGs), das Handeln von Staaten stärker in Richtung Nachhaltigkeit auszurichten.

Scheitert die Politik bei dem Versuch, den Klimawandel zu bremsen und eine Welt in Wohlstand und sozialer Balance für 10 bis 12 Milliarden Menschen zu schaffen, drohen extreme Verwerfungen. Möglich sind eine sogenannte »Brasilianisierung«, also ein schleichender Prozess hin zu einer weltweiten Zweiklassengesellschaft einerseits, und ein ökologischer Kollaps andererseits.

Es muss deshalb mehr passieren, als im Pariser Klimaabkommen von 2015 vereinbart wurde. Dessen Versprechen sind nicht verbindlich und wären in der Summe selbst bei konsequenter Umsetzung auch bei weitem nicht ausreichend, um das Zwei-Grad-Ziel zu erreichen. Diese sogenannte Paris-Lücke beträgt etwa 500 Milliarden Tonnen CO_2, die bis 2050 entweder als Emissionen verhindert oder der Atmosphäre wieder entzogen werden müssen. Da die Staaten bereits an die Grenze des politisch Machbaren gegangen sind, sind jetzt leistungsfähige private Unternehmen, Organisationen, Gebietskörperschaften und Individuen gefordert, das Nötige zu leisten und zu finanzieren. Aus Gründen der Gerechtigkeit sollten sie dazu auch ermutigt und motiviert werden: Einerseits tragen sie als »Top Emitters« mit ihrem zum Teil elaborierten Lebensstil überproportional viel zum Klimawandel bei, andererseits würden sie selbst am meisten profitieren. Mit einer freiwilligen (Teil-)Kompensation ihrer Emissionen müssten sie weniger befürchten, durch politische Zwangsmaßnahmen reguliert und durch massive Wertverluste ihres Eigentums getroffen zu werden.

Das Ziel muss sein, das liberale Wohlstandsmodell der OECD-Staaten aufrechtzuerhalten und möglichst auf die ganze Welt auszudehnen. Die Vielfalt der modernen Konsumgesellschaft mag in den Augen mancher Kritiker, die für Verzicht und ein »Weniger ist mehr« werben, einem »Konsumterror« gleichen. Zugleich gibt es aber immer noch Milliarden von Menschen, die diesen Reichtum anstreben und es sich wünschen, ihr Leben so zu gestalten, wie sie es für richtig halten. Die »Agenda 2030« will ihnen das ermöglichen und die heutige Ungleichheit der Chancen über Wachstum überwinden. Allerdings muss dieses Wachstum so ausgestaltet sein, dass es positiv für die Umwelt und die Ressourcenbasis wirkt und zugleich das Klimasystem stabilisiert.

2.1_DIE PARIS-LÜCKE

◆◆◆ Der Klimawandel ist eine der größten Herausforderungen, mit der die internationale Gemeinschaft konfrontiert ist [48, 49]. Es besteht ein enger Bezug zum massiven Wachstum der Weltbevölkerung. Mit der Klimarahmenkonvention von 1992 und dem Kyoto-Vertrag von 1997 haben die Staaten der Welt erste gemeinsame Antworten auf diese Herausforderung formuliert. Gemeinsamkeit ist deshalb wichtig, weil Klima und Klimagase alle betreffen und nicht an Staatsgrenzen haltmachen. Für die bisherigen Verabredungen gilt allerdings, dass zu wenig zu spät in die Wege geleitet wurde. Und das Wenige zielt oft noch in die falsche Richtung, zum Beispiel wegen einer viel zu stark national fokussierten Orientierung der Aktivitäten. Die Gründe dafür liegen in der Komplexität der Thematik, hängen an Abhängigkeiten und spezifischen politisch-industriellen Interessen und Problemlagen im Rahmen des Status quo, den hohen Umstellungskosten auf ein anderes Energiesystem (was viel mehr umfasst als nur die Energieerzeugung), den erheblichen Interessengegensätzen zwischen den Staaten, den vielen tangierten Gerechtigkeitsfragen, die völlig unterschiedlich gesehen werden, und liegen in unterschiedlichen Betroffenheiten bezüglich des Klimawandels und in Machtdifferenzen aufseiten der Akteure.

Es stellt sich in diesem Zusammenhang die Frage nach dem Ergebnis der Weltklimakonferenz in Paris. Der unterzeichnete Vertrag ist substanziell relativ schwach und zu weich formuliert. Hier wird hoffentlich »nachgehärtet«. Das Ergebnis der Paris-Konferenz war in Publikationen des Forschungsinstituts für anwendungsorientierte Wissensverarbeitung/n in Ulm (FAW/n) nach der Klimakonferenz von Kopenhagen (2009) weitgehend vorweggenommen worden [70]. Die Ergebnisse von Paris haben zwei Teile, einerseits die vereinbarten Ziele, andererseits die verabredeten Maßnahmen zur Zielerreichung. Positiv ist, dass sich die Menschheit auf vernünftige Zielsetzungen, im Wesentlichen eine verschärfte Zwei-Grad-Obergrenze im Klimabereich, verständigt hat. Festzuhalten bleibt aber auch, dass die ohnehin freiwilligen und rechtlich nicht verbindlichen materiellen Zusagen der Staaten, die sogenannten »Nationally Determined Contributions« (NDCs), bei weitem nicht ausreichen, die verabredeten Ziele zu erreichen, selbst wenn sie umgesetzt werden, nämlich die Begrenzung des Temperaturanstiegs auf deutlich unter 2 Grad im Verhältnis zur vorindustriellen Zeit. Die materiellen Verhandlungsergebnisse laufen eher auf einen Drei- bis Vier-Grad-Anstieg als auf einen maximal Zwei-Grad-Anstieg hinaus.

Wie soll es weitergehen? Tatsächlich zeigt sich an dieser Stelle die im internationalen politischen Betrieb übliche Lücke zwischen großen Worten und unzureichenden Taten, nicht anders als bei den »Millennium Development Goals« (MDGs), die als Vorläufer der SDGs von 2000 bis 2015 verfolgt wurden [76]. Eine Ambitionslücke ist jetzt auch wieder bei den neuen Nachhaltigkeitszielen bis zum Jahr 2030 zu erwarten, für deren Überwindung auf der Weltkonferenz zur Entwicklungsfinanzierung in Addis Abeba 2015 Finanzierungserfordernisse in Billionenhöhe identifiziert wurden [1].

Nach Schätzungen des FAW/n werden das Abkommen von Paris und das, was folgen wird, die kumulierten CO_2-Emissionen im Verhältnis zu einer Status-quo-Projektion der Situation vor Paris bis 2050 um etwa 500 Milliarden Tonnen CO_2 senken. Das ist ein großer Fortschritt, aber es sind immer noch viel zu viele Klimagasemissionen, die bis 2050 produziert werden, wenn wir nicht gegensteuern. Es besteht deshalb eine zweite Dimension von Erfordernissen. Diese kann die Politik nicht alleine lösen. Den meisten Nichtregierungsorganisationen scheint das aufgrund eines falschen Framings des Problems allerdings nicht klar zu sein. Offenbar ist ihnen eine zweite Gerechtigkeitsdimension des Klimaproblems (neben der Nord-Süd-Thematik), nämlich diejenigen zwischen reichen und weniger reichen Konsumenten weltweit, nicht bewusst. Darum investieren sie ihre politischen Energien an der falschen Stelle – sie wollen eine Nachschärfung von Paris erreichen. Das ist eher kontraproduktiv. Viel erfolgversprechender ist die Konzentration auf den Privatsektor, der wegen der zweiten Gerechtigkeitsdimension des Klimaproblems nach Paris der bessere Adressat ist. Denn dieser kann die verbliebene Paris-Lücke schließen. Und seine Motivationslage ist sogar so, dass er das möglicherweise tun wird. Dazu muss geeignet kommuniziert werden – also den Privatsektor nicht frustrieren, sondern motivieren. Hierauf gilt es sich nun nach Paris zu konzentrieren.

Wie entwickelt sich das globale Klima? Die US-Klimabehörde NOAA hat dazu einen deutlichen Report über das Jahr 2016 veröffentlicht: Es war weltweit gesehen nicht nur das dritte heißeste Jahr in Folge und damit das wärmste seit Messbeginn vor 137 Jahren, sondern brachte auch den höchsten Meeresspiegel und den schnellsten Zuwachs an Kohlendioxid (CO_2) in der Atmosphäre.[9] Das Weltwirtschaftsforum (WEF) hat die größten Risiken für die Menschheit erheben lassen. Eine große Rolle spielen Klima und Umwelt – und die dadurch entstehende Migration. Der Befund lautet, dass von den Folgen aus Umweltzerstörung und Klimawandel aktuell die größte Gefahr für die Menschheit ausgeht. Zu diesem Ergebnis kommt auch der »Global Risks Report 2018«, den das Weltwirtschaftsforum eine Woche vor seinem jährlichen Treffen in Davos vorgestellt hat. Bereits zum zweiten Mal in Folge bewerten 1000 Risikoexperten extreme Wetterphänomene als gefährlicher als zum Beispiel Cyberangriffe oder zwischenstaatliche Konflikte.

Betrachtet man das Thema aus Sicht der Versicherungsbranche und großer Schadensereignisse,[10] gilt Folgendes: 2017 wird als ein Jahr mit besonders vielen Schäden durch Naturereignisse in die Bücher eingehen. Stürmische Zeiten – vor allem Hurrikans richteten große Schäden an. Es gab 710 relevante Schadensereignisse, davon 335 Überschwemmungen, 250 Stürme, 75 klimatologische Ereignisse, 50 Erdbeben. 2017 wurde die zweithöchste Schadenssumme aller Zeiten errechnet, nämlich 330 Milliarden US-Dollar Gesamt-schaden. Nur im Jahr 2011, als vor Japan die Erde bebte und der Atomreaktor in Fukushima explodierte, kam es zu noch größeren Schäden (etwa 350 Mil-liarden US-Dollar). Die bei weitem größten Schäden in 2017 fielen in Nord-amerika an (83 Prozent der Schadenssumme). 160 Katastrophenfälle wurden registriert, vor allem die Hurrikans Harvey, Irma und Maria, aber auch Erd-beben in Mexiko und Waldbrände in den USA.

Drastisch sind die auch Warnungen von Christine Lagarde, der Chefin des Internationalen Währungsfonds (IWF). Bei einem Besuch in Riad, der Hauptstadt Saudi-Arabiens, sagte sie im Oktober 2017: »Wenn wir jetzt nichts gegen den Klimawandel unternehmen, werden wir in 50 Jahren getoastet, geröstet und gegrillt.« Saudi-Arabien, das durch seine Ölvorkommen wohl-habend geworden ist und Maßnahmen gegen den Klimawandel bislang als überflüssig bewertete, habe den Ernst der Lage jetzt »gut verstanden«.[11]

Als Folge der Erderwärmung kann sich die Wasserversorgung der großen Flüsse verschlechtern, dabei spielt das Abschmelzen der Gletscher, vor allem in der Himalaja-Region, eine große Rolle. Staaten könnten um die verblie-benen Wasserressourcen streiten, massive Konflikte sind möglich, die bis zu militärischen Auseinandersetzungen reichen können. Konflikte sind etwa zwi-schen China, Indien und Pakistan denkbar, ebenso zwischen Äthiopien, dem Sudan und Ägypten, Letzteres wegen der Nutzung des Nils und seiner Quel-len [53]. Auch um neu verfügbar werdende Ressourcen wird man sich strei-ten, zum Beispiel solche, die durch das Abschmelzen von Eispanzern, etwa in der Arktis, erstmalig zugänglich werden. Eine freie Nord-Ost-Passage für die Schifffahrt kann die Handelsströme verändern und Gewinner und Verlierer erzeugen. Und sollte die Welt immer mehr Entschlossenheit entwickeln, aus den fossilen Energieträgern auszusteigen, droht die Verarmung heute reicher und mächtiger Staaten, deren Wohlstand gerade auf der Verfügbarkeit dieser Energieträger auf ihrem Territorium beruht. Die Verlierer dieser Prozesse wer-den sich wahrscheinlich mit allen Mitteln gegen diese Veränderungen stem-men und protestieren.

Auch ein neuer Bericht an den »Club of Rome« [4] kommt zu einer pessimistischen Einschätzung des Anthropozäns. Dabei geht es sowohl um das Klima als auch um die zunehmende Knappheit wichtiger Ressourcen. Der Bericht steht unter der Überschrift »Die dunkle Seite des Bergbaus«. Das Fazit lautet: »Wir können nicht im Einzelnen sagen, was geschehen wird, aber wir wissen, dass der anthropogene Bergbau die Erde in einen anderen Planeten verwandelt hat und dass diese Transformation immer noch anhält. Das ist dann ein Planet, auf dem sich sowohl die Oberfläche – infolge des Bergbaus – verändert hat als auch die Zusammensetzung der Ökosphäre – infolge der Einbringung wesensfremder Chemikalien und Mineralien. Das ist der Höhepunkt des Anthropozäns, eines neuen Zeitalters, in dem die Atmosphäre Treibhausgase in Mengen enthält, wie sie dort mehrere Millionen Jahre lang nicht aufgetreten sind. Das ist dann ein Planet, auf dem die Ozeane versauert und die Polareiskappen geschrumpft oder schon ganz verschwunden sind. Ein Planet mit so hohen Temperaturen, dass ein Leben in den Tropen nicht mehr möglich sein wird, auf dem das Wasser der Ozeane so sauer geworden ist, dass das Leben größtenteils aus ihnen verschwunden ist. Ein Planet, auf dem der ansteigende Meeresspiegel die meisten menschlichen Siedlungen an den Küsten überflutet hat. Ob es uns gelingen wird, auf diesem neuen Planeten zu überleben, kann man heute noch nicht sagen. Es kann gut sein, dass uns ein dunkles Zeitalter bevorsteht: die dunkle Seite des Bergbaus.«

In diesem Zusammenhang ist es inadäquat, das Klimaproblem primär als Umweltthema zu sehen, wie es oft geschieht. Es geht vielmehr mindestens so sehr um wirtschaftliche, finanzielle, soziale und kulturelle Fragen, um Macht und Reichtum, um Wirtschaftsleistung und Finanzstärke, um Jobs und soziale Themen, um Fragen der Ernährung und Wasserversorgung, um Völkerwanderungen und letztlich auch um die Stellung von Staaten und ganzer Regionen in der Welt im Verhältnis zueinander, unter Umständen auch um eine Frage von Krieg und Frieden.

Wo stehen wir heute? In Paris haben sich Ende 2015 fast 200 Staaten[12] mit sehr unterschiedlichen Interessen und sehr unterschiedlichen Ausgangssituationen in einem so sensiblen Bereich wie dem Klima auf gemeinsame Positionen – im Sinne von angestrebten Zielen – einigen können. Auslöser dafür ist wohl die zunehmende Gewissheit bei allen Beteiligten, dass eine Klimakatastrophe nicht mehr auszuschließen ist, letztlich alle in der ein oder anderen Weise treffen kann und in der Sache extrem hässliche Folgen haben würde. Wir haben jetzt mit diesem Weltklimavertrag, der zwischenzeitlich, schneller als ursprünglich geplant, in Kraft getreten ist, eine von der Orientierung her deutlich verbesserte Ausgangssituation gegenüber dem Zustand vor 2015. Das gilt allerdings nur für die inhaltlich-materielle Orientierung. Hier ist die getroffene Aussage wichtig, die Erderwärmung im Verhältnis zur vorindustriellen Zeit auf deutlich unter 2 Grad halten zu wollen. Diese Zielsetzung ist sachlich richtig und ambitioniert. Und es ist gut, dass man jetzt mit niemandem mehr darüber streiten muss, ob das Zwei-Grad-Ziel überhaupt eine gemeinsame Zielsetzung der Weltgemeinschaft ist. Eine Einschränkung: Man kann aus dem eigentlich viel zu weichen Paris-Vertrag wieder austreten. Die USA haben diesen Austritt mittlerweile erklärt – er wird 2020 wirksam – und damit den beschriebenen internationalen Konsens gleich mit aufgekündigt.

Die Zustimmung von Paris zu dem verschärften Zwei-Grad-Ziel konnte als Einstimmigkeit gewertet werden. Unklar bleiben die aus dem gemeinsam getragenen Ziel resultierenden Handlungserfordernisse in jedem einzelnen Land, auch in rechtlicher Hinsicht. Das Thema ist schwierig. Rechtlich wird mit Verweis auf Paris wahrscheinlich nicht viel durchsetzbar sein. Am ehesten sind innerstaatliche Konsequenzen vor Gerichten in hochentwickelten Ländern denkbar. In Deutschland ist aktuell die Klage eines peruanischen Bauern gegen RWE ein Thema. Die Klage wurde mittlerweile zugelassen, sie wird aber aus Sicht des Autors nicht erfolgreich sein. Allgemein geht der Autor davon aus, dass die Durchsetzung weitergehender Maßnahmen für Klimaschutz in Deutschland über Gerichtsentscheide mit Berufung auf die Menschenrechte und das Pariser Abkommen letztlich scheitern wird, ebenso internationale Versuche, große Energiekonzerne zumindest anteilig für Klimafolgen in anderen Ländern haftbar zu machen. Dies deshalb, weil entsprechende rechtliche Hebel mit der Unterschrift von Regierungen, auch der deutschen, unter dem Paris-Vertrag nie intendiert waren. Vielleicht wird man zukünftig in internationalen Verträgen eine derartige Nichtintention auch explizit zum Vertragsgegenstand machen, wenn Gerichte eine entsprechende Praxis – im Unterschied zur Vermutung des Autors – doch etablieren sollten. International könnten nach einer »Härtung« des Paris-Vertrags Strafzölle gegen »Trittbrettfahrer« an Staatsgrenzen in WTO-konformer Weise ein Thema werden. Um WTO-Konformität zur erreichen, wäre die Mitwirkung der USA auf Vertragsebene besonders hilfreich. In diesem Kontext erschwert die Haltung von Präsident Trump leider die Verhältnisse. Seine protektionistische Politik bedroht die Intaktheit der WTO auch über die Frage von Grenzausgleichsabgaben hinaus.

Weniger erfolgreich war Paris bezüglich der anderen wichtigen Thematik zum Klimaschutz, nämlich der Umsetzungsplanung. Hier waren ehrgeizige Verabredungen aus nachvollziehbaren Gründen nicht möglich. Das war nicht überraschend, sondern seit der Konferenz in Kopenhagen 2009 offensichtlich. Nach einem Machtwort des US-Präsidenten und des chinesischen Premiers war in Kopenhagen endgültig der Versuch aufgegeben worden, einen kohärenten, an Zielerreichung orientierten Vertrag mit Verpflichtungscharakter zu erreichen, der die Einhaltung des Zwei-Grad-Ziels sicherstellt. Zu unterschiedlich waren die Vorstellungen über die Lastenverteilung und bezüglich der Frage, was gerecht ist. Der neue US-Präsident hat ja gerade verkündet, dass er sogar das Paris-Abkommen und die dort gemachten freiwilligen Zusagen der USA als ungerecht für die USA empfindet. Was sollen Indien, die Philippinen und andere dazu sagen?

Gemäß der Kopenhagen-Logik gibt es in Paris nur rechtlich nichtverbindliche Zusagen und Versprechen der Staaten. Der Paris-Vertrag ist an dieser Stelle zu weich. Zudem sind die freiwilligen Zusagen, selbst wenn sie eingehalten werden, für die Erreichung des Zwei-Grad-Ziels bei weitem nicht ausreichend. Wäre es anders, wäre ja auch eine Einigung in Kopenhagen oder bei einer der vielen Klimakonferenzen davor ohne weiteres möglich gewesen. Das heißt konkret, dass die materiellen Zusagen in diesem Vertrag nicht die

Voraussetzungen für eine Begrenzung der Erderwärmung auf 2 Grad oder weniger im Verhältnis zur vorindustriellen Zeit schaffen. Viele Beobachter waren deshalb zunächst aus guten Gründen mit dem Ergebnis von Paris unzufrieden, sie hatten sich mehr erhofft. Viele waren enttäuscht, dass von einem Klimaziel deutlich unter 2 Grad die Rede ist, die materielle Qualität der Beschlüsse aber eher zu Drei- bis Vier-Grad-Temperaturerhöhung passt. Das ist die heute manchmal sogenannte Ambitionslücke, die im vorliegenden Text als Paris-Lücke bezeichnet wird.

Mittlerweile ist aber ein Stimmungsumschwung erfolgt. Jetzt klammert man sich im Umfeld der einschlägigen Akteure an die in Paris verabschiedete Zielsetzung, die deutlich unter 2 Grad liegt, und argumentiert in der öffentlichen Debatte so, als würde dieser Zustand nun mit dem Paris-Vertrag und seinen zukünftigen Nachbesserungen erreicht werden. Und das, obwohl es für diesen Optimismus keine belastbare Basis gibt, er den Politikerfahrungen der letzten Jahre in keiner Weise entspricht, der Beschluss von Paris rechtlich unverbindlich ist, Budgets fehlen, um die Ziele eventuell zu erreichen, und schließlich auch die Zuständigkeiten unklar sind. Dennoch wird jetzt gebetsmühlenartig im Sinne einer großen Erzählung als Teil einer umfassenden Transformation zur Nachhaltigkeit von der Entscheidung der Weltgemeinschaft für das Zwei-Grad-Ziel gesprochen und versucht, auf diesem Wege einen hohen politischen Druck aufzubauen. Das kann man zwar versuchen, aber so funktioniert internationale Politik nicht. Der vor kurzem durch den US-Präsidenten angekündigte Austritt der USA aus dem Vertrag von Paris hat die fragile Basis deutlich gemacht, die Paris darstellt. Mit dieser Basis muss man klug umgehen, denn sie ist das Beste, was wir zum Thema haben. Man ist deshalb gut beraten, die politischen Akteure nicht zu überfordern, auch nicht mit überzogenen Narrativen. Stattdessen brauchen die Staaten Unterstützung durch individuelles Handeln von leistungsstarken Unternehmen, Organisationen und Individuen.

Man muss im Ringen um die Stabilisierung des Klimas zwischen Zielsetzung und Umsetzungsmaßnahmen unterscheiden und gewissenhaft mit dieser Differenz umgehen. Ausgangspunkt ist die Feststellung, dass die Zielsetzung stimmt, die Umsetzung aber große Schwierigkeiten bereitet. Paris mit den verschiedenen freiwilligen Zusagen war wohl das Beste, was als materielles Ergebnis spieltheoretisch in dieser komplizierten internationalen Verhandlungssituation zwischen fast 200 Staaten möglich war. Auch wenn das Ergebnis nicht den – schon seit Jahren unrealistischen – Entwürfen entspricht, die von vielen Beobachtern und Themenexperten in Form eines »Framings« der Debatte vorgelegt wurden, bedeutet es dennoch einen großen Schritt nach vorne, weil sich die Staatengemeinschaft über bestimmte Ziele verständigen konnte, zumindest auf der Ebene der Worte. Besonders wichtig ist die mittlerweile erzielte erste Vereinbarung über einen Klimafinanzausgleich. Dieser ist unbedingt erforderlich und konnte 2017 in Bonn ein weiteres Stück nach vorne gebracht werden. Wobei es wichtig, aber keineswegs sichergestellt ist, dass die Zahlungen beim Klimafinanzausgleich tatsächlich vollumfänglich erfolgen werden, vor allem, wenn sich die USA nicht beteiligen sollten beziehungsweise wenn das Geld nicht sachgerecht investiert wird. In diesem Kontext sollte man beachten, dass die freiwilligen Zusagen vieler Nichtindustriestaaten zum Paris-Vertrag konditioniert sind an entsprechende Zahlungsflüsse. Nur wenn Geld fließt, gelten die Zusagen, sonst nicht. Jeder sichert sich hier auf seine Weise ab, weil alle Beteiligten belastbare Verpflichtungen möglichst vermeiden und vieles auf die Zukunft verschieben wollen. Die Transfers müssen aber ohne Wenn und Aber geleistet und ab 2025 erhöht werden.

Das, was zugesagt wurde, bedeutet einen großen Fortschritt gegenüber dem Status quo vor Vertragsabschluss. Wenn das umgesetzt wird und noch ein paar absehbare Verbesserungen folgen, ist statt einer Temperaturerhöhung von vielleicht 4 bis 5 Grad bis zum Ende des Jahrhunderts im Verhältnis zur vorindustriellen Zeit bei Verfolgung eines »Business-as-usual-Programms« nur noch eine Erwärmung von vielleicht 3 bis 4 Grad zu erwarten. Die Situation stellt sich aus Sicht des Autors in grober Näherung dar, wie in der nachfolgenden (Basis-)Abbildung zu Paris wiedergegeben [70, 71, 73, 75]:

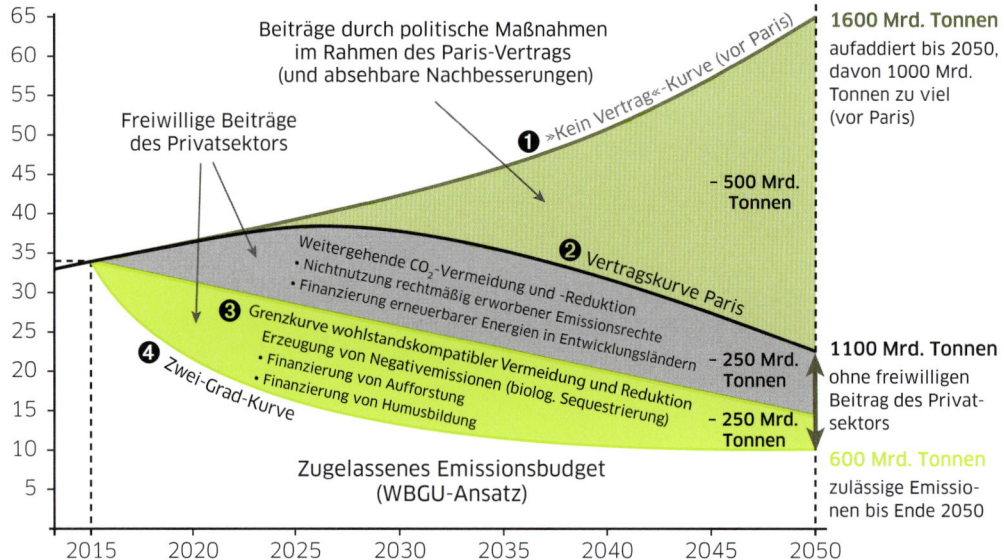

Milliarden Tonnen CO$_2$

Beiträge durch politische Maßnahmen
im Rahmen des Paris-Vertrags
(und absehbare Nachbesserungen)

1600 Mrd. Tonnen
aufaddiert bis 2050,
davon 1000 Mrd.
Tonnen zu viel
(vor Paris)

Freiwillige Beiträge
des Privatsektors

❶ »Kein Vertrag«-Kurve (vor Paris)

– 500 Mrd.
Tonnen

Weitergehende CO$_2$-Vermeidung und -Reduktion
• Nichtnutzung rechtmäßig erworbener Emissionsrechte
• Finanzierung erneuerbarer Energien in Entwicklungsländern

❷ Vertragskurve Paris

❸ Grenzkurve wohlstandskompatibler Vermeidung und Reduktion
Erzeugung von Negativemissionen (biolog. Sequestrierung)
• Finanzierung von Aufforstung
• Finanzierung von Humusbildung

❹ Zwei-Grad-Kurve

– 250 Mrd.
Tonnen

1100 Mrd. Tonnen
ohne freiwilligen
Beitrag des Privat-
sektors

– 250 Mrd.
Tonnen

Zugelassenes Emissionsbudget
(WBGU-Ansatz)

600 Mrd. Tonnen
zulässige Emissio-
nen bis Ende 2050

2015 2020 2025 2030 2035 2040 2045 2050

Reduktionspfade in der Logik des Paris-Abkommens – geplante/erforderliche Beiträge des
staatlichen Sektors und nicht-staatlicher Akteure (Basis-Abbildung)

◆ Die Kurve 1 ist eine Abschätzung der weiteren weltweiten Klimagasemissionen,
die sich ergeben hätten, wenn es nicht zu der Pariser Vereinbarung gekommen
wäre. Ausgangspunkt war in 2015 ein jährliches CO$_2$-Emissionsvolumen im
Energiebereich von etwa 34 Milliarden Tonnen CO$_2$. Die Emissionen hätten sich
bei Tatenlosigkeit bis zum Jahr 2050 auf 60 Milliarden Tonnen CO$_2$ und mehr
pro Jahr hochbewegen können. Das aufaddierte Gesamtvolumen bis 2050 läge
dann bei 1600 Milliarden Tonnen. Das entspricht der gesamten Fläche unterhalb der Kurve 1 (mit den Farben blassgrün, Grau, Grün, Weiß). Das hätte eine
Katastrophe bedeutet. Dank Paris ist diese Gefahr vom Tisch.

◆ Die Kurve 2 zeigt, was Paris und die zu erwartenden Verbesserungen des Vertrages bei günstigem Verlauf bis 2050 bewirken können: eine Verbesserung
um 500 Milliarden Tonnen. Die Verbesserung entspricht der blassgrünen Flä-

che, also der Fläche zwischen den Kurven 1 und 2 und damit einer Absenkung von 1600 Milliarden Tonnen auf 1100 Milliarden Tonnen. Das ist ein großer Schritt und eine große Leistung der Politik. Sie adressiert die Gerechtigkeitslücke zwischen ärmeren und reicheren Ländern. Wesentlich mehr kann die Politik aus Sicht des Autors bis 2050 nicht leisten.

◆ Die Kurve 4 ist eine Kurve, die möglicherweise mit dem Zwei-Grad-Ziel kompatibel ist, zumindest mit einer signifikanten Wahrscheinlichkeit. Diese Einsicht hängt mit dem sogenannten WGBU-Budgetansatz zusammen Dieser schätzt die noch vorhandenen Spielräume an kumulierten Emissionen bis 2050 ab, wenn das Zwei-Grad-Ziel noch mit hoher Wahrscheinlichkeit erreicht werden soll [105]. Für eine maximale Erwärmung im Verhältnis zur vorindustriellen Zeit von deutlich unter 2 Grad und für eine hohe Sicherheit in dieser Hinsicht ist eine weitere Absenkung der grünen Linie nötig. Unterhalb der Linie 4 befindet sich ein Gesamtemissionsvolumen von 600 Milliarden Tonnen (weiße Fläche), das man unter diesen Umständen weiter absenken sollte. Die Differenz zur Kurve 2 (graue und grüne Fläche) hat ein Volumen von etwa 500 Milliarden Tonnen, entspricht also von der Größe her der Einsparleistung der Politik via Paris und zu erwartenden Nachbesserungen von 1600 auf 1100 Milliarden Tonnen (blassgrüne Fläche). Diese grau-grüne Lücke ist die Paris-Lücke. Nach Einschätzung des Autors betrifft diese Lücke vor allem das Verhältnis zwischen reichen und anderen Konsumenten auf dieser Welt. Diese Lücke kann wohl nur der Privatsektor schließen, am besten über Maßnahmen zur freiwilligen Klimaneutralität der reichen Akteure auf dieser Welt.

◆ Die Lücke von Paris wird durch die Kurve 3 in zwei Teile unterteilt. Diese betreffen vor allem die Mechanismen, mit denen der Privatsektor bilanzielle Klimaneutralität erreichen kann. Entweder über die Nichtnutzung zulässiger CO_2-Volumina oder die Förderung internationaler Klimaprojekte (grauer Bereich über Linie 3) oder durch bewirkte Negativemissionen durch biologische Sequestrierung (Aufforstung, Humusbildung etc.). Dies ist der grüne Bereich zwischen den Linien 3 und 4. Der genaue Verlauf von Kurve 3 wird sich erst ergeben. Er hängt vor allem von der Wirtschaftsentwicklung und den hierfür eingesetzten fossilen Energieträgern ab. Der Privatsektor kann auf die Entwicklungen flexibel in Wechselwirkung mit der Politik reagieren. Vertragliche Fixierungen von Größenordnungen für bestimmte Maßnahmenbündel zwischen den Staaten sind aus den angegebenen Gründen nicht möglich.

◆ Im weiteren Verlauf wird gelegentlich eine stilisierte Variante der zuvor dargestellten Abbildung auftauchen. Sie beschreibt optisch die Paris-Lücke von erforderlichen 500 Milliarden Tonnen weiterer CO_2-Absenkungen bis 2050 als Herausforderung für den Privatsektor. Die Lücke setzt sich, wie dargestellt, aus zwei Typen vom Neutralisationspotenzial (Nichtnutzung/graue Farbe und biologische Sequestrierung/grüne Farbe) zusammen. Die Dimensionierung beider Kompensationsfelder kann sich erst in der Zukunft klären. Das ist auch der Grund, warum die Politik zu dem grauen Bereich keine vertraglichen Verpflichtungen eingehen kann und will. Der Privatsektor kann stattdessen situationsabhängig und sehr flexibel entweder in dem einen oder in dem anderen Aktivitätsbereich agieren.

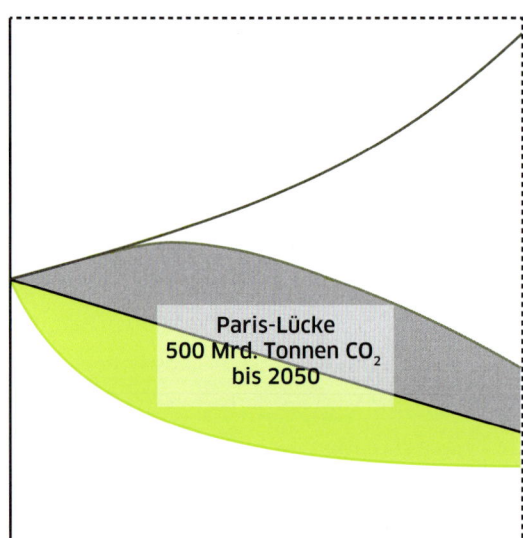

Basis-Abbildung stilisiert

2.2_WAS INDIRA GANDHI, RIO UND DIE SDGS IN GANG GESETZT HABEN[13]

◆◆◆   Nachhaltigkeit und Klimaschutz betreffen Umweltprobleme, aber auch Entwicklungsprobleme, die mit großen Gerechtigkeitsanliegen verknüpft sind. Darauf hat der Club of Rome seit seiner Gründung 1968 immer wieder hingewiesen. Diese Gleichzeitigkeit war übrigens auch schon die entscheidende Schlüsselfrage in der aufsehenerregenden Rede der jungen indischen Ministerpräsidentin Indira Gandhi auf der Weltumweltkonferenz in Stockholm 1972, ein Tatbestand, auf den Prof. Klaus Töpfer, der wohl beste Kenner der Gesamtthematik in Deutschland mit 50 Jahren politischer Erfahrung im Themenbereich Klima, in vielen seiner Publikationen hinweist [91, 92, 93]. Er hat als bisher einziger Deutscher die Position des Untergeneralsekretärs der Vereinten Nationen eingenommen und war Generaldirektor des Büros der Vereinten Nationen in Nairobi. Seine Themenverantwortung und seine breiten Erfahrungen betreffen unter anderem die Felder Umwelt, Klimaschutz und Nachhaltigkeit.

Die Weltumweltkonferenz in Stockholm scheiterte, weil Indira Gandhi für die ärmeren Länder auf dem Primat der wirtschaftlichen Entwicklung beharrte, der dem Umweltschutz voranzustellen sei. Die Veranstaltung war insoweit aus Sicht der Initiatoren ein Fehlschlag. Die Welt hat zwei Jahrzehnte lang daran gearbeitet, mit diesem Fehlschlag politisch umzugehen. Die Koppelung von Umweltschutz und Entwicklung auf internationaler Ebene führte schließlich zur internationalen Positionierung des Konzepts der nachhaltigen Entwicklung in Reaktion auf Stockholm bei der UN-Konferenz für Umwelt und Entwicklung in Rio de Janeiro 1992, 20 Jahre später. Das ist das Thema, das uns seitdem umtreibt – weltweiter Umweltschutz und internationale Gerechtigkeitsfragen bezüglich der Entwicklung als gleichzeitige Programme. Im Kern wird Nachhaltigkeit dadurch treffend charakterisiert: weltweiter Umweltschutz und nachholende Entwicklung. Wobei wir mit diesen großen Zielen in der Sache nicht wirklich weiterkommen – wegen all der beschriebenen Schwierigkeiten und Interessengegensätze. Dies war 2012 auch der Befund auf der Weltkonferenz Rio+20 zum selben Thema, wieder in Rio. Klaus Töpfer erwartet dasselbe auch für eine Rio+40-Konferenz im Jahr 2032.

Dass sich der Begriff der Nachhaltigkeit als zentraler Eckpfeiler der internationalen Politik etabliert hat, geht zurück auf das Jahr 1972. Damals publizierte übrigens der Club of Rome den legendären Bericht *Grenzen des Wachstums (Limits to Growth)* [59]. Schon damals bemühte sich die internationale Gemeinschaft auf großen internationalen Konferenzen, den Schutz der Umwelt und den Schutz des Klimas auf UN-Ebene als internationale Aufgabe zu verankern. Eine Schlüsselkonferenz der Vereinten Nationen »On the Human Environment« fand, wie dargestellt, 1972 in Stockholm statt und scheiterte, weil den sich entwickelnden Ländern eine nachholende Entwicklung wichtiger war als der Schutz der Umwelt. Nicht anders, als es die entwickelte Welt für lange Zeit vorgelebt hat. Indira Gandhi hat damals als junge Ministerpräsidentin des damals erst seit kurzem unabhängigen Staates Indien in einer brillanten Rede deutlich gemacht, dass der Wohlstand der reichen Länder auf wenig umwelt- und klimafreundliche Weise entstanden ist. Umwelt- und Klimaschutz kann auch heute sicher nicht das Argument sein, um die noch immer bestehende, als ungerecht empfundene Aufteilung zwischen armen und reichen Ländern aufrechtzuerhalten. Dieses Problem, also der verständliche Wunsch der zurückliegenden Länder, ökonomisch aufzuholen, und die gleichzeitige offensichtliche Notwendigkeit, Ressourcen und Klima zu schonen, führt immer wieder zu vagen Formulierungen und Begrifflichkeiten, die nur schwer in konkrete Maßnahmen überführbar sind. Das gilt auch für die 1992 bei der UN-Weltkonferenz in Rio für »Umweltschutz und Entwicklung« gefundene Formel der Nachhaltigkeit, die nach der Definition der Brundtland-Kommission wie folgt lautet: »Nachhaltig ist eine Entwicklung, die den Bedürfnissen der heutigen Generation entspricht, ohne die Möglichkeiten künftiger Generationen zu gefährden, ihre eigenen Bedürfnisse zu befriedigen und ihren Lebensstil zu wählen.«

1992 entstand auch die später immer wieder zitierte Formel einer spezifischen Arbeitsteilung zwischen den reichen Staaten und den sich entwickelnden Ländern in diesem Kontext: »gemeinsame, aber je unterschiedliche Verantwortungen«. Sie ist enthalten in der Klimarahmenkonvention der Vereinten Nationen (»United Nations Framework Convention on Climate Change«, UNFCCC), dem Ausgangspunkt aller internationalen Verhandlungen zu einem Weltklimaabkommen. Zu den Grundsätzen dieses Vertrages [97] gehören mehrere Punkte:

1. Die Vertragsparteien sollen auf der Grundlage der Gerechtigkeit und entsprechend ihren gemeinsamen, aber unterschiedlichen Verantwortlichkeiten und ihren jeweiligen Fähigkeiten das Klimasystem zum Wohl heutiger und künftiger Generationen schützen.

2. Vor allem die speziellen Bedürfnisse und besonderen Gegebenheiten der Entwicklungsländer, die besonders anfällig für nachteilige Auswirkungen der Klimaänderungen sind oder eine unverhältnismäßige Last zu tragen hätten, sollen voll berücksichtigt werden.

3. Die Vertragsparteien sollen Vorsorgemaßnahmen treffen, um den Ursachen der Klimaänderungen vorzubeugen, sie zu verhindern oder so gering wie möglich zu halten und die nachteiligen Auswirkungen der Klimaänderungen abzuschwächen.

4. Die Vertragsparteien haben das Recht, eine nachhaltige Entwicklung zu fördern, und sollten dies tun. Politiken und Maßnahmen zum Schutz des Klimasystems vor vom Menschen verursachten Veränderungen sollen den speziellen Verhältnissen jeder Vertragspartei angepasst sein und in die nationalen Entwicklungsprogramme eingebunden werden.

⑤ Die Vertragsparteien sollen zusammenarbeiten, um ein tragfähiges und offenes internationales Wirtschaftssystem zu fördern, das zu nachhaltigem Wirtschaftswachstum und nachhaltiger Entwicklung in allen Vertragsparteien, insbesondere denjenigen, die Entwicklungsländer sind, führt und sie damit in die Lage versetzt, die Probleme der Klimaänderungen besser zu bewältigen.

Der 1997 beschlossene und 2005 in Kraft getretene Kyoto-Vertrag brachte eine erste Präzisierung der sehr allgemeinen Rio-Formel. Unterschieden wurde zwischen Industriestaaten und übrigen Staaten. Die im Anhang B des Kyoto-Protokolls genannten Industriestaaten verpflichteten sich, ihre Treibhausgasemissionen in der ersten Verpflichtungsperiode, dem Zeitraum von 2008 bis 2012, um durchschnittlich 5,2 Prozent unter das Niveau des Basisjahres zu senken. Das Basisjahr war dabei in der Regel das Jahr 1990. Die Vorgaben für einzelne Länder hingen vor allem von ihrer wirtschaftlichen Entwicklung ab. Für die 15 Staaten, die zum Zeitpunkt der Unterzeichnung des Kyoto-Protokolls Mitglied der Europäischen Union (EU-15) waren, war eine Senkung der Emissionen um insgesamt 8 Prozent vorgesehen. Nach dem Prinzip der Lastenteilung (»burden sharing«) teilten diese 15 EU-Mitgliedsstaaten das durchschnittliche Reduktionsziel untereinander auf. Dabei verpflichtete sich Deutschland beispielsweise zu einer Verringerung um 21 Prozent, Großbritannien zu einer um 12,5 Prozent, Frankreich zu einer Stabilisierung auf dem Niveau von 1990 und Spanien dazu, sein Emissionswachstum auf 15 Prozent zu begrenzen. Der erlaubte begrenzte Zuwachs für Spanien reflektiert unterschiedliche Entwicklungsansprüche, die akzeptiert wurden, nicht anders als im internationalen Kontext. Deutschland konnte seine hohen Zusagen vor allem deshalb eingehen und erfüllen, weil mit der Wiedervereinigung ohnehin ein großer Veränderungsprozess in den neuen Bundesländern erfolgen musste, der erhebliche Absenkungen der CO_2-Emissionen gegenüber den Verhältnissen zu DDR-Zeiten beinhaltete.

Die Gruppe »Volkswirtschaften im Übergang« (»Economies in Transition«) bezeichnet die ehemals sozialistischen Staaten beziehungsweise deren Nachfolgestaaten in Mittel-, Ost- und Südosteuropa. Diese Staaten verpflichteten sich entweder, wie im Falle Russlands und der Ukraine, dazu, das Emissionsniveau der Basisjahre nicht zu überschreiten, oder beschlossen, wie Tschechien und Rumänien, eine Reduktion um bis zu 8 Prozent. Aufgrund des wirtschaftlichen Zusammenbruchs 1990 waren diese Transformationsländer auch zu Beginn der ersten Verpflichtungsperiode noch weit von dem Emissionsniveau des Basisjahres entfernt.

Für Schwellenländer wie die Volksrepublik China, Indien und Brasilien sowie für alle Entwicklungsländer waren aufgrund ihrer damaligen, vergleichsweise geringen Pro-Kopf-Emissionen und im Einklang mit den Bestimmungen der Klimarahmenkonvention zu »gemeinsamen, aber unterschiedlichen Verantwortlichkeiten« keine Beschränkungen vorgesehen. Etwas anderes wäre auch in den Verhandlungen zum Kyoto-Vertrag nicht durchsetzbar gewesen, weil ja auf Konsensbasis verhandelt wurde. Malta und Zypern waren nicht im Anhang B des Kyoto-Protokolls aufgeführt und waren also ebenfalls nicht zu Emissionsreduktionen verpflichtet.

Die beschlossenen Reduktionsziele ernteten umgehend Kritik. Insbesondere Umweltschützern gingen sie nicht weit genug. Vertreter der Wirtschaft befürchteten dagegen hohe Kosten durch die Umsetzung des Protokolls. Zusammenfassend kann man die Logik hinter dem Kyoto-Kompromiss wie folgt formulieren: Industrieländer senken ihre Emissionen in vereinbartem Umfang absolut ab. Alle anderen Länder sind aufgerufen, ihre Emissionen zu dokumentieren. Der Kyoto-Vertrag lief im Jahr 2012 aus. Bis zu diesem Zeitpunkt sollte ein tragfähiger Weltklimavertrag ausverhandelt werden – was in der Folge des Scheiterns in Kopenhagen nicht gelungen ist. Die am Kyoto-Vertrag beteiligten Staaten haben sich deshalb auf der UN-Klimakonferenz in Doha im selben Jahr für eine Fortsetzung bis 2020 entschieden. In diesem Kontext sind Russland, Kanada, Japan und Australien aus dem Vertrag ausgestiegen, mit Zypern, Malta, Weißrussland und Kasachstan kamen vier neue Staaten hinzu.

Interessant ist, wie Europa das Kyoto-Protokoll umgesetzt hat. Für die Hälfte der EU-Ökonomie wurde ein »Cap and Trade«-System etabliert: Ein aus

Klimasicht substanzieller Teil der europäischen Ökonomie, wozu Energiesektor, Raffinerien, Eisen- und Stahlindustrie, chemische Industrie, Nichteisenmetalle, Papier und Zellstoff, sonstige Verbrennung und die mineralverarbeitende Industrie mit Zementwerken, Kalkherstellung, Glasherstellung, Keramikindustrie und Herstellung von Glas- und Mineralfasern zählen, arbeitet zurzeit unter einem Zertifikatssystem, dem EU-ETS-System, bei dem der Besitz der Zertifikate Voraussetzung dafür ist, Emissionen tätigen zu dürfen. Die Menge der Zertifikate ist begrenzt. Die Zertifikate werden teilweise jährlich kostenfrei zugeteilt – dies mit abnehmender Tendenz – und teilweise in mehrjährigen Handelsperioden versteigert. Sie bleiben unter den Interessenten handelbar. Die Anzahl der Zertifikate wird entsprechend der Emissionsreduktionsziele der EU zurückgefahren. Es gibt jährliche Reduktionen von etwa 1,3 Prozent. Für die andere Hälfte der EU-Ökonomie gibt es heute erste Überlegungen, in Richtung einer Carbon Tax zu gehen. Doch trotz des Kyoto-Vertrags, der jährlichen Klimakonferenzen und der im Jahr 2000 verabschiedeten Millenniumsentwicklungsziele, die auf einen Horizont von 15 Jahren ausgerichtet waren, verschärften sich nach der Rio-Konferenz 1992 viele Probleme. Der Grund dafür lag in dem marktfundamentalistischen Dogma. Dies konnte erst in der Nachfolge der verheerenden Finanzkrise 2009 gebrochen werden. Seitdem geht es in der internationalen Debatte nicht mehr nur um die Effizienz unseres Tuns, sondern auch um Effektivität – also darum, dass das Ergebnis ökonomischer Prozesse von der Mehrheit der Menschen gewünscht wird.

Nach Rio, Kyoto und Kopenhagen folgte 2015 ein weiterer Meilenstein, das Abkommen von Paris. Es basiert auf der »Kopenhagen-Formel«, die im Wesentlichen auf einer Absprache zwischen den USA und China zum Thema auf dem Weltklimagipfel in Kopenhagen im Jahr 2009 beruht. Sie ist wiederum ein großer Fortschritt gegenüber der Grundlogik von Rio und der Präzisierung dieser Logik im Kyoto-Vertrag und breit konsensfähig. Das zeigt sich in der hohen Zustimmung zum Vertragsvorschlag von Paris. Die Logik besagt im Wesentlichen: Industrieländer senken absolut, Nichtindustrieländer relativ zu ihrem Wirtschaftswachstum ab. All dies unter den Bedingungen eines internationalen Klimafinanzausgleichs. Die Aussage bezüglich des Verpflichtungscharakters der Nichtindustrieländer auf zumindest relative Absenkung ist hier allerdings stark vereinfacht. Die Wirklichkeit ist komplizierter, aber in der Tendenz zutreffend beschrieben.

Wie war die Reaktion bei den Vertretern der Nichtregierungsorganisationen? Zunächst gab es eher Enttäuschung. Inzwischen hat sich das aber geändert. Mittlerweile tun viele NGOs so, als hätte die Welt mit Paris bereits die Voraussetzungen für das Zwei-Grad-Ziel geschaffen, was leider nicht der Fall ist. Man kann das, wie oben beschrieben, auch so deuten, dass nun von NGO-Seite versucht wird, ein starkes Narrativ in die Welt zu setzen, das beinhaltet, dass die prinzipiellen Entscheidungen gefallen sind und der Zug jetzt abgefahren ist und nicht mehr aufzuhalten sein wird. Das ist unklug. Denn es kann vieles passieren, was zur Folge haben kann, dass sich dieses Narrativ als falsch erweisen wird. Die Wahl des neuen US-Präsidenten hat früh gezeigt, was alles passieren kann. Und sobald Klimaschutz in der Form verfolgt wird, wie es jetzt teilweise der Fall ist, nämlich mit einer Tendenz zu Klimaplanwirtschaft, könnte er eine Totalablehnung der Bemühungen zur Folge haben, denn der Lebensstandard vieler Bürger wird auf diese Weise beschnitten. Bezüglich der Finanzbeiträge zum Klimafinanzausgleich ist zu befürchten, dass die Mittel teilweise aus der Entwicklungszusammenarbeit umgeschichtet werden. Auch das ist eine häufig geübte Praxis bei solchen Zusagen. Auch ist eine Frage, welche Bedingungen die Geberländer versuchen werden, mit ihren Finanzierungszusagen zu verknüpfen, und was die Empfängerländer akzeptieren, die ihrerseits ihre freiwilligen Beiträge im Rahmen des Paris-Vertrags häufig an adäquate Finanzunterstützung gekoppelt haben. Teilweise unterscheiden sie auch zwischen unbedingten Zusagen und weiteren, von Unterstützungszahlungen abhängigen bedingten Zusagen, so etwa Mexiko. Geht man in die einzelnen Zusagen, fällt aus kritischer Sicht insbesondere auf, wie spezifisch einige sind, wie schwer es ist, genau zu verstehen, was intendiert ist, und wie schwer die Buchführung und Prüfung der Einhaltung der Versprechen sein werden, wenn dies je erfolgen sollte.

Bei der Finanzierung des Klimafinanzausgleichs ist von Tricks dringend abzuraten. Das Thema ist dafür viel zu wichtig, und die versprochenen Finanzmittel sind in der Sache ohnehin zu gering. Weil viele Empfängerländer ihre freiwilligen Zusagen an entsprechende Transfers gekoppelt haben, kommt ansonsten das ganze Begrenzungsthema für die weltweiten CO_2-Emissionen in Gefahr. Wichtig für die Einschätzung der Situation ist auch Folgendes: Die 100 Milliarden US-Dollar jährlich dürfen nicht als großzügige Spende interpretiert werden. Sie sind vielmehr, spieltheoretisch betrachtet, Voraussetzung für den Paris-Vertrag. Zugleich wird so auch für die weit überproportionale Nutzung beziehungsweise Aneignung der Atmosphäre, also eines Weltgemeinguts (»Global Common«), durch die reichen Länder bezahlt, die die Atmosphäre schon immer als Klimagasdeponie zum Nulltarif benutzen. Die 100 Milliarden US-Dollar sind insofern eine Art Gebühr, keine Spende, erst recht auch keine Entwicklungshilfe. Die reichen Länder sollten die Mittel ohne Wenn und Aber aufbringen und ab 2025 über substanzielle Erhöhungen nachdenken. Verrechnungen mit den Mitteln zur Entwicklungshilfe müssen unbedingt vermieden werden.

Mit der Agenda 2030, den sogenannten »Sustainable Development Goals« (SDGs), verfügen die Staaten der Welt seit September 2015 erstmals in ihrer Geschichte über eine gemeinsame Agenda, mit der eine nachhaltige Entwicklung erreicht werden soll. Die Agenda 2030 hat 17 Hauptziele, die sich in 169 Unterziele aufgliedern, und stellt den vorerst letzten Schritt eines mittlerweile mehr als 40 Jahre andauernden politischen Bestrebens der internationalen Gemeinschaft dar, zwei große Ziele der Menschheit gleichzeitig zu realisieren: nämlich den Erhalt der natürlichen Lebensgrundlagen und die wirtschaftliche Entwicklung für alle Menschen. Die Vielfalt aller Ziele und Unterziele ist eher verwirrend und erschwert die Fokussierung, und es spricht deshalb viel dafür, dass sie nicht erreicht werden [25]. Hinzu kommt, dass die interessierten Akteure in der Zivilgesellschaft und der Politik die SDGs dazu »missbrauchen«, sich unter dem Begriff Nachhaltigkeit fast vollständig auf nationale Politikanliegen unterschiedlichster Art zu konzentrieren und die globalen Kooperationserfordernisse, vor allem auch was Finanztransfers anbelangt, eher ganz ausblenden. In diesem vom Thema her völlig abwegigen nationalen Fokus (»zu Hause beweisen, was geht«) liegt auch ein Hauptgrund dafür, dass die Weltgemeinschaft im Klimabereich zu scheitern droht. Die SDGs sind in diesem Sinne in der Art, wie sie »gelebt« werden, ein Rückschritt gegenüber den MDGs, die allerdings auch nicht umgesetzt wurden – ein übliches Muster [26, 76].

Ein weiteres Hindernis für die Umsetzung ist, dass Länder wie Deutschland im Bereich Wirtschaft und Handel teilweise Strategien zur Sicherung der eigenen Vorteile verfolgen, die den erklärten Zielen der Entwicklungspolitik und der Agenda 2030 tendenziell widersprechen [60]. Hierüber wird aber gerne geschwiegen.

Dies alles ist ein typisches Beispiel der heute häufig anzutreffenden Politikinkohärenz. Denn parallel dazu versucht das Bundesministerium für wirtschaftliche Zusammenarbeit und Entwicklung (BMZ) im Sinne der Entwicklungsländer in verdienstvoller Weise Wirkung zu erzielen, zum Beispiel mit sogenanntem »Capacity Building« in Form rechtlicher Beratung der sich entwickelnden Länder bei WTO-Fragen. Hier erhalten diese Länder Unterstützung vom »Advisory Centre on WTO Law« (ACWL). Deutschland verstärkt aktuell sein Engagement bei dieser Organisation. Das ist gut so. Entwicklungsminister Gerd Müller [60] führte dazu aus: »Wir gehen einen weiteren Schritt, die WTO zur Fair-Handels-Organisation zu machen. Wir stärken die Position der Entwicklungsländer, sodass sie mitreden und ihre Rechte durchsetzen können.« Interessant sind in diesem Kontext auch der 15. Entwicklungspolitische Bericht »Entwicklungspolitik als Zukunfts- und Friedenspolitik« des BMZ aus dem Jahr 2017 [9] sowie ein Bericht der OECD aus 2016 [63].

Nachhaltigkeit im Sinne der Brundtland-Definition muss als Systemzustand verstanden werden, und zwar als anzustrebender Zustand der Welt. Nachhaltigkeit ist damit nicht individualisierbar, weder auf der Ebene einzelner Individuen noch auf der Ebene einzelner Länder. Individuelle Beiträge sind wichtige, notwendige Beiträge, aber keine hinreichenden. Nachhaltigkeit ist letztlich ein Gesamtsystemzustand der Menschheit. In einer globalisierten, vernetzten Welt ist der Globus das Gesamtsystem. Auf dieser Ebene sind die Umwelt-, Klima-, Armuts- und Gerechtigkeitsfragen zu lösen. Leider ist derzeit an vielen Stellen, gerade auch bei Nichtregierungsorganisationen und in der nationalen Politik, eine starke gegenläufige Tendenz zu beobachten, nämlich der Versuch, die Verantwortung für die Erreichung von Nachhaltigkeit in Form einer buchhalterischen Abgrenzung oder Verantwortungszuordnung einzelnen Akteuren zuzuweisen – und zwar ohne Gesamtentwurf der Aufteilung der bestehenden Notwendigkeiten auf alle Staaten, alle Organisationen, alle Menschen und ohne Durchsetzungsmacht in der Sache. Logisch ist das unsinnig. Zugegebenermaßen macht es die Operationalisierung des Themas vordergründig einfacher. In dieser Sicht sind dann die einzelnen Staaten, Länder, Kommunen, Firmen, Individuen gefordert, für Nachhaltigkeit zu sorgen. Staaten entwickeln dann ihre Strategien, mit denen die Agenda 2030 national umgesetzt werden soll. Es werden regionale Klimaschutzziele formuliert, die fast schon planwirtschaftlich auf einzelne Sektoren der Ökonomie heruntergebrochen werden. Manche Individuen üben sich in Suffizienz und ziehen sich teilweise aus der Konsumwelt zurück. Viele engagierte Menschen, etwa Studierende, setzen bei sich selbst und ihrem Lebensstil an. Das sind alles wichtige Schritte. Aber ihre Gesamtwirkung auf das Ganze ist unklar, denn einerseits gibt es Rebound-Effekte, das heißt, Einsparungen an einer Stelle führen zu mehr Nutzungen an anderer Stelle, andererseits werden ohne gesamtsystemische Struktur die hier erzielten Verbesserungen durch andere Akteure auf dem Globus leicht zunichtegemacht. Das Thema ist schwierig (vgl. auch Info-Box 12).

An einem systemischen Ansatz führt jedenfalls kein Weg vorbei, wenn die gesetzten Ziele erreicht werden sollen. Wir müssen dabei mit der Tatsache umgehen, dass Arme nachvollziehbar eine Hoffnung oder sogar Erwartung auf mehr Wohlstand haben, dass in der Erfüllung dieser Ansprüche die größten Herausforderungen liegen, dass wiederum andere Menschen in den reichen Ländern mehr konsumieren wollen und nicht weniger und dass es rechtlich geschützte Freiheiten auf nationaler und internationaler Ebene gibt, diese Vorstellungen verfolgen zu dürfen. Diese Freiheiten sind häufig in supranationalen Verträgen geregelt, deren Letztgarant, in etwas überspitzter Formulierung, das US-Militär ist. Gut gemeinte Überlegungen vor Ort, beispielsweise in der Agenda 21 einer deutschen Stadt, treffen dann auf die Regeln der WTO, die einseitig zu ändern nicht in der Macht der Stadtverwaltung, nicht einmal der Europäischen Union liegt [26]. Das zu erkennen hat für manchen Menschen die Wirkung eines Kulturschocks, manchmal wird es auch einfach ausgeblendet. Man kann nicht glauben, dass das eigene Land, die eigene Demokratie durch weltweite Abkommen, durch eine »Entleerung der Demokratie«, dermaßen in der Handlungsfreiheit eingeschränkt ist.

Individuelle Ansätze lösen das Problem nicht. Manchmal eröffnet die freiwillige Zurückhaltung des einen nur den Raum für ein noch maßloseres Überziehen des anderen als eine gesteigerte Form des sogenannten »Free-riding«. Es muss deshalb eine weltweite Einigung erzielt werden. Letztlich müssen alle Unternehmen, Regionen und Menschen die Nachhaltigkeitserfordernisse abgestimmt auf ihren Kontext herunterbrechen, obwohl das heutige System einen solchen Weg gerade nicht positiv befördert. Das Falsche ist heute oft billig, das Richtige teuer. Falsche Anreize sind heute der Auslöser für falsches Verhalten vieler. Daher besitzt nur ein systemischer Ansatz eine realistische Chance für Nachhaltigkeit. Aber gerade dieser ist schwer zu erreichen, weshalb der Autor das Scheitern der internationalen Bemühungen in diesem Bereich für sehr gut möglich hält.

Das bedeutet dann zum Beispiel auch Folgendes: Man kann in der Argumentation zum Thema nicht so tun, als hätten alle Menschen, alle Staaten oder alle Regionen Anspruch auf einen pro Kopf gleichen Umweltraum, wie von bemühten »Weltrettern« häufig argumentiert wird. Dieses gleiche Recht ist nirgends formuliert und kodifiziert, wird im politischen Raum nicht gefordert und fände auch keine Mehrheit. Denn es bedeutet faktisch fast schon Kommunismus. Natürlich wird diese Idee auch der bestehenden Rechtsordnung und Machtverteilung sowie der Souveränität der Nationalstaaten nicht gerecht. Weil nämlich dadurch die Verhältnisse in Bezug auf die unterschiedliche Ressourcenausstattung von Staaten oder die – in unserer Gesellschaftsordnung und unserem Wirtschaftsmodell fundamentale – Differenzierung bei Einkommen, Vermögen und wirtschaftlichem Erfolg völlig konterkariert würden. Ein solcher Ansatz bringt letztlich den »Kommunismus durch die Hintertür« hervor. Weil ein solcher Weg den unbedingt notwendigen Innovationsmotor drosseln würde, ist er in sich ohnehin nicht gangbar und tragfähig. Zudem ist er nicht mehrheitsfähig – schon gar nicht international. Er steht außerdem im Konflikt mit bestehenden internationalen Verträgen, die nicht einseitig aufgekündigt werden können.

Ein solcher Zugang ist auch in der Sache unangemessen. Es ist beim heutigen Stand der Global Governance realitätsfremd und wenig erfolgversprechend, auf diese Weise den jetzigen offensichtlichen Pfad der Nichtnachhaltigkeit verlassen zu wollen. Die Entwicklungen bis zum heutigen Tag sprechen eine eindeutige Sprache: Der »Earth Overshoot Day« fällt seit Jahren auf ein immer früheres Datum im Jahr, also der Tag, ab dem der Verbrauch natürlicher Ressourcen die Kapazität der Erde zur Reproduktion dieser Ressourcen übersteigt [101]. Dabei spielen CO_2-Emissionen eine wichtige Rolle. Würden diese nicht im Übermaß anfallen, wäre der ökologische Fußabdruck der Menschheit etwa um die Hälfte geringer und befände sich noch mit ausreichender Reserve innerhalb der Tragfähigkeit des Globus.

Es kommt etwas hinzu, was auch viele Gutmenschen bei uns meist nicht wollen, nämlich die Notwendigkeit erheblicher finanzieller Transfers. Nachhaltigkeit wird nämlich nicht ohne massive Querfinanzierung erreichbar sein. Aus systemischen Gründen muss – unter klar vereinbarten Regeln – viel Geld von den reichen zu den ärmeren Ländern fließen, wenn letztere auf ihren vielleicht wichtigsten Wettbewerbsvorteil in den Märkten, nämlich das Unterlaufen der Standards der reichen Welt, gerade auch im Bereich Nachhaltigkeit, verzichten sollen. Es wird sich grundsätzlich kein Ansatz finden lassen, diese unbedingte Notwendigkeit zu umgehen, auch nicht durch noch mehr Druck der NGOs oder durch mehr Druck auf Unternehmen in der Menschenrechtsthematik. Die finale Frage ist zugespitzt immer die, ob es für Kinder in armen Ländern besser ist, unter sklavenartigen Bedingungen zu arbeiten oder alternativ zu verhungern. Bei diesen Optionen lassen sie ihre Eltern lieber als Sklaven arbeiten. Ein Schulbesuch wäre natürlich die wesentlich bessere Alternative, dann aber müssten die reichen Länder mitzahlen. Deshalb sollte auf internationaler Ebene gemäß dem Prinzip »Standards gegen Querfinanzierung« operiert werden: Die Einhaltung vereinbarter entwicklungsstandabhängiger Standards sollte die Voraussetzung für Finanzströme in Richtung der Entwicklungsländer sein. Diese Finanzströme müssen dann gegenüber dem heutigen Niveau im Umfang erheblich zunehmen. Sonst bleibt es beim heutigen Zustand, mit schlimmen Folgen für die Menschen und die Umwelt in vielen Ländern und zugunsten einer lokalen Elite. Diese lokale Elite fördert daher eher den Status quo, weil sie einen Lebensstandard wie die Eliten in der reichen Welt möchte und in der Lage ist, sich die dazu nötigen Mittel zu beschaffen, auch zulasten der eigenen Bevölkerung.

Der Umfang der benötigten Gelder für eine Chance auf nachhaltige Entwicklung wird deutlich in der Formulierung »From Billions to Trillions«, die die Weltbank und der Internationale Währungsfonds 2015 in Vorbereitung auf die Verabschiedung der Agenda 2030 in New York und des Weltklimavertrags in Paris geprägt haben [1] und die von zentraler Bedeutung ist. Auch für das Thema einer freiwilligen Klimaneutralität des wohlhabenden Teils der Weltbevölkerung. Es wird nämlich letztlich darauf ankommen, erstens die öffentlichen Mittel für Entwicklungszusammenarbeit massiv zu erhöhen und – zweitens – diese klug einzusetzen und mit ihrer Hilfe weitere private Gelder zu mobilisieren und private Investitionen in Entwicklungsländern positiv zu befördern. Die OECD spricht von einer Investitionssumme in Höhe von 3,3 bis 4,5 Billionen US-Dollar, die jährlich zur Umsetzung der SDGs benötigt wird [63]. Derartige Summen sind nur bei massiver Ausweitung der Mittel der Entwicklungszusammenarbeit und nur unter Aktivierung massiver privater Mittel, sowohl im Bereich internationaler Investitionen als auch in Form von Zuschüssen im Bereich freiwilliger Klimaneutralität, aufzubringen.

Warum sind zur Umsetzung der SDGs und zur Verwirklichung des Klimaabkommens von Paris so enorme Transfers nötig? Zur Plausibilisierung und Relativierung sehr hoher Summen (»From Billions to Trillions«)[14] muss man sich die hohen Summen aus der Vergangenheit vor Augen führen, die zur Finanzierung von Maßnahmen aufholender Entwicklung aufgebracht werden mussten, zum Beispiel in Verbindung mit dem historischen Marshallplan für einige europäische Staaten nach dem Zweiten Weltkrieg, im Rahmen der deutschen Wiedervereinigung, unter Nutzung der heutigen Strukturfonds der EU oder auch die staatlichen Unterstützungszahlungen rund um den Globus zur Bewältigung der letzten großen Finanzkrise [19]. Die Beiträge lagen pro Empfänger in den unterstützten Ländern um den Faktor 100 bis 1000 über den heutigen Pro-Kopf-Aufwendungen Deutschlands für Afrika im Entwicklungsbereich. Das sind aktuell etwa 2 Euro pro Afrikaner – ein Witz. Übrigens: Die Kosten für die Betreuung eines jugendlichen Flüchtlings in Deutschland liegen bei etwa 60 000 Euro im Jahr – 30 000-Mal so hoch. Vergleicht man die Summen für den historischen Marshallplan oder die Wiedervereinigung pro Empfänger mit den heutigen ODA-Mitteln in Höhe von 150 Milliarden US-Dollar pro Jahr, wird deutlich, wie erschreckend niedrig auch die heutigen Mittel der Entwicklungszusammenarbeit sind: Umgerechnet auf eine Milliarde allerärmster Menschen verbleiben pro Person lediglich 150 US-Dollar pro Jahr. Umgelegt auf 2 Milliarden unterstützungsbedürftige Menschen verbleiben nur noch 75 US-Dollar pro Person und Jahr [19].

Es ist nach der Finanzkrise allgemeiner Konsens in den internationalen Organisationen, inklusive des Internationalen Währungsfonds (IWF), dass Märkte für eine gute gesellschaftliche Entwicklung sozial und ökologisch reguliert sein müssen, sogenannte »Green and Inclusive Markets«. Marktfundamentalisten sehen dies anders, sie haben aber mittlerweile ihre Dominanz in der politischen Debatte, leider aber nicht in der lebenspraktischen Realität, verloren. In der Folge der Weltfinanzkrise ist einiges passiert. So kämpft beispielsweise die OECD gegen Strategien zum Verschieben von Unternehmensprofiten in Regionen geringer Besteuerung (»Tax Base Erosion«) und Strategien wie

Umdeklarationen (»Wrapping«) von Verhältnissen und rechtlichen Gegebenheiten und trägt so zu einer grün und sozial ausgerichteten Politik bei. Dies gilt auch für die regelmäßigen Hinweise der OECD oder auch des IWF zur Bedeutung eines ausreichenden Niveaus von sozialer Balance für gesellschaftlichen Wohlstand. Natürlich zielen auch grüne und inklusive Märkte, die den Namen verdienen, auf Wachstum, jedoch nur insoweit, als gleichzeitig Umwelt und Klima geschützt werden und der Wohlstand allen Menschen zufließt. Wirtschaftliches Wachstum ist ein Muss, wenn Nachhaltigkeit das Ziel ist – siehe hierzu SDGs-Ziel 8 –, aber soziale Balance und Umwelt- und Klimaschutz sind es auch.

Es klingt zunächst vielleicht paradox, dass Nachhaltigkeit in sozialer und in ökologischer Dimension nur über massives wirtschaftliches Wachstum erreicht werden kann: Die bisherige historische Erkenntnis ist nämlich, dass Wachstum und Ressourcenverbrauch hoch korrelierte Größen sind. Ernst Ulrich von Weizsäcker, aktuell Co-Präsident des Club of Rome, übersetzt dies in seiner Forderung nach einem »Total Decoupling«. Dies bedeutet, dass das angestrebte wirtschaftliche Wachstum keinen zusätzlichen Ressourcenverbrauch und keine zusätzlichen Klimabelastungen zur Folge haben darf. Der Autor sieht das genauso. Nachhaltigkeit kann demnach nur im Rahmen eines hohen, weltweiten, grünen und inklusiven Wachstums, das eine Entkopplung von Ressourcenverbrauch und wirtschaftlichem Wachstum erfordert, erreicht werden.

Warum ist das so? Warum sind Nachhaltigkeit und insbesondere wirtschaftliche Entwicklung nicht ohne erhebliches wirtschaftliches Wachstum erreichbar? Für die rasch wachsende Weltbevölkerung werden – vor allem mit Blick auf Milliarden vergleichsweise armer und sehr armer Menschen – immer mehr Güter und Dienstleistungen benötigt, wenn diese Menschen auch nur in bescheidenem Wohlstand leben sollen. Was wiederum die Voraussetzung dafür ist, dass überall die Reproduktionsraten zurückgehen und das Weltbevölkerungswachstum bei einem Maximalplateau von hoffentlich nicht mehr als 10 Milliarden Menschen enden wird. Das benötigte wirtschaftliche

Wachstum muss dabei den Kriterien »grün« und »inklusiv« genügen. Bei allen wirtschaftlichen Wachstumsbemühungen sind Umwelt- und Klimarestriktionen also unbedingt und sogar vorrangig zu berücksichtigen, wenn Nachhaltigkeit das Ziel ist. Dass dies gelingen kann, muss noch gezeigt werden.

Eine weitere Anforderung an wirtschaftliches Wachstum besteht darin, dass es dazu beitragen muss, die soziale Ungleichheit zu reduzieren – im innerstaatlichen wie auch im zwischenstaatlichen Bereich. Der weit überwiegende Teil des Wachstums sollte zukünftig daher denjenigen zugutekommen, die heute im unteren Bereich der Einkommenspyramide angesiedelt sind, also den heute ärmeren Ländern und überall den Menschen, die zu den Schlechtergestellten gehören. Dabei ist allerdings nicht Gleichheit des Wohlstands das Ziel, sondern eine produktive Form von Ungleichheit im Sinne einer mit Nachhaltigkeit kompatiblen Balance [2, 39, 40]. Das scheint auch der beste Weg zur Bewältigung der weiteren Bevölkerungsdynamik zu sein, die wiederum entscheidende Voraussetzung für eine Stabilisierung der Verhältnisse in den Bereichen Umwelt, Klima und soziale Balance ist. Es ist bekannt, dass Entwicklungsfortschritte und sinkende Reproduktionsraten Hand in Hand gehen, vor allem bei gezielter Förderung von Frauen.

Mögliche Ansatzpunkte, das Bevölkerungswachstum zu stoppen und sogar umzukehren, sind Informationen zum Thema und Zugang zu Verhütungsmethoden, breite Bildung, die Stärkung der Frauenrechte und der weltweite Aufbau von querfinanzierten Sozialsystemen. Letzteres wurde im Deutschen Bundestag für die Entwicklungszusammenarbeit auch bereits gefordert [10]. Die nachfolgende Abbildung visualisiert die hohe Korrelation zwischen einem niedrigeren Bevölkerungswachstum und den Entwicklungsfortschritten, die im Rahmen der »Millennium Development Goals«, den Vorläuferzielen der SDGs, gemacht wurden. Es gilt: Je geringer das Bevölkerungswachstum, desto größer die erzielten Entwicklungsfortschritte. Diese Korrelation wird nach Einschätzung des Autors unverändert auch bezüglich der »Sustainable Development Goals« gelten. Deshalb ist es so wichtig, sich neben dem Klimathema auch immer mit der Bevölkerungsdynamik zu beschäftigen. Beide Problembereiche sind im Sinne einer wechselseitigen Verstärkungswirkung eng miteinander verknüpft.

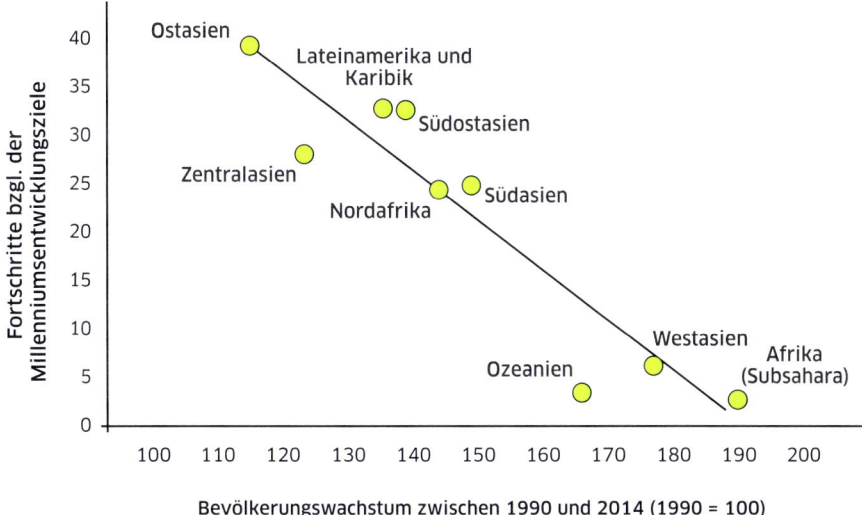

Niedriges Bevölkerungswachstum zieht Entwicklungsfortschritte nach sich.
Modifiziert nach [10]

Eine nachhaltige Entwicklung ist grundsätzlich möglich. Sie wird jedoch nicht ohne substanzielle technologische und politische Innovationen gelingen – sie sind der Schlüssel. Die Antwort auf die Frage, wie wir Energie erzeugen, ist dabei entscheidend und eines der prominentesten Beispiele für eine zwingend erforderliche technologische Innovation: Die Welt braucht dringend ein neues Energiesystem, das zugleich umweltfreundlich, CO_2-neutral, überall und immer verfügbar sowie kostengünstig ist. Eine nachhaltige Entwicklung braucht weiterhin den Transfer von umweltschonenden und entwicklungsförderlichen Technologien in die sich entwickelnden Länder. Hierzu müssen Anreize für den Privatsektor geschaffen, geeignete Finanzierungsinstrumente entwickelt und förderliche Rahmenbedingungen implementiert werden, die den Zugang zu Technologien und ihre Anwendung in Entwicklungsländern voranbringen, und zwar so, dass alle davon profitieren: die Menschen in allen Ländern der Welt, aber auch die Unternehmer und Unternehmen, die diese Innovationen hervorbringen. In der internationalen Zusammenarbeit müssen endlich auch die bis heute bestehenden Inkohärenzen zwischen verschiedenen Politikfeldern überwunden werden. Erwähnt sei insbesondere die Handelspolitik, die heute in vielen Fällen die Entwicklungszusammenarbeit konterkariert, obwohl das niemand gerne zugeben will – denn natürlich sind insbesondere die reichen Länder immer auch an ihrem eigenen Vorteil interessiert, auch zulasten armer Länder –, und nutzen ihre vielfältigen Machtinstrumente, um sich im Rahmen globaler Regelgestaltung immer wieder selber zu begünstigen.

Bis heute fehlt der Nachweis, dass eine nachhaltige Entwicklung im Sinne der Brundtland-Definition möglich ist: Bislang ist es keiner Region der Welt gelungen zu zeigen, dass der langfristige Erhalt der natürlichen Lebensgrundlagen, insbesondere auch der Erhalt der Stabilität des Klimasystems, und eine Wohlstand bringende wirtschaftliche Entwicklung für alle Menschen bei einem hohen Maß an sozialer Balance gleichzeitig möglich sind. Die nachfolgende Abbildung macht deutlich, wie weit die Menschheit noch vom gesteckten Ziel entfernt ist. Das zusammenfassende Fazit des heutigen Status quo ist ernüchternd: Ein Land ist – gemäß der Abbildung – entweder wirtschaftlich entwickelt (hoher Human Development Index/»HDI«), dann belastet es die Umwelt. Oder es lebt innerhalb der ökologischen Grenzen, dann ist das Land arm. Höherer Wohlstand übersetzt sich überall auf der Welt in einen größeren und letztlich zu hohen Ressourcenverbrauch und zu hohe Klimagasemissionen und konterkariert so das Ziel einer nachhaltigen Entwicklung. Die Welt hat einen schwierigen Weg vor sich: bezüglich der Stabilisierung des Klimas, des Schutzes der Umwelt und der Ermöglichung einer nachhaltigen Entwicklung. In der Sprache der nachfolgenden Abbildung bedeutet das, alle Länder in den grau markierten Bereich zu bringen, der heute im Wesentlichen leer ist.

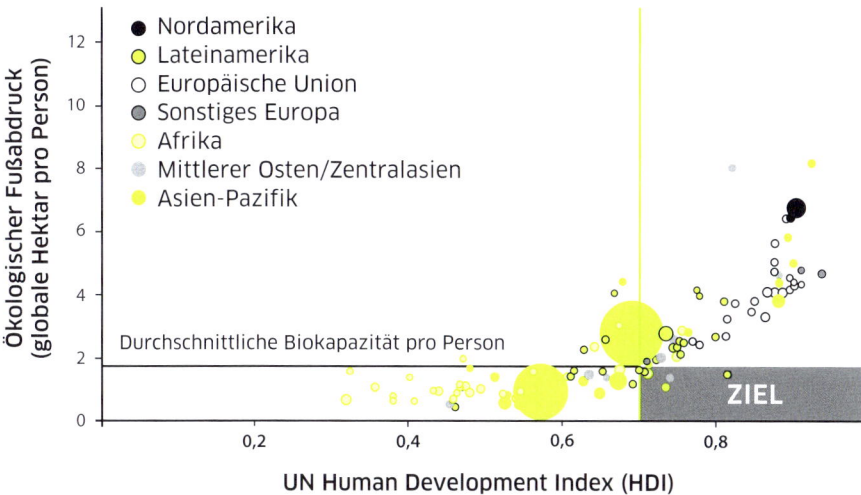

Heutige Unvereinbarkeit der Nachhaltigkeitsziele[15]

2.3_EIN NEUES ENERGIESYSTEM –
EIN UNBEDINGTES MUSS

◆◆◆ Fragt man nach den Quellen von Wohlstand und dem, was besonders wichtig ist, dann würden viele Menschen Luft, Wasser und Nahrung nennen. Und natürlich ist die Bedeutung dieser Themen offensichtlich. Fehlt die Luft, ist man in Minuten tot; fehlt das Wasser, innerhalb von Tagen; und fehlt das Essen, innerhalb von Wochen. Trotzdem erfasst man damit die heutige Wirklichkeit nicht adäquat. Denn die genannten Punkte sind vor allem ein ständiges Thema für Arme. Arme haben Verfügbarkeitsprobleme mit Luft, Wasser und Nahrung, Reiche nicht. Das zentrale Thema für Wohlstand ist Energie, und zwar bezahlbare Energie in genügendem Umfang. Dies wurde auch deutlich, als Holz vor 300 Jahren knapp wurde, und wird aktuell zum Thema, weil die fossilen Energieträger, die das Holz als Hauptenergieträger abgelöst haben, zu viele Klimagase produzieren und ein Klimaproblem heraufbeschwören. Wir müssen also auf Dauer einen Weg aus den fossilen Energieträgern hin zu anderen Lösungen finden (Dekarbonisierung). Das betrifft vor allem und zunächst die Kohle wegen der mit ihrem Einsatz verbundenen hohen CO_2-Emissionen: Betrachtet man die CO_2-Emissionen bei der Verbrennung fossiler Energieträger in Kilogramm CO_2 pro Kilowattstunde, so ergeben sich folgende Werte: Erdgas 0,20; leichtes Heizöl 0,26; schweres Heizöl 0,28; Steinkohle 0,33 und Braunkohle 0,40, jeweils bei gleicher Energieausbeute. Die Emissionen bei Braunkohle sind damit doppelt so hoch wie bei Erdgas.

Wie stellen sich nun diesbezüglich die Verhältnisse nach der Verabschiedung des Paris-Vertrags dar? Hierzu gibt die Energiestudie 2016 »Reserven, Ressourcen und Verfügbarkeit von Energierohstoffen« der Bundesanstalt für Geowissenschaften und Rohstoffe (BGR), Hannover, Hinweise [7]. Wir zitieren hier aus der Kurzfassung: »Der Energieverbrauch der Welt wie auch Deutschlands wird primär durch fossile Energieträger gedeckt. Eine weltweit wachsende Bevölkerungszahl und die Erhöhung des allgemeinen Lebensstandards werden trotz höherer Energieeffizienz langfristig einen steigenden Energiebedarf zur Folge haben. Die Abhängigkeit der Energieversorgung von fossilen Energierohstoffen wird daher noch für absehbare Zeit fortbestehen. Vor diesem Hintergrund ist ein steigender internationaler Wettbewerb um Energierohstoffe zu erwarten. Auch für Deutschland ist trotz der hohen Wachstumsraten bei den Erneuerbaren, begleitet von einer Abnahme der Eigenförderung und dem Ausstieg aus der Kernenergie, eine Minderung der hohen Importabhängigkeit bei den fossilen Energierohstoffen nicht absehbar. Derzeit leisten Erdöl, Erdgas, Stein- und Braunkohle nach wie vor mit rund 80 Prozent den mit Abstand größten Beitrag zur Deckung des deutschen Primärenergieverbrauchs. Gemessen am Energieinhalt ist die Kohle bei den Ressourcen und Reserven der beherrschende Energierohstoff. Hingegen dominiert Erdöl weiterhin im Verbrauch und der Förderung mit im Vorjahresvergleich sogar leicht gestiegenen Anteilen. Aufgrund der im Vergleich zu Erdgas größeren nichtkonventionellen Anteile liegt Erdöl auch bei den Reserven nach Kohle an zweiter Stelle. (…) Aus rohstoffgeologischer Sicht können die bekannten Energierohstoffvorräte auch langfristig einen steigenden Bedarf bei Erdgas, Kohle und Kernbrennstoffen decken und den Wechsel in ein kohlenstoffarmes Energiesystem gewährleisten. Erdöl ist der einzige Energierohstoff, bei dem sich eine Limitierung abzeichnet.«

Die Situation und die Projektion sind in der nachfolgenden Abbildung zusammengefasst, die sich auf Untersuchungen der Internationalen Energie Agentur bezieht [46]. Man sieht, wie vergleichsweise gering der Anteil von Windkraft und Fotovoltaik am Primärenergieverbrauch der Welt – subsumiert unter »Sonstige erneuerbare Energien« – nach wie vor ist. Dies ist so, obwohl dieses Segment die weitaus höchste Steigerungsrate aufweist. Aber wenn es bei kleiner Basis prozentual sehr schnell wächst, kann es insgesamt doch immer noch eher wenig bleiben.

Zu beachten sind dabei aus deutscher Sicht auch folgende Beobachtungen:

1 Der Energieverbrauch in Deutschland steigt seit drei Jahren, also in den Jahren 2015 bis 2017.

2 Lange glaubten die Deutschen, dass ihnen die Entkopplung von Wirtschaftswachstum und Energieverbrauch gelungen sei. Ein steigendes Bruttoinlandsprodukt bei zugleich sinkendem Energieverbrauch galt als Erfolg einer durchdachten Energie- und Klimapolitik. Die jüngsten Zahlen der Arbeitsgemeinschaft Energiebilanzen (AGEB) belegen, dass dieser Trend gebrochen ist. Dies bedeutet, dass die mit Milliardenbeträgen unterstützten Bemühungen um eine Steigerung der Energieeffizienz bisher nicht die erhoffte Wirkung haben.

3 Der Welthandel mit Steinkohle ist in 2017 wieder gestiegen, und zwar um 1,5 Prozent auf 1,14 Milliarden Tonnen. Die globale Förderung von Steinkohle nahm 2017 unerwartet um 2 Prozent auf 6,9 Milliarden Tonnen zu. Dabei ist die Förderung in Amerika um 7 Prozent, in China um 2 Prozent und in Indien um gut 3 Prozent gestiegen. Der Anstieg des Welthandels mit Steinkohle ist vor allem auf die wachsende Nachfrage in den Asean-Staaten zurückzuführen. Dort wächst die Industrie stetig. In Deutschland sank die Steinkohleeinfuhr etwa um ein Zehntel, und zwar auf 6 Millionen Tonnen.

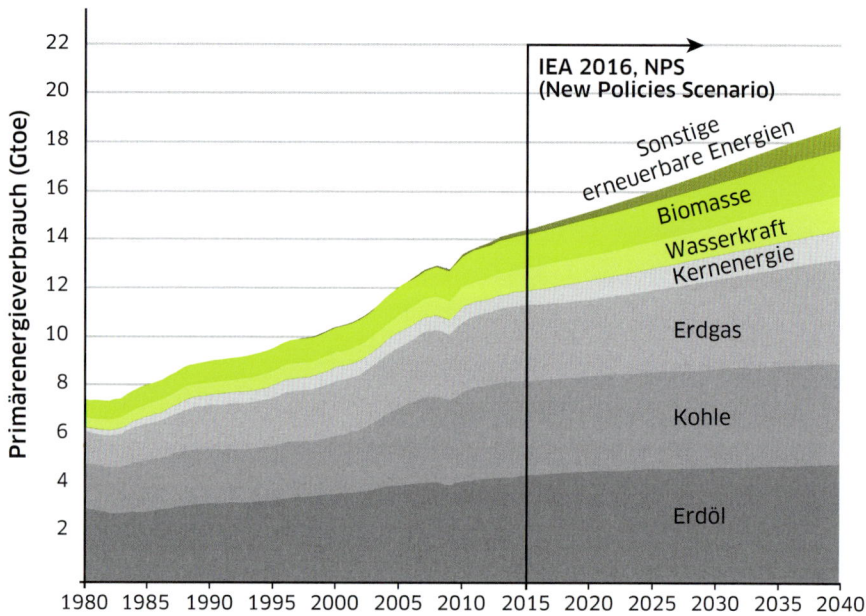

Entwicklung des globalen Primärenergieverbrauchs nach Energieträgern und ein mögliches Szenario der künftigen Entwicklung (New Policies Scenario, IEA 2016: World Energy Outlook. Paris, Frankreich [46])

Das hier beschriebene Bild aus 2016, dass im Wesentlichen identisch ist mit der neuesten Grafik aus 2017 [8, 47], differiert erheblich zu den Vorstellungen, die manche Beobachter aus dem Bereich der erneuerbaren Energien gerne kommunizieren. Für diese ist klar, dass wir schon bald nur noch mit erneuerbaren Energien auskommen könnten, wenn nur die »Betonköpfe« und »Bedenkenträger« aus den klassischen Energien ihren Widerstand gegen den Fortschritt aufgeben würden. Und die genannten Bedenken resultieren ohnehin nur daraus, dass die genannten Akteure ihre Pfründe zu verteidigen suchen. Die Wirklichkeit sieht ganz anders aus. Mitte 2017 hatten weltweit allein die 120 größten der einschlägigen Unternehmen im Sektor Kohle 957 Projekte an 473 Standorten in der Pipeline.[16] Die Kapazitäten in diesen zukünftigen Kraftwerken summieren sich auf gut 550 000 Megawatt. Das entspricht etwa einem Viertel der Kapazitäten, die aktuell in Betrieb sind – rund 1,9 Millionen Megawatt –, und würde ausreichen, um mehr als eine Milliarde Haushalte in Industrienationen mit Strom zu versorgen.

Warum das so ist, zeigt eindrücklich die Titelstory »The black hole of coal«, *The Economist*, 04.08.2018. Der *Economist* behandelt dort unter der Überschrift »In the line of fire – Losing the war against climate change« die Situation bezüglich der Kohle in Indien. Das betrifft einerseits die vielfältigen Abhängigkeiten zwischen der Energieindustrie, der Kohleförderung und staatlichen Stellen, persönliche Interessenlagen, die Verschuldung der Branche, die Rolle des Staates, der oft Kreditgeber oder Eigentümer der Energieunternemen ist. Andererseits der Zustand des Netzes, welcher für die Einspeisung von Strom aus erneuerbaren Quellen und für ein intelligentes Lastmanagement überhaupt nicht geeignet ist. An allen Enden mangelt es an Geld. Und es geht um die Lage von 1,3 Milliarden Menschen – nicht (nur) 80 Millionen wie in Deutschland.

Mit dem Abkommen von Paris ist diese Ausgangssituation nicht kompatibel. Aber so ist die Realität vor Ort. Vor allem asiatische Unternehmen lassen sich vom Klimaschutz nicht bremsen. Die indische National Thermal Power Corporation (NTPC) plant allein 38 000 Megawatt in Indien und Bangladesch und steht damit an der Spitze. Als Nächstes folgen sechs chinesische Unternehmen: SPIC, China Datang, Shenhua, China Huadian, China Huaneng und China Guodian. Insgesamt sind chinesische Firmen für 247 000 Megawatt – also 46 Prozent der Planungen – verantwortlich. Die meisten neuen Kraftwerke sollen in China gebaut werden, viele aber auch in anderen asiatischen und afrikanischen Ländern. Wobei diese großen Aktivitäten in Indien und China nicht überraschend sind – und die (mäßige) Ausbauperspektive in Afrika auch nicht. China und Indien haben die Verantwortung für je weit über eine Milliarde Menschen. Beide Staaten haben wegen des noch als bei weitem unzureichend empfundenen Pro-Kopf-Einkommens der Bevölkerung aus nachvollziehbaren Gründen große wirtschaftliche Wachstumsambitionen (dies gilt insbesondere für Indien), und schließlich bewegen sich die energetischen Ausbaupläne im Rahmen ihrer freiwilligen Paris-Zusagen, die zudem rechtlich nicht verbindlich sind. Für Afrika als Kontinent gilt Ähnliches (vgl. hierzu auch Info-Box 3).

◆ CO$_2$-Emissionen in Afrika

Afrikas CO$_2$-Emissionen sind vergleichsweise niedrig (etwa 1,15 Milliarden Tonnen). Sie liegen bei (nur) etwa 7 Prozent der Weltemissionen bei etwa 14 Prozent der Weltbevölkerung. Doch auch hier wachsen die Probleme (vgl. »Africa and climate change – a burning issue«, *The Economist*, 21.04.2018). Südafrika liegt mit einer Bevölkerung von circa 55 Millionen Menschen bei etwa 500 Millionen Tonnen CO$_2$ und fällt stark ins Gewicht. Das hängt mit der starken Rolle von Kohle in diesem Land zusammen. Südafrika hat weniger Menschen als Großbritannien, nur etwa ein Achtel der Wirtschaftsleistung, erzeugt aber mehr CO$_2$. Einzelne Kohlekraftwerke erzeugen mehr als 4 Gigawatt. Diese emittieren teilweise mehr als 30 Millionen Tonnen CO$_2$ pro Jahr. Erschwerend kommt hinzu, dass Südafrika auch den Treibstoff für einen Großteil seiner Autos über die sogenannte »Kohleverflüssigung« (Kohlehydrierung) aus Kohle selber herstellt (Bergius-Pier-Verfahren). Dies wurde vor langer Zeit begonnen, als Sanktionen bei Öllieferungen wegen der damaligen Apartheidpolitik auf diese Weise ausgehebelt wurden. Noch viel stärker als im Falle Chinas wird an dieser Stelle die viel geringere Energie- und Ressourceneffizienz in diesem Land (im Verhältnis beispielsweise zu den europäischen Staaten) deutlich.
Sambia erzeugt die Probleme anders. Es verbrennt mehr Vegetation als Brasilien, das ebenfalls rasch Wälder vernichtet. Dies geschieht vor allem in den Trockenpe-

rioden. Die Produktion und Nutzung von Holzkohle, die aus Holz hergestellt wird, ist in anderen Teilen Afrikas ein Problem. Fast eine Milliarde Subsistenzbauern nutzen diese als Heizbasis in ihren Kochöfen (hier sei auf Parabol-Solarkocher, manchmal finanziert über internationale Kompensationsprojekte, als Alternative verwiesen). Das Vorgehen in Sambia geht zulasten der Wälder, die mit einer Rate von 0,5 Prozent pro Jahr schneller als in Südamerika verschwinden. Dies ist einer der Gründe, warum Aufforstung in den Tropen in Afrika als Teil eines Marshall-plans mit Afrika eine so große Bedeutung besitzt. In Nigeria ist das Problem die breite individuelle Nutzung von Dieselgeneratoren durch Haushalte und Unter-nehmen mit einer Gesamtkapazität von 14 Gigawatt. In dem Umfang, wie Afrika permanent verfügbare, das heißt grundlastfähige Energie neben den Erneuerba-ren mit ihrer Volatilität braucht, greift man gerne auf Kohle zurück, auch weil damit seit langem Erfahrungen vorliegen, des Weiteren die Lösungen technisch ausgereift sind und weil es vor Ort genügend Kohle gibt. In diese Richtung ten-dieren als Geldgeber oft auch Entwicklungsagenturen reicher Länder und chine-sische Entwicklungspartner.

Info-Box 1: CO_2-Emissionen in Afrika

Verglichen mit Asien ist Kohle in Europa auf dem Rückzug. Aber auch hier sind noch Kohlekraftwerke mit einer Kapazität von über 90 000 Megawatt in Planung oder im Bau.

Der Bestand in Bezug auf Kohle in den USA liegt bei 296 300 Megawatt Kapazität, 582 Megawatt sind im Bau und 1295 Megawatt in der Planung. In Europa sind 210 651 Megawatt in Betrieb, 10 108 im Bau und 84 986 Megawatt in Planung. In Afrika sind (nur) 50 529 Megawatt in Betrieb, 12 838 Megawatt in Planung und 49 842 Megawatt im Bau. In Südostasien gibt es ebenfalls viel Bewegung. In Indien sind 197 000 Megawatt in Betrieb, 65 000 Megawatt im Bau und 243 000 Megawatt in der Planung. An der Spitze operiert China mit einer installierten Kapazität von 1 020 335 Megawatt, im Bau befindlichen 161 146 Megawatt und geplanten weiteren 167 083 Megawatt, wobei das ge-plante Volumen niedriger als im Fall Indien ist.

Es gibt internationale Organisationen, die sich professionell mit der Ent-wicklung der Energiesituation über die nächsten Jahrzehnte beschäftigen. Die wichtigste ist die International Energy Agency, die im Rahmen der OECD, der Organisation der wohlhabenden Länder, etabliert wurde. In ihrem »World Energy Outlook 2016« [46] blickt sie auf die Zukunft der Energieversorgung und untersucht auf Basis von Energieprojektionen, die bis 2040 reichen, Chancen und Herausforderungen für erneuerbare Energien, die die zentrale Säule für den Wandel zu einer kohlenstoffarmen Energiewirtschaft bilden. Erwähnt sei, dass die Projektionen bis 2040 im hier zugrunde gelegten Report aus 2016 im Wesentlichen mit den neuesten Zahlen aus dem Report von 2017 [47] übereinstimmen. Der Report nimmt Paris als Ausgangspunkt. Für den Weltenergieverbrauch wird bis 2050 ein Anwachsen um 30 Prozent erwartet, obwohl dann immer noch Hunderte Millionen von Menschen ohne gesicherten Zugang zur Energie bleiben werden.[17] Der Verbrauch aller Arten von Energieträgern wird dabei wachsen, allerdings gibt es dabei laut Prognose erhebliche Verschiebungen gegenüber der heutigen Situation. Das größte Wachstum wird im Bereich erneuerbarer Energien erwartet, aber man startet dort natürlich von einem niedrigeren Niveau aus. Unter den fossilen Energieträgern wird das größte Wachstum, nämlich um 50 Prozent, bei Gas erwartet. Das Wachstum bezüglich des Verbrauchs von Öl wird über die Periode langsam abnehmen. Der Höhepunkt der Förderung wird für 2040 erwartet.

Interessant ist in diesem Zusammenhang, dass Washington angedeutet hat, 90 Prozent der amerikanischen Küstengebiete für die Öl- und die Gasförderung zu öffnen. Nach Presseberichten sollen die Vereinigten Staaten unter Präsident Trump »die größtmögliche Supermacht« in Sachen Energie werden, weil das Land die Möglichkeiten dazu habe. Das Ziel ist fast erreicht. Die USA fördern mittlerweile mehr als 10 Millionen Barrel Öl pro Tag (dies entspricht etwa 500 Millionen Tonnen Öl pro Jahr) und sind damit hinter Russland nun die zweitgrößten Förderer und haben Saudi-Arabien mit seinen knapp 10 Millionen Barrel Öl pro Tag diesen Platz abgenommen. Die USA konnten ihre Produktion in 2017 um 1,1 Millionen Barrel pro Tag steigern. Es wird erwartet, dass sie die bisherige Nummer eins, Russland, mit derzeit 10,3 Millionen Barrel pro Tag, ebenfalls bald überholen werden.

Kohle wird am stärksten durch die Umweltanliegen betroffen sein. Nach dem starken Anwachsen des Kohleverbrauchs in den letzten Jahren wird das Verbrauchswachstum zu Ende gehen. Der Verbrauch bleibt aber noch lange auf einem hohen Niveau. Das weitere Wachstum bezüglich der Nutzung der Kernenergie wird im Wesentlichen in China erfolgen. Die Gesamtnachfrage nach Energie in den OECD-Staaten wird abnehmen. Das größte Wachstum in Bezug auf Energie wird in Indien erfolgen, das seine Industrialisierung und Urbanisierung massiv vorantreibt. Auch Südostasien und China und Teile von Afrika, Lateinamerika und dem Mittleren Osten werden weiter zulegen.

China und Indien werden unter den Staaten die größte Expansion im Bereich der Fotovoltaik erleben. Mitte 2030 werden die sich entwickelnden Länder in Asien mehr Öl konsumieren als die gesamte OECD. Trotz dieser Anstrengungen werden substanzielle Teile der Weltbevölkerung immer noch ohne modernen Energiezugang bleiben. Mehr als eine halbe Milliarde Menschen, primär konzentriert in den ländlichen Gebieten von Subsahara-Afrika, werden laut Prognose bis 2040 weiterhin keinen nennenswerten Zugang zu Elektrizität haben. Das reduziert die heutige Zahl von nicht versorgten Menschen von 1,2 Milliarden auf eine halbe Milliarde. 1,8 Milliarden Menschen werden von fester Biomasse zum Kochen abhängig bleiben, das bedeutet eine Reduktion um ein Drittel im Vergleich zum heutigen Niveau von 2,7 Milliarden. Für die Betroffenen bedeutet das unter anderem, in Häusern weiterhin Rauch ausgeliefert zu sein, der jedes Jahr mit dem Tod von 3,5 Millionen Menschen weltweit verknüpft ist.

In Indien wird laut Prognose bis 2040 der Anteil der Kohle an der Energieproduktion von 75 Prozent auf 55 Prozent absinken. Dies in einem Land, dessen Stromnachfrage sich bis dahin mehr als verdreifachen wird. Für China werden 85 Prozent Zuwachs erwartet. Die globalen CO_2-Emissionen werden bis 2040 im Durchschnitt »nur« noch um 150 Millionen Tonnen jährlich wachsen. Seit dem Jahr 2000 waren es jedes Jahr 650 Millionen Tonnen, das ist ein großer Fortschritt. Wobei allerdings in 2016 in Deutschland nach deutlichem Rückgang in den Jahren 2014 und 2015 die CO_2-Emissionen aus der Energiewirtschaft aufgrund der kühleren Witterung wieder geringfügig gestiegen sind. So kommt die Welt eben doch zu 36 Gigatonnen CO_2 in 2040 allein im energiebezogenen Bereich. Das ist nicht geeignet für die Erreichung des Paris-Ziels.

Wichtig ist: Die Welt wird weiterhin sehr viele fossile Energieträger brauchen. Ohne diese ist der erreichte Wohlstand über die nächsten Jahrzehnte nicht zu halten, geschweige denn auszubauen. Der Umstieg auf erneuerbare Energien dauert seine Zeit und ist kostenintensiv. Würde man hier sehr forciert an die »Fossilen« herangehen, würden sich extreme Probleme im ökonomischen Bereich ergeben. Deshalb richtet sich der Druck jetzt bevorzugt auf Kohle, wobei man im Besonderen versucht, Kohle durch Gas zu ersetzen. Flüssiggas gewinnt dabei enorm an Bedeutung, von der Transportseite her, aber auch wegen der Politik der USA. Kohle durch Gas zu ersetzen bringt eine Menge, wie die USA zeigen, ist aber natürlich ganz etwas anderes als Dekarbonisierung und bedeutet in der Summe, dass man das Zwei-Grad-Ziel so nicht erreichen wird.

Die angegebenen Trends haben sich im aktuellen Ausblick des Jahres 2017 der International Energy Agency (IEA) noch einmal verstärkt [47]. Die Autoren diskutieren insbesondere die rasche Verbreitung sauberer Energietechnologien und deren sinkenden Kosten, die wachsende Bedeutung der Elektrizität im Energiemix, die Umorientierung hin zu einer stärker dienstleistungsorientierten Wirtschaft und einem sauberen Energiemix in China sowie die ungebrochene Stärke von Schiefergas und Schieferöl in den Vereinigten Staaten, die ihre Position als weltgrößter Öl- und Gasproduzent trotz niedriger Preise festigen.

Sehr interessant ist in diesem Kontext das Buch von Dieter Helm *Burnout – The Endgame for Fossil Fuels*, einem international anerkannten Experten zum Thema Energie von der Oxford University [37]. Er beschreibt, dass die »Shale-Gas-Production«/Schiefergasproduktion, die in den USA primär aus politischen Gründen betrieben wird, eine wirkliche Revolution ist, die das »Spiel« der Weltpolitik verändert. Denn die hier verfügbar werdenden fossilen

Ressourcen werden noch für viele Jahrzehnte ausreichen. Wobei allerdings Ugo Bardi in seinem aktuellen Bericht an den Club of Rome [4] warnt: »Aufgeschoben ist nicht aufgehoben.«

Der Autor des vorliegenden Buchs sieht die Situation ähnlich wie Dieter Helm. Das »Peak Oil«-Thema, das lange Zeit von Umwelt-Seite auf die Agenda gesetzt wurde, bestimmt auf absehbare Zeit nicht die Verhältnisse. Eher dominiert ein preiswerter Zugang zu fossilen Energieträgern, die noch für lange Zeit in großem Umfang verfügbar sein werden. Der Preisanstieg beim Öl in jüngerer Zeit, der unter anderem auf Vereinbarungen über Produktionseinschränkungen zwischen den OPEC-Staaten sowie Russland und weiteren Partnern basiert, ebenso aber aus den angekündigten neuen US-Sanktionen (2018) gegen den Iran als viertgrößtes Ölförderland der Welt und den politischen Problemen in Venezuela resultiert, ändert diese generelle Einschätzung nicht. Denn der Preisanstieg resultiert nicht aus Knappheiten, sondern aus politischen Aktivitäten, ist also nicht fundamentaler Natur, sondern das Resultat von Machtpolitik.

Vor dem Hintergrund der neuen US-Politik beschreibt Dieter Helm, dass der Kohlemarkt heute massiv von China dominiert wird. Bis in die 1990er-Jahre hat China Kohle importiert, heute ist China verantwortlich für über die Hälfte des Weltkohlehandels. China bringt gigantische Mengen Kohle aus seinem Boden und verdient damit viel Geld. Und während in einigen reichen Ländern wie Deutschland das Ende der Kohle thematisiert wird, steckt sie dann in Importen, die wir von China zu uns einführen. Wie soll Dekarbonisierung verfolgt werden, wenn allein schon China so viel Kohle fördert? Und wer will China daran hindern, genau das zu tun? Die chinesische Regierung hat die Verantwortung für den Lebensstandard von 1,4 Milliarden Menschen, darunter immer noch Hunderte Millionen Arme. In Indien sind es bald noch mehr Menschen und außerdem noch viel mehr Arme.

In dem Zusammenhang erzählt das Buch von Tim Marshall [57] die Geschichte von den vielfältigen Aktivitäten Chinas zur Sicherung seines zukünftigen Energiebedarfs. Überall auf der Welt ist China mit hohen Investitionen aktiv, um sich Zugriff auf Erdöl und Erdgas zu sichern. Dies gilt für Pakistan, Afrika, Lateinamerika etc. Der Transport dieser Energie ist eine permanente Sorge der chinesischen Führung, denn ohne diese Energie würde relativ bald die chinesische Industrieproduktion zusammenbrechen. Besondere Sorgen macht die Straße von Malakka, die eng an Malaysia und Singapur vorbeiführt. Hier könnte der Zugang zu China abgeriegelt werden. China arbeitet deshalb an einer ganz anderen Lösung. Man investiert in die Partnerschaft mit Pakistan und zielt auf die Küstenstadt Gwadar in Belutschistan, ein »Juwel« aus Sicht der Logistik. In Belutschistan gibt es viele Erz- und Erdölvorkommen. Vor allem aber besteht ein großes Potenzial in den Überlandverbindungen, um Öl aus dem Iran und dem Kaspischen Meer durch Pakistan nach China zu transportieren. Offenbar war auch Russland bei seinem Einmarsch nach Afghanistan insbesondere an dieser Verbindung zu einem eisfreien Hafen interessiert. Dieses Vorhaben ist auf russischer Seite gescheitert. Der chinesische Versuch sieht erfolgversprechender aus. China hat Milliarden von US-Dollar in der Region investiert. 2007 wurde ein Tiefseehafen eingeweiht, und beide Länder arbeiten daran, ihn mit China zu vernetzen. Auf lange Sicht könnte das China ermöglichen, die Straße von Malakka zu umgehen.

Im Frühjahr 2015 vereinbarten beide Länder, für 46 Milliarden US-Dollar eine Superstrecke aus Straßen, Bahngleisen und Pipelines zu bauen, die über 2900 Kilometer von Gwadar in die chinesische Provinz Xinjiang führt. Der chinesisch-pakistanische Wirtschaftskorridor, wie das Projekt genannt wird, verschafft China den direkten Zugang zum Indischen Ozean und darüber hinaus. Ende 2015 unterzeichnete China außerdem einen Pachtvertrag über 40 Jahre für knapp 930 Hektar des Hafengebiets, um eine große Sonderwirtschaftszone und einen internationalen Flughafen zu errichten. Da beide Seiten wissen, dass Belutschistan wohl unruhig bleiben wird, soll eine bis zu 25 000 Mann starke Sicherheitstruppe gebildet werden, um die Zone zu schützen. Die extremen Anstrengungen Chinas zur Sicherung seiner Ressourcenbedürfnisse und der dazugehörenden Logistik werden auch deutlich, wenn man sieht, dass China hinter dem Versuch steht, in Nicaragua einen eigenen

Kanal in Konkurrenz zum Panamakanal zu realisieren, der aktuell ausgebaut wird, um auch für größere Schiffe nutzbar zu sein. Der neue Kanal ist gleich auf diese neue Größenordnung ausgerichtet. Die Kosten für das Projekt »Gran Canal« in Nicaragua werden auf 50 Milliarden US-Dollar geschätzt. Japan, unmittelbarer Nachbar von China, bleibt in diesem Umfeld der weltgrößte Importeur von Erdgas und der drittgrößte von Erdöl.

Dieter Helm diskutiert viele überzogene Hoffnungen bezüglich der heutigen erneuerbaren Energien [37]. Vor allem fehlen die großen Stromspeicher. Es gibt deshalb aus seiner Sicht bis auf weiteres keine funktionierende Rückfallposition zu »Carbon«. Kein verantwortlicher Staatslenker könnte guten Gewissens in China oder Indien einen kurzfristigen Ausstieg aus einer in großen Teilen carbonbasierten Energieproduktion vertreten. Es ist auch nicht richtig, dass die heutigen erneuerbaren Energien »Zero- oder Low-Carbon« sind und extrem preiswert. Das würde man sofort merken, wenn die Verantwortlichen diese erneuerbare Energie am Markt zu denselben Konditionen wie konventionelle Energieerzeugung aus fossilen Energieträgern anbieten müssten, nämlich als sichere Energie mit eigenem Back-up für eine permanent zuverlässige Energieversorgung, 24 Stunden am Tag, 365 Tage im Jahr. Stattdessen müssen heute andere die Rechnung für Volatilität bezahlen, wenn die Erneuerbaren mal liefern, mal nicht liefern.

Hinzu kommt: Die heutigen erneuerbaren Energien wie Solar und Wind sind vom Typ »Low-Density«. Und ihr Beitrag ist geringer, als oft unterstellt wird. In vielen Ländern mit einem hohen Anteil erneuerbarer Stromquellen, wie Norwegen und Österreich, leisten nach wie vor Holz und Wasserkraft die größeren Beiträge im Bereich der erneuerbaren Energien. Zu beachten ist auch Folgendes: Die größten Windturbinen, und die sind schon so hoch wie Hochhäuser, bringen es auf 7 Megawatt, während moderne kohle- oder gasbefeuerte Kraftwerke bis 1000 Megawatt und mehr bringen. Das hat zur Folge, dass man enorme Flächen an Land blockiert und Küstengewässer mit niedrigem Meereswasserspiegel in entsprechendem Umfang braucht, um die Elektrizität für moderne Ökonomien und die notwendigen Back-ups nur auf diese

Weise zu generieren. Deshalb werden wir noch lange einen hohen Verbrauch an Öl und Gas haben. Staaten wie die USA, Russland und Saudi-Arabien werden noch für Jahrzehnte mehr als 500 Millionen Tonnen Öl pro Jahr fördern.[18] Für Irak und Iran sieht Helm ein ähnliches Niveau. Diese 2,5 Milliarden Tonnen Öl sind ein Großteil der aktuellen Fördermenge von etwa 4352 Millionen Tonnen pro Jahr. 4,5 Milliarden Tonnen Öl pro Jahr würden etwa 11,7 Milliarden Tonnen CO_2-Emissonen entsprechen. Das wäre allerdings eine Katastrophe. Für 2050 ist nämlich alleine schon das zu viel für das Zwei-Grad-Ziel, wenn nicht massive Negativemissionen neue Räume eröffnen. Denn wir reden hier ja nur von Öl, nicht von Kohle, nicht von Gas und nicht von weiteren Klimagasemissionen in anderen Bereichen. Für das Zwei-Grad-Ziel wird es also in jedem Fall eng. Dieter Helm hält es für unmöglich, den Gesamtbedarf an benötigter Energie auf der Welt zu verringern. Für ihn ist offensichtlich, dass heutige Erneuerbare schon das bisherige Niveau an Energiebereitstellung nicht abdecken können.

In der zweiten Hälfte des Jahrhunderts wird sich das aus Helms Sicht ändern. Digitalisierung und neue Lösungen in der Stromproduktion sind die Treiber. Helm erwartet Technologien, die auf Dauer zu Elektrizität mit null Grenzkosten führen. Das Entscheidende ist dann die Bereitstellung von Kapazitäten, nicht die Energie, die anschließend verbraucht wird. Für ihn ist die »Shale-Gas«-Transformation der entscheidende Hebel. Relativ schnell wird Nordamerika energieunabhängig werden. Damit wird die US-Abhängigkeit vom Mittleren Osten und Saudi-Arabien vollständig beseitigt. Die USA haben dann in der industriellen Produktion eine Chance gegen China mit seiner billigen Arbeitskraft wegen der Verfügbarkeit eigener billiger Energie. Zugleich wird die hohe Innovationsfähigkeit der USA in einem solchen Umfeld über die Jahrzehnte zu adäquaten Lösungen für die Erzeugung von Strom führen, aber ebenso für die Speicherung und die Verteilung des Stroms. Hinzu kommt, dass Transport mit Elektrizität verknüpft wird. Im Hintergrund müssen dazu große Transformationsprozesse ökonomischer und finanzieller Art für die industrielle Produktion, den Service und die Haushalte erfolgen. Der Schlüssel für den Übergang in ein strombasiertes Energiesystem sieht Helm insofern in den USA. Die USA werden die notwendigen Innovationen hervorbringen und dann auch breit implementieren. Weil sie die Besten in Innovation sind, weil sie die digitale Seite beherrschen und weil die »Shale-Gas«-Revolution ihnen dafür die notwendigen Geldmittel zuspielen wird.

Der vorliegende Text ist bezüglich all dieser Themen, auch bei einer Betrachtung über längere Zeiträume, skeptischer als Helm. Das gilt auch hinsichtlich der Euphorie über die zentrale Rolle der USA. Aus Sicht des vorliegenden Textes ist es vor allem wichtig, dass wir mit Augenmaß und entsprechend auch langsam an das »Ausphasen« der Kohle und generell der fossilen Energieträger herangehen und dass wir neue technische Lösungen brauchen, nicht nur elektrischen Strom. Hilfreich wären beispielsweise synthetische Kraftstoffe, die direkt von der Sonne in den Tank führen [12, 36, 64, 65, 66], über Zwischenprodukte wie Wasserstoff und Methanol (vgl. Info-Box 2). Wir müssen uns zugleich viel Zeit kaufen durch das Offsetting von CO_2-Emissionen, insbesondere durch die Erzeugung von Negativemissionen, um alle diese Transformationsprozesse so gestalten zu können, dass ökonomische Verwerfungen vermieden werden.

Abschließender Hinweis

Besonders attraktiv scheinen die biologische Sequestrierung von CO_2, in Verbindung mit vielen Co-Benefits, und das Potenzial für klimaneutrales Benzin beziehungsweise Diesel auf Basis von Methanol zu sein, um die Bedrohungen im Klimabereich zu meistern, was die Kernfrage in diesem Buch ist. Ein Lösungsansatz und damit wertvoller Beitrag zur energieeffizienten Umwandlung von Primär- in Sekundärenergie kann die Produktion von Methanol leisten. Dies fällt in die Thematik *Power-to-Liquid*. Die Umwandlung von Primärenergie, insbesondere der Energie aus regenerativen Quellen, in den *Sekundärenergieträger Methanol* ist technisch einfach, sicher und im Umfang beliebig nach oben skalierbar. Strom, möglichst aus erneuerbaren Quellen, wird verwendet, um Wasser mittels Elektrolyse in Wasserstoff und Sauerstoff zu zerlegen. Aus dem Wasserstoff und CO_2 aus klimabelastenden großtechnischen Prozessen (zum Beispiel Kraftwerke, Industrie) werden Methan und Methanol hergestellt. Zudem ist eine wirtschaftliche Nutzung des anfallenden, technisch reinen Sauerstoffs möglich. Für die *Methanolstrategie* gibt es mittlerweile auch interessante Ansätze im kleineren Maßstab. Dieser Bereich verdient ebenfalls viel mehr öffentliche Aufmerksamkeit (vgl. hierzu auch Info-Box 2).

Methanol – ein entscheidender Beitrag für die Energiewende

Prof. Dr. Urs A. Weidmann, CEO Silent-Power AG

Die Bewältigung des Klimawandels erfordert den immer stärkeren Einsatz von Strom (Wärmepumpen, Elektroautos etc.), bevorzugt aus erneuerbaren Quellen. Um die Volatilität der Erneuerbaren abzufragen, gibt es neue Lösungen. Silent-Power bietet eine Innovation auf *Methanol-Basis* an. Methanol bietet als universeller Energieträger viele naheliegende Antworten auf die großen Herausforderungen des Klimawandels. Silent-Power geht davon aus, dass wir es grundsätzlich schaffen werden, genügend erneuerbare Energie selbst für den zukünftig weiter steigenden Bedarf zu erzeugen (Solar und Windkraft). Die Frage lautet daher, ob es uns gelingen wird, Produktion, Speicherung und Transport dieser Energie so zu organisieren, dass sie auch effizient genutzt werden kann.

Wer steht hinter Silent-Power?

Das Unternehmen Silent-Power wurde von mir im März 2002 mit dem Ziel gegründet, die Probleme des Energiesektors mit neuen Hightech-Lösungen anzupacken. Als promovierter Elektroingenieur der ETH Zürich forschte ich bereits in den 1980er-Jahren am Paul-Scherrer-Institut in Villigen (PSI) (Schweizerisches Energieforschungsinstitut) an der Entwicklung synthetischer flüssiger Brennstoffe – und wurde fündig. Silent-Power setzt auf die glasklare, vollsynthetisch und unbegrenzt herstellbare (!) Flüssigkeit Methanol M99. Seine Eigenschaften prädestinieren Methanol als einen idealen, universellen Brenn- und Treibstoff der Zukunft: flüssig unter normalen Umweltbedingungen, biologisch abbaubar, verlustlose Lagerung über beliebig lange Zeit. Ferner kann Methanol mit der bestehenden Infrastruktur transportiert und betankt werden.

Zwei Tochtergesellschaften von Silent-Power decken unterschiedliche Entwicklungsbereiche ab. Die Econimo AG entwickelt Econimo-Minikraftwerke, welche dank Trigeneration neben Strom auch Wärme zum Heizen sowie kaltes Wasser zum Kühlen erzeugen. Die Econimo-Drive AG entwickelt eine neue Basistechnologie der Methanol-Wirtschaft: Ein thermo-fotovoltaischer Wandler zersetzt Methanol effizient in Strom und Wärme. Das Verfahren ähnelt einer Brennstoffzelle, soll aber dereinst günstiger, langlebiger und um Faktoren leichter sein. Diese Econimo-Wandler ermöglichen den Antrieb von Elektromotoren in verschiedenen Anwendungsbereichen, etwa bei Autos, Notstromgeneratoren oder Elektrorasenmähern, und garantieren dort einen umweltfreundlichen, CO_2-neutralen Betrieb.

Einen wichtigen Meilenstein erreichte Silent-Power im August 2016 mit der Inbetriebnahme des weltweit ersten Methanol-Minikraftwerks. Seither hilft dieses Minikraftwerk, das Versorgungsnetz des börsennotierten lokalen Stromversorgers Wasserwerke Zug AG an dessen Hauptsitz stabil zu halten. Es hilft, die bei fotovoltaischen und Windkraftwerken unvermeidbaren Schwankungen zu glätten. Da es innerhalb von Sekunden startet, übernimmt es die Funktion eines Netzstabilisators. Zudem sind die Kosten pro kWh Strom und Wärme eines Econimo-Minikraftwerks beachtlich – diese liegen bei 13 Cent (gerechnet mit 5000 Betriebsstunden pro Jahr).

Bereits drei Awards durfte das Unternehmen für seine Innovationen entgegennehmen. Im August 2015 wurde Silent-Power mit dem »5th Asia Best CSR Practices Award 2015« in der Kategorie »Best Environment Friendly Project« ausgezeichnet und lag damit vor der gesamten Konkurrenz aus dem asiatischen Raum. Im Oktober 2015 gewann das Unternehmen den »Swiss Excellence Product Award« für das beste innovative Produkt der Schweiz. Zuletzt wurde Silent-Power im September 2016 für die Inbetriebnahme des ersten Methanol-Minikraftwerks mit dem »Schweizer Innovationspreis IDEE SUISSE® 2016« geehrt.

Warum synthetisches Methanol?
Methanol ist eine Art synthetisches Benzin, allerdings praktisch ohne schädliche Nebenwirkungen. Bei korrekter Handhabung besteht keine Explosionsgefahr, und beim Verbrennen entstehen weder Ruß, Asche noch Feinstaub. Die segensreichen Qualitäten des einfachsten Alkoholmoleküls Methanol sind in der chemischen Industrie längst erkannt. Es ist heute nach Rohöl die weltweit am zweitmeisten gehandelte Flüssigkeit. Aus Strom, CO_2 und Wasser wird in einem Syntheseverfahren Methanol erzeugt. Im Gegensatz zu Bioethanol konkurriert dieses Verfahren nicht mit Nahrungsmittel-Anbauflächen und kann zentral in Großanlagen oder dezentral in Kleinanlagen genutzt werden.

Methanol ist ein idealer Partner von Solar- und Windenergie. Mit Methanol können Stromüberschüsse effizient verwertet werden. Bei Mangel an Strom können die Minikraftwerke sofort liefern.

Da die Vorgänge des Lagerns, Tankens und Nutzens bei Methanol sehr ähnlich sind wie bei den üblichen Flüssigtreibstoffen Diesel und Benzin, kann die bestehende Infrastruktur weiter genutzt werden. Außerdem ist hervorzuheben, dass es bei der Verwendung von Methanol als Treibstoff von Fahrzeugen mit Benzinmotoren nahezu keiner Umrüstung bedarf.

Methanol kann alle 14 heute gebräuchlichen flüssigen und fossilen Brennstoffe (Normal- und Superbenzin, Diesel, Heizöl, Kerosin usw.) ersetzen. Damit ist eine wesentlich einfachere, ökologischere und ökonomischere Energieversorgung möglich. Neben der angestrebten Energiewende durch nachhaltige Energieerzeugung wird Silent-Power mit dem CO_2-neutral hergestellten Methanol eine wichtige Rolle im Bereich Transport und Mobilität übernehmen. In den kommenden Jahren wird der Markteintritt weiter vorangetrieben bis zum geplanten Börsengang.

Info-Box 2: Methanol – ein entscheidender Beitrag für die Energiewende

2.4_WELCHE ZUKÜNFTE SIND DENKBAR?

◆◆◆ Eine nachhaltige Entwicklung ist grundsätzlich möglich. Da der Weg dahin aber schwierig ist, muss auch benannt werden, welche alternativen Perspektiven uns im 21. Jahrhundert bevorstehen könnten. Drei Zukünfte sind aus Sicht des Autors plausibel:

◆ Balance
◆ Brasilianisierung
◆ Kollaps

Balance steht für Nachhaltigkeit mitsamt einem hohen weltweiten Wohlstand. Brasilianisierung bedeutet eine globale Zweiklassengesellschaft, wie wir sie national bereits in Brasilien und stärker noch in Südafrika und den meisten ärmeren Ländern vorfinden. Kollaps, etwa infolge einer Klimakatastrophe, steht für die unangenehmste Zukunft, die die Brasilianisierung einschließt, aber zusätzlich massenhaftes Leid und Sterben umfasst.

Brasilianisierung und Kollaps sind deutlich wahrscheinlicher als eine reiche Welt in Balance [77, 78, 79, 80]. Sollte die Brasilianisierung oder der Kollaps unsere Zukunft sein, möglicherweise inklusive einer globalen Zweiklassengesellschaft, bedeutet das nicht das Ende des Lebens auf der Erde. Es bedeutet auch nicht das Ende der Menschheit, nicht einmal im schlimmsten denkbaren Fall, wie das von Kommentatoren in alarmistischer Attitüde oft in apokalyptischen Bildern beschworen wird. Brasilianisierung und Kollaps sind zivilisatorische Einbrüche, aber nicht das Ende, wie auch der Hunneneinfall in Europa, die Völkerwanderungen und das Ende des Weströmischen Reiches, der Dreißigjährige Krieg oder der Zweite Weltkrieg nicht das Ende waren.

Warum stimmt das Bild vom Ende des Lebens auf der Erde oder des Lebens der Menschheit nicht? Weil die Erde in ihrer Geschichte schon sehr unterschiedliche Temperaturverhältnisse erlebt und überstanden hat und weil der Mensch zäh ist. Weder die Erde noch das Leben, noch der Mensch verschwindet, wenn sich die Temperaturen auf der Erde massiv ändern.

Der Anstieg wird die Menschen aber trotzdem schmerzhaft treffen. Unsere Lebenssituation könnte sich weit überwiegend massiv verschlechtern. Denn unsere Zivilisation mit ihren Milliarden Menschen ist sehr genau an das bestehende Klima angepasst. Veränderungen im Bereich des Klimas würden deshalb massive Konsequenzen für die Menschen haben, auch wenn sie nicht das Ende der Menschheit bedeuten. Wir sind heute 7,5 Milliarden Menschen und waren vor 10 000 Jahren nur 20 Millionen [51, 77]. Die zahlenmäßige Differenz ist eine Folge technischer und gesellschaftlicher Innovationen, denn die Welt war auch 8000 vor Christus bereits voll. Sie konnte nämlich nur etwa 20 Millionen Jäger und Sammler ernähren. Das bedeutet übrigens auch, dass die Erde in einer bestimmten Interpretation schon immer voll war. Innovationen haben aber ständig die Zahl an Menschen vergrößert, die »voll« bedeutet.

Was heißt das für die Zukunft? Selbst bei wesentlich veränderter Klimasituation würden wohl immer noch Milliarden Menschen auf diesem Globus überleben können, wahrscheinlich mehr, als es 1965 gab, nämlich 3 Milliarden. Aber es wären wahrscheinlich deutlich weniger Menschen als heute (7,5 Milliarden). Die Situation wäre auch für die weit überwiegende Zahl der dann lebenden Menschen deutlich weniger komfortabel, als wir es heute in der reichen Welt gewohnt sind. Insbesondere wäre der Übergang in eine solche Welt mit extremen individuellen und kollektiven Belastungen, mit unnötigem Leid und mit unnötigem, frühzeitigem Sterben von vielleicht Milliarden Menschen verbunden. Vor allem würde der Übergang auch einen massiven Verlust an zivilisatorischer Qualität bedeuten. Das mit Achselzucken aus einer Beobachterperspektive als biologische Selbstregulierung hinzunehmen ist nicht besonders hilfreich. Es gilt vielmehr, all diese Entwicklungen möglichst zu verhindern, auch wenn es dabei nicht um das Überleben der Menschheit als Ganzes geht. Anders ausgedrückt: Es sind keine apokalyptischen Perspektiven erforderlich, um gute Argumente zum Handeln im Klimabereich zu finden.

Wie sind die historischen Erfahrungen mit einem Kollaps? In seinem Standardwerk zum Thema beschreibt Jared Diamond [22], dass Kollaps in der Historie immer wieder vorkam und immer wieder damit zu tun hatte, dass sich entweder die Umgebungsparameter wesentlich änderten und sich die Menschen daran nicht anpassen konnten oder dass die Menschen immer mehr Ressourcen verbrauchten und damit ihr Biotop überforderten, bis es kollabierte. Interessant ist auch der Blick von Ugo Bardi auf das Thema in einem neueren Bericht an den Club of Rome [4]. Ein zentrales Thema ist der sogenannte »Seneca-Effekt« [5]. Für Bardi gehört ein möglicher Kollaps zum Verhalten von komplexen, nichtlinearen Systemen. Ein Kollaps ist also nicht die große Ausnahme, sondern eine Systemeigenschaft. Manchmal ist es dabei so, dass massive Aufwendungen zur Verhinderung eines Kollapses dessen Auftreten sogar noch befördern und die negativen Wirkungen verstärken können. Klüger ist deshalb häufig eine andere Strategie, wenn ein Kollaps ohnehin als wahrscheinlich erscheint, nämlich wie ein Jiu-Jitsu- oder Judo-Kämpfer zu versuchen, den Ablauf eines Kollapses sanfter zu gestalten, indem man sich darauf geeignet vorbereitet und möglichst früh an Unvermeidbares anpasst.

Worauf müssen wir uns heute einstellen? Die Frage der zukünftigen Entwicklung wird neben der Energie- und Klimafrage auch stark durch die Entwicklungen im Bereich der Informations- und Kommunikationstechnologie geprägt [35, 40, 83, 88, 90]. Hier trifft die digitale Transformation auf politische Anstrengungen für eine große Transformation hin zur Nachhaltigkeit. Die digitale Transformation beinhaltet hilfreiche Potenziale für mehr Nachhaltigkeit, aber auch weitere Risiken im gesellschaftlichen Bereich. Mit den spezifischen Möglichkeiten sozialer Netzwerke verändert sich der politisch-gesellschaftliche Bereich massiv. Vor allem im Bereich der Arbeitsplätze für Hochqualifizierte stellen sich viele Fragen [40]. Neben der angestrebten großen Transformation beobachten wir also einen marktgetriebenen Parallelprozess großer Wirkungskraft– die digitale Transformation, wobei Akteure in beiden Feldern häufig wenig von den jeweils anderen Themen verstehen und viele Bürger sich mit keinem der beiden Themen beschäftigen.

Der Weg in eine weltweite Informations- und Wissensgesellschaft ist jedenfalls der Treiber der aktuellen Globalisierungsprozesse und verändert die Welt schneller und grundsätzlicher als jeder andere Innovationsprozess zuvor. Zu den positiven Effekten dieser Entwicklung, die lange Zeit im Vordergrund standen und über eine gigantische Resonanz bei den Käufern befeuert wurden, gesellen sich mittlerweile irritierende Elemente. Immer intelligentere Maschinen und zukünftig immer mehr Roboter, die menschliche Züge tragen, können zwar immer nützlichere Dienstleistungen ermöglichen. Zu Ende gedacht, können sie aber auch unsere Arbeitsplätze gefährden, unser Privatleben ausspionieren, uns mit zugeschnittenen Konsumangeboten verfolgen und in der Wechselwirkung mit sozialen Netzen die Kapazität unseres Bewusstseins fast vollständig okkupieren.

Wobei der Begriff »sozial« für soziale Netze selber schon eine Irreführung darstellt, die mittlerweile immer mehr Menschen bewusst wird. Vielleicht gelingt ja der Politik, vor allem der europäischen Politik, eine wirksame Regulierung dieses Bereichs im Sinne des Rechts auf Privatsphäre und des Allgemeinwohls.

Was genau passieren wird, ist unklar. Aktuell passieren interessante Entwicklungen in den Bereichen Künstliche Intelligenz, Big Data, Internet der Dinge und Industrie 4.0. Es sind disruptive Innovationen – die Veränderungen für die Gesellschaft können erheblich sein. Viele erhoffen sich von Digitalisierung und Virtualisierung mehr Schutz der Umwelt. Das könnte unter Umständen helfen, sich in Richtung Nachhaltigkeit zu bewegen. Andererseits können die erfolgenden Arbeitsplatzverluste gerade auch für bestimmte Gruppen von hochqualifizierten Personen in gut bezahlten Stellen dramatische soziale Folgen nach sich ziehen [40]. Das kann den gesellschaftlichen Zusammenhalt massiv destabilisieren. Statt uns mit Fragen der Nachhaltigkeit oder Umwelt zu beschäftigen, werden wir dann unsere ganze Energie im Feld sozialer Fragen aktivieren müssen, ohne dass aus heutiger Sicht vernünftige Lösungen gesichert sind. Interessante Überlegungen zu dieser Seite der modernen Entwicklung finden sich bei Yuval Harari und Max Tegmark [35, 90].

TEIL 3

THEMA VERFEHLT – MISSVERSTÄNDNISSE DOMINIEREN

Um das Jahr 2000 herum hatte die internationale Staatengemeinschaft ein gutes Zeitfenster für klugen Klimaschutz. Es ist nicht genutzt worden. Die breite Thematisierung der Möglichkeit, sich klimaneutral zu stellen und sogar mehr als die selbst produzierten Emissionen zu kompensieren, ermöglicht einen wichtigen Zeitgewinn und schafft jetzt ein neues Zeitfenster. Insbesondere die biologische Sequestrierung, zu der das Aufforsten von Wäldern, die Bildung von Humus und der Einsatz von Bio-Kohle zählen, speichert nicht nur CO_2 langfristig, sondern hat auch extrem viele »Co-Benefits«: Diese bieten den Menschen in sich entwickelnden Ländern im Rahmen der Agenda 2030 Chancen für wirtschaftlichen Aufschwung und eine Lebensperspektive. Zusammen mit weiteren Maßnahmen kann das die globale Klimabilanz um etwa 15 Milliarden Tonnen CO_2 pro Jahr verbessern, wobei sich der größere Teil dieser Effekte erst ab dem Jahr 2030 erreichen ließe, da entsprechende Programme Schritt für Schritt aufgebaut werden müssen. Gleichwohl kann auch dieser Plan nicht ewig durchgehalten werden. Deshalb müssen die Staaten zeitgleich neue Energiesysteme entwickeln und nutzen, um fossile Energieträger sukzessive zurückzudrängen. Durch den bei kluger Politik erzielbaren Zeitgewinn könnten die erforderlichen Transformationsprozesse aber ohne wirtschaftliche Einbrüche bei gleichzeitiger Stabilisierung der Größe der Weltbevölkerung bei etwa 10 Milliarden Menschen gelingen.

Der Druck, der auf allen Beteiligten lastet, ist hoch. Zum einen, weil sich der beeindruckende wirtschaftliche ressourcenintensive Aufschwung, der China in den letzten 30 Jahren gelang und der von vielen ärmeren Staaten angestrebt wird, nicht klimaverträglich wiederholen lässt – allein innerhalb von drei Jahren zu Beginn des 21. Jahrhunderts hat China mehr klimaschädlichen Beton verbaut als die USA im gesamten 20. Jahrhundert. Zum anderen werden immer wieder Chancen verpasst, Kohlendioxid und andere Klimagase in der Erde zu belassen. Vor einigen Jahren signalisierte der ecuadorianische Präsident Rafael Correa die Bereitschaft, gegen eine Co-Finanzierung durch Industriestaaten erhebliche Ölfunde unter dem Regenwald Ecuadors nicht zu fördern. Ein entsprechender Finanzierungsvertrag unter wesentlicher Beteiligung Deutschlands stand kurz vor der Unterschrift, wurde dann aber vom damaligen deutschen Entwicklungsminister abgelehnt. In einer anderen Region, der Arktis, deutet alles darauf hin, dass es ebenfalls zu einer völlig kontraproduktiven intensiveren Förderung von fossilen Energieträgern kommt: Durch den Klimawandel wird die Arktis zugänglicher, die Explorationskosten sinken – und die Staaten der Welt liefern sich bereits einen Wettlauf um die Eigentumsrechte und die Ausbeutung der dort vermuteten Bodenschätze.

In diesem Zusammenhang wird die Speicherung von CO_2 wichtig, und der Baustoff Holz erfährt eine neue Bedeutung. Er ist einer der wichtigsten erneuerbaren Rohstoffe, die wir haben, und Holz hat schon Carl von Carlowitz vor mehr als 300 Jahren dazu veranlasst, sich intensiv mit dem Begriff »Nachhaltigkeit« auseinanderzusetzen. Damals war Holz die entscheidende Ressource für den Gebäudebau, den Bau von Kriegsschiffen, für die Metallbearbeitung und die Energiegewinnung. Dann wurde Holz knapp – und von Carlowitz argumentierte, dass man nur noch so viel abholzen sollte, wie auch wieder aufgeforstet würde. In der heutigen Sprache forderte er eine große Transformation, und diese brauchen wir jetzt wieder. Allerdings muss diese mit klarem Kopf und Augenmaß erfolgen, gerade weil viele Debatten sehr hitzig geführt werden und viele Akteure unrealistische Versprechen machen, die entweder Teile der Realität ausblenden oder ihrem eigenen Geschäftsmodell dienen. Eine zu rasche Dekarbonisierung und ein überhastetes Divestment aus fossilen Energieträgern könnte beispielsweise eine neue Wirtschaftskrise auslösen, die die Wohlstandsentwicklung in der Welt massiv ausbremsen würde. Allerdings ist ein rasches Divestment, wie in diesem Buch erläutert wird, nicht in Sicht, auch wenn sich die Hoffnungen mancher Aktivisten auf diese Möglichkeit richten.

3.1_ZEITGEWINN IST EIN WICHTIGER SCHLÜSSEL

◆◆◆ Generell geht es bei CO_2-Kompensation und freiwilliger Klimaneutralität/Klimapositivität neben der Verfolgung zahlreicher Co-Benefits insbesondere um Zeit. Wir müssen mehr Zeit gewinnen und diese politisch nutzen, um zu technischen und gesellschaftlichen Innovationen und damit zu neuen Energiesystemen zu kommen, die möglichst überall auf der Welt einsetzbar sind – preiswert, umweltfreundlich und klimaneutral. Das Ziel ist dabei Energiewohlstand, nicht die Verwaltung von Energieknappheit. Denn alles andere ist wahrscheinlich nicht friedensfähig.

Dabei beziehen sich die formulierten Anforderungen an Umweltfreundlichkeit auf alle materiellen Begleitprozesse der Energieerzeugung, von Produktionsstätten über Verteilsysteme und Speicher bis hin zu Nutzungsinstallationen. Der Schwerpunkt der Benutzung muss darauf gerichtet sein, dazu beizutragen, dass erhebliche Wohlstandszuwächse für Milliarden Menschen in sich entwickelnden Ländern ohne wesentliche bilanzielle Erhöhung der CO_2-Emissionen in diesen Ländern gelingen. Die heute bereits erprobten Lösungen reichen bei weitem nicht zur Zielerreichung aus, auch wenn engagierte Vertreter auf NGO-Ebene und im politischen Bereich immer wieder das Gegenteil behaupten. Größte Defizite bestehen im Bereich der Speicher für elektrische Energie, um die Volatilität vieler erneuerbarer Energiequellen zu erträglichen Kosten besser zu beherrschen. Darüber hinaus muss auch der direkte Weg von der Sonne zu klimaneutralen Kraftstoffen systematisch entwickelt werden. Besonders angenehm wäre es, der Atmosphäre preiswert und umweltfreundlich CO_2 mittels Technik zu entziehen und dieses CO_2 dann wünschenswerten Nutzungen zuführen zu können. CO_2 würde dann endlich als kostbarer Rohstoff in Wert gesetzt, statt als »Klimakiller« ein Problem darzustellen.

Holz kommt als wichtige erneuerbare Ressource ins Spiel, wenn man auf massive Aufforstung setzt. Man wird diesen Rohstoff dringend benötigen, denn der Weg Chinas zum Wohlstand kann, wie im Weiteren dargestellt wird, nicht ein weiteres Mal repliziert werden, wenn das Zwei-Grad-Ziel eine Chance auf Umsetzung haben soll. China hat in den letzten Jahren mehr Beton verbaut als die USA in ihrer ganzen Geschichte. Das ist mit Blick auf die Klimaziele nicht wiederholbar. Vielleicht wird es trotzdem so passieren, aber dann wird das Zwei-Grad-Ziel sicher nicht erreicht werden. Wer kann den Weg dahin verhindern? Und was wären die alternativen Rohstoffe? Das führt wieder zum Holz. Klar ist in diesem Zusammenhang, dass Holz primär als materieller Rohstoff und nicht zur Erzeugung von Energie eingesetzt werden muss, weil in dem Prozess der Energieerzeugung aus Holz sonst das im Holz gespeicherte CO_2 sofort wieder freigesetzt würde. Energieerzeugung sollte insofern allenfalls Restholz betreffen. Aber auch daraus kann man Holzkohle herstellen, die zur Bodenverbesserung genutzt werden könnte – eine aus Klimasicht bessere Alternative.

Dabei gilt: Wir haben aus heutiger Sicht keine Chance, einen begrenzten Klimawandel zu stoppen, denn ein solcher Wandel hat ja bereits begonnen, und diesen rückgängig zu machen ist aktuell kein Thema. Im Moment geht es darum, den vor unseren Augen erfolgenden Klimawandel in der Wirkung (deutlich) unter 2 Grad zu stoppen, damit sich die Prozesse nicht weiterentwickeln in Richtung 3 Grad oder mehr, was auch passieren kann, wahrscheinlich auch passieren wird und massive negative Folgen nach sich ziehen würde. Es macht aus Sicht der wissenschaftlichen Analysen einen großen Unterschied, ob wir unter 2 Grad bleiben oder beispielsweise einen Temperaturanstieg von 3, 4 oder mehr Grad erleben werden. Insofern ist das, was wir heute tun und tun sollten, viel mehr als Schadensbegrenzung. Es ist eine entscheidende weltpolitische Herausforderung, die CO_2-Emissionen möglichst unter einem Niveau zu halten, das mit dem Zwei-Grad-Ziel kompatibel ist. Am besten sogar mit dem Ziel, deutlich unter 2 Grad zu bleiben.

Zeitgewinn ist dabei, wie dargestellt, im Moment ein entscheidender Faktor. Massive Aufforstung wäre ein wichtiger Beitrag dazu. Ähnlich ist die Situation bei der forcierten Humusbildung, gerade auch auf semiariden Böden am Rande von Wüsten. Aufgrund der heute verfügbaren erneuerbaren Energie für die Entsalzung von Grund- und Meereswasser und den Wassertransport und aufgrund neuer Technologien im landwirtschaftlichen Bereich sind solche Projekte heute großflächig möglich. Sie sind wichtig für die Ernährung der wachsenden Weltbevölkerung, etwa in Afrika, für viele neue Arbeitsplätze, für die Umsetzung der »Sustainable Develpment Goals«, aber eben auch für die Erzeugung großer Volumina von Negativemissionen.

Bis vor etwa zehn Jahren wäre Zeitgewinn noch kein so zentrales Thema gewesen, aber wir haben die letzten Jahre und Jahrzehnte nicht intelligent genug genutzt. Jetzt brauchen wir deshalb viele Joker, wenn der Temperaturanstieg unter 2 Grad gehalten werden soll. Zeitgewinn ist einer der wichtigsten.

3.2_HOLZ – EIN TRADITIONELLER BAUSTOFF VERDIENT VIEL MEHR BEACHTUNG

◆◆◆ Hans Carl von Carlowitz wird im deutschsprachigen Raum als der Erfinder des Nachhaltigkeitsbegriffs gesehen [3, 31, 32, 72]. 1645, gegen Ende des Dreißigjährigen Krieges geboren, lebte von Carlowitz in einer Zeit großer Umbrüche und dramatischer gesellschaftlicher Herausforderungen. Mit 32 Jahren wurde er im Jahr 1678 zum sächsischen Vize-Berghauptmann ernannt, 1711 stieg er zum Oberberghauptmann auf. Die Bedeutung dieser Aufgabe resultierte aus der wichtigen Rolle des Silberbergbaus für die Finanzierung des sächsischen Staates. Für den Silberbergbau waren große Mengen Holz erforderlich, die über die Flüsse herantransportiert werden mussten. Die Sicherung des Nachschubs wurde zunehmend zum Problem. In seiner Rolle als Vize-Berghauptmann entwickelte von Carlowitz eine tiefe Einsicht in die Bedingungen und Möglichkeiten der Forstwirtschaft. Aufgrund seiner hohen Kompetenz und sachlichen Zuständigkeit war von Carlowitz auch Mitglied einer mehrköpfigen kursächsischen Holzkommission im Auftrag des Kurfürsten August des Starken, die sich um die Beseitigung des Holzmangels und die Bereitstellung von genügend Holz für den Bergbau kümmern musste. Es ging bei Wald und Holz um eine kritische Ressource für das sächsische Staatswesen. Lange Zeit wurde mehr Holz geschlagen als nachwuchs. Das konnte auf Dauer nicht gut gehen.

Holz wurde zur damaligen Zeit für viele Zwecke gebraucht. Holz und Holzkohle waren in der Zeit von Hans Carl von Carlowitz zentrale energetische Ressourcen. Bergbau, Metallgewinnung und -verarbeitung und die Betreibung von Salinen waren nur unter Nutzung dieser Ressourcen möglich. Dabei ging es häufig auch um entscheidende Stützen der Staatsfinanzen. Die Venezianer und ihre Widersacher im Mittelmeerraum haben mit der Beschaffung des Holzes für ihre Flotten wesentlich zur Verkarstung der dalmatinischen Küste beigetragen. Der Holzbedarf Venedigs war extrem, denn das Rückgrat der Seemacht Venedigs war seine gewaltige Flotte. Das eigentliche Kraftzentrum der Republik war die zentrale Werftanlage, das Arsenal, das damals größte industrielle Areal des alten Europa, in dem in der Glanzzeit Tag und Nacht Tausende von Menschen arbeiteten. Eine wichtige Maßnahme in dem betrachteten Kontext war 1476 die erste venezianische Forstgesetzgebung, die die Wälder entlang der Piave, die in die Lagune mündet, bis hinauf in die Dolomiten unter rigorosen Schutz stellte. Besonders eindrücklich ist auch das eng mit dem Holz verbundene Schicksal der Osterinsel [22]. Auf dieser Insel haben die Menschen ihren gesamten Waldbestand vernichtet, um riesige Steinfiguren auf Holzbohlen über die Insel zu befördern, obwohl der Fischfang mit Holzbooten die Hälfte der Ernährungsbasis für zeitweise 20 000 bis 30 000 Menschen ausmachte. Am Ende des Prozesses war die Insel baumlos und konnte gerade noch ein Zehntel der ursprünglichen Bevölkerungszahl mehr schlecht als recht ernähren.

Von Carlowitz veröffentlichte sein Grundlagenwerk [13] ein Jahr vor seinem Tod 1714. Seine klugen und von Einsicht geprägten Darlegungen sind mit Blick auf den aufkommenden Holzmangel infolge von kurzfristig (zu) hohen Erträgen zulasten der Zukunft konsequent und letztlich naheliegend. Das Denken von Hans Carl von Carlowitz beinhaltet übrigens bereits alle Dimensionen, die wir heute mit dem Dreieck der Nachhaltigkeit zu beschreiben versuchen, also neben Umwelt auch Wirtschaft und die soziale Frage. Von Carlowitz sah seine Überlegungen selber schon früher in der »grande ordinance« und den Edikten Ludwigs XIV. zur Reorganisation des Forstwesens in Frankreich (1669) verwirklicht. Dabei ging es insbesondere um die Sicherstellung des enormen Holzbedarfs für die französische Kriegsflotte, die sich in ständiger Auseinandersetzung mit der Flotte Großbritanniens um die Kontrolle der Kolonien in Nordamerika befand. Man muss sich dabei aus heutiger Sicht stets vor Augen führen, dass es damals um viel mehr ging als um den Walderhalt heute: Die Bedeutung der Ressource Holz war in jener Zeit sehr viel größer. Holz war ein zentraler Wirtschaftsfaktor, entscheidender Energielieferant und die Basis militärischer Schlagkraft. Es hatte eine ähnliche Bedeutung wie heute die fossilen Energieträger [54]. Übernutzung war mit massiven negativen Effekten wie Verkarstung verbunden.

Dies erinnert an die heutige Situation bezüglich der CO_2-Emissionen und der resultierenden Klimaproblematik. Da bereits eingetretener Schaden wiedergutzumachen war, war die Vorgabe von Hans Carl von Carlowitz, die Balance zwischen Zuwachs und Abholzen zu halten, weniger statisch, als sie auf den ersten Blick erscheinen mag. Nachhaltigkeit als dauerhafte Balance betrifft dynamische Fließgleichgewichte. Die dominante Bedeutung von Holz als Ressource in der damaligen Zeit wird schließlich dadurch deutlich, welche weiteren Persönlichkeiten, die die deutsche Geschichte prägten, neben von Carlowitz direkt oder indirekt mit dem Wald befasst waren. Dazu gehörten insbesondere der junge königlich-preußische Bergassessor Alexander von

Humboldt, der später als einer der großen Naturforscher weltweit Beachtung finden sollte und 1792 als damals 22-Jähriger Bergbau und Hüttenwesen in neuen Landesteilen inspizierte. 80 Jahre nach Carlowitz boten für ihn die fossilen Brennstoffe als »unterirdische Wälder« ein neues Potenzial zum Umgang mit dem allgegenwärtigen Holzmangel.

Die damalige große Transformation, die letztlich auch die Wälder gerettet hat, ist die technische Revolution im Bereich der Kohle und Dampfmaschine und damit von Kohle und Stahl gewesen, die in der Folge die Basis mehrerer industrieller Revolutionen bildete. Der wichtigste Baustoff war nicht länger das Holz. Viel wichtiger wurden Beton, Eisen, Stahl und Glas. Holz war auch nicht mehr der entscheidende Energielieferant, es waren die fossilen Energieträger.

Die Entwicklung seit damals ist vergleichbar mit einer »Explosion« in alle Richtungen. Das hat eine enorme, damals kaum vorstellbare Verschärfung der Lage zur Folge, aber gleichzeitig auch eine Multiplikation unserer Handlungsoptionen. Das Thema der Balance dynamischer Fließgleichgewichte erhält damit eine gegenüber den Zeiten von Carlowitz wesentlich gesteigerte Bedeutung. Die Dynamik ist heute die zentrale Herausforderung im Kontext von Nachhaltigkeit. Die Zahl der Menschen ist seit damals fast um den Faktor 10 gewachsen [51, 77], die Produktion von Gütern und Dienstleistungen und der Umfang genutzter Energie fast um den Faktor 100. Besonders problematisch ist, dass alle Prozesse heute viel schneller ablaufen. Damit haben wir gegenüber jener Zeit auf einem Niveau sehr viel umfangreicherer Kenntnisse und Technologien ein Vielfaches an Problemen. Wobei der parallel verlaufende Weg in Richtung einer digitalen Transformation, die viele interessante Potenziale beinhaltet, die Situation zugleich noch weiter verkompliziert – ein typischer Bumerangeffekt [61, 77].

Einerseits sind also die damaligen Herausforderungen, vor denen von Carlowitz stand, vergleichbar mit den heutigen, und zwar in sehr viel mehr Dimensionen als der rein forstwirtschaftlichen. Andererseits ist die Dimension der Probleme heute eine ganz andere: Im Verhältnis zu heute hatte die Menschheit vor 300 Jahren viel mehr Zeit zur Verfügung, und es war nicht der ganze Globus bedroht. Wichtig dabei ist: Die große Transformation war schmerzlich. Sie hieß nicht so, aber sie ist gelungen. Hoffen wir, dass es diesmal wieder genauso sein wird. Zu beachten ist dabei ein Vorteil der damaligen Lage im Verhältnis zu heute. Wenn kein Holz mehr da ist, auch nicht bei Nachbarn, ist irgendwann Schluss mit der Nutzung von Holz. Man hat dann also nicht mehr die Wahl, einfach so weiterzumachen wie bisher. Wenn man zu viel CO_2 emittiert, ist das anders. Da noch genügend fossile Energieträger da sind, können wir einfach immer so weitermachen wie bisher. Der Preis dafür ist das sich aufbauende und ständig vergrößernde Klimaproblem. Die Probleme verschärfen sich also und verschieben sich vor allem in die Zukunft, denn das Klima reagiert verzögert auf den zu hohen CO_2-Ausstoß. Es fehlt damit der Mechanismus, der den Prozess kurzfristig von selber beendet.

An der Erinnerung an Hans Carl von Carlowitz ist interessant, dass sich heute eine gigantische Waldaufforstung als wichtiges Element zur eventuellen Lösung der Klimathematik und der Umsetzung der SDGs erweist. Die Aufforstungen müssen dabei vielfältigen Nachhaltigkeitsanforderungen genügen. Holz wird dabei wieder zu einer Schlüsselressource. Dabei wird zugleich das Ziel verfolgt, der Atmosphäre in gewaltigem Umfang CO_2 zu entziehen und dadurch Zeit zu gewinnen. Und das bei gleichzeitiger klimaverträglicher Wohlstandsförderung in den ärmeren Ländern. CO_2 wird dabei zu einem Produktionsfaktor, also zu einer wohlstandsfördernden Ressource. Früherer Raubbau wird damit geheilt. Grundsätzlich sollte man Holz, wenn Zeitgewinn für die Klimaseite das Ziel ist, materiell, also stofflich nutzen und würde für die Energieversorgung (nur) diejenigen Teile der Bäume einsetzen, die nicht mehr stofflich verwertbar sind. Eine solche Nutzung kann in diesem Kontext andere Biomasse ersetzen, die heute für diesen Zweck genutzt wird, Getreide zum Beispiel. Noch interessanter ist wahrscheinlich die Erzeugung von Bio-Kohle aus Restholz. In einer nachhaltigen Forstwirtschaft wird immer genügend Holz im Wald belassen, um die Ansprüche der Biodiversität zu erfüllen. Einen entsprechenden Nutzungspfad der Ressource Holz zu verfolgen ist auch deshalb wichtig, um so weit wie möglich zu verhindern, dass landwirtschaftliche Produkte, die zur Ernährung der Weltbevölkerung verwendet werden können, zur Energieerzeugung oder – was vom Volumen her vielleicht noch gravierender ist – zur Erzeugung von Biosprit verwendet werden. Denn die Ernährung der Menschheit wird immer mehr zu einem zentralen Thema [18, 74, 98, 99, 100]. Zusätzlich sollte die Ernährung der Weltbevölkerung von einer Art sein, dass sie nicht an anderen Ecken der Gesellschaft hohe Kosten erzeugt, wie sie beispielsweise momentan im Gesundheitssystem entstehen. Zur Umsetzung der SDGs unter Einhaltung des Zwei-Grad-Ziels ist jeder Euro wichtig. Dies gilt insbesondere dann, wenn ein wachsender Wohlstand für eine wachsende Menschheit gelingen sollte, was einen enormen Flächenverbrauch außerhalb der Landwirtschaft zur Folge haben würde, und dabei auch noch Nachhaltigkeit gewährleistet werden soll. Deshalb sollte man auf direktem Wege von der Sonne zu Kraftstoffen für Automobile, Heizungen, die Schwerindustrie und die Chemie kommen, zum Beispiel direkt oder indirekt über die Erzeugung von *Wasserstoff* oder *Methanol*. Ansätze dieser Art fallen in die Bereiche »Power-to-Gas« und »Power-to-Liquid«.

Mit Wieder- und Neuaufforstungen sowie mit der stofflichen Nutzung von nachhaltig geerntetem Holz kann zweifach Zeit gewonnen werden. Zum Ersten wird bei Aufforstungen CO_2 gebunden, und zwar in der Zeit, in der die Bäume wachsen. Zum Zweiten bleibt CO_2 in Form von Kohlenstoff (C) in Holz gebunden, wenn das geerntete Holz langfristig stofflich eingesetzt wird, wie das bei modernen Gebäuden in Holz(hybrid)bauweise der Fall ist. Wenn man die Bäume fällt, muss dabei übrigens sofort wieder neu gepflanzt werden oder mittels Naturverjüngung ein neuer Wald begründet werden, damit die Holzernte klimaneutral erfolgen kann. Durch Wiederaufforstung wird also kein zusätzliches CO_2 gebunden, aber die bisherige Menge an CO_2-Speicherung erhalten. Durch die langfristige stoffliche Nutzung des geernteten Holzes wird dann der beim Wachstum des Waldes in den Bäumen gespeicherte Kohlenstoff weiterhin gebunden, und so steigt bei jeder Ernte eines nachhaltigen Waldes und durch die langfristige Nutzung des geernteten Holzes der weltweite CO_2-

Speicher an. Und genau das brauchen wir! Daher brauchen wir eine kaskadenartige Nutzung der Ressource Holz. Wenn man nach der Nutzungsdauer von Holzprodukten (Gebäude und -teile, Möbel, Inneneinrichtung) diese energetisch in den richtigen Anlagen mit der entsprechenden Filtertechnologie nutzt, ergibt sich eine Maximierung der CO_2-Speicher und der CO_2-Substitutionseffekte. Die Verwendung von nicht mehr nutzbarem Holz am Ende des Holz-Lebenszyklus in Bio-Kohle ist dabei als Option immer mitzubeachten. Übrigens hat die Schweiz dieses Kaskadenprinzip als erste Nation in einer eigenen Politik festgeschrieben, der Ressourcenpolitik Holz. Mittlerweile hat das eidgenössische Parlament dieses Prinzip in ein Gesetz gegossen. Bei der Umsetzung von öffentlichen Beschaffungen, wie auch in der Energiepolitik in der Schweiz, wird diesem Prinzip Rechnung getragen.

Wird das Holz nicht langfristig stofflich eingesetzt, zum Beispiel weil es sofort an Ort und Stelle verbrannt oder energetisch zur Wärme-, Strom- oder Treibstoffgewinnung genutzt wird, dann wird mit erneuter Aufforstung nur eine Kompensation für das CO_2 geleistet, das mit der energetischen Nutzung der abgeernteten Bäume wieder in die Atmosphäre entweicht. Wird Holz stattdessen kaskadenförmig genutzt, eröffnet uns dies einen Spielraum für zwei bis drei Runden der CO_2-Bindung. Wir entziehen dann über entsprechende Zeiträume der Atmosphäre durch iterative Aufforstung auf derselben Fläche mehrfach CO_2 und erreichen einen erheblichen Zeitgewinn. Noch einmal: Entscheidend ist natürlich aus Klimasicht, dass wir diesen Zeitgewinn nutzen, um zu neuen Energiesystemen zu kommen, die – auch unter Beachtung all ihrer direkten und indirekten Wirkungen – überall verfügbar, preiswert, umweltfreundlich und klimaneutral sind. Wir brauchen zum Zeitgewinn also weltweite Anstrengungen für Wieder- und Neuaufforstung unter Beachtung vielfältiger Nachhaltigkeitsanforderungen sowie zur verstärkten langfristigen stofflichen Nutzung von Holz aus nachhaltiger Forstwirtschaft. Aufforstung ist generell sinnvoll, insbesondere aber auch auf degradierten Böden. Aufforstung ist aus den beschriebenen Gründen gut für das Klima, hat aber noch viele weitere positive Wirkungen (»Co-Benefits«) auf die drei Aspekte der

Nachhaltigkeit und die oben diskutierten SDGs, von Erhalt und Förderung der Biodiversität über die Stabilisierung des Wasserkreislaufs, auch für Trinkwasser, bis zur Schaffung lokaler Wertschöpfung und vieler neuer Arbeitsplätze sowie der großvolumigen Bereitstellung eines besonders wichtigen erneuerbaren Rohstoffes, der für immer mehr Anwendungen eingesetzt werden kann [82].

Die Ressource Holz als Baustoff hat in der traditionellen Bauweise eine jahrtausende alte Tradition. Das eröffnet interessante Potenziale für die anstehenden Entwicklungsprojekte in Indien und Afrika. Generell gilt, dass jedes Baumaterial wie Beton, Stahl und Glas dort eingesetzt werden soll, wo es seine Stärken voll ausspielen kann. Hierbei kommt Holz insbesondere auch in der tragenden Struktur eines Gebäudes eine entscheidende Rolle zu, oft in Kombination mit anderen Materialien – egal ob es um Wohn-, Büro- oder Industrie- und Gewerbegebäude geht. Herausforderungen wie die Feuerfestigkeit sind heute weitgehend gelöst – und jene des Schallschutzes und der Dauerhaftigkeit werden optimiert. Die technologische Entwicklung hat dazu geführt, dass das, was man modernes Holz für Anwendungen nennt, etwas anderes ist als das Holz, das wir früher genutzt haben. Dieses moderne Holz, das aus dem Zusammenleimen von »Holzstreifen« entsteht, ist sehr stabil, weitgehend feuerfest und kann in vielen Anwendungen genutzt werden, natürlich auch im Baubereich, wie bei Außenwänden und im Innenausbau von Häusern, aber auch in Form ganz anderer Nutzungen, etwa in der Möbelindustrie. Aus den Fasern des Holzes kann man sogar ein Ausgangsmaterial für Wolle destillieren, das weicher ist als Baumwolle, reißfester ist als Seide, und obendrein kann man daraus feuerfeste und gleichzeitig atmungsaktive Textilien produzieren. In Kärnten schaut man vom Pyramidenkogel, einer etwa 70 Meter hohen Holzkonstruktion, über den Wörthersee und sein Umfeld. Im kanadischen Vancouver wird ein 18-stöckiges Hochhaus aus Holz gebaut, und in Wien wird ein 29-stöckiges Hochhaus ebenfalls aus Holz realisiert (vgl. Info-Box 3).

Hochhäuser aus Holz

Wer eine neue Idee hat, ist ein Spinner, bis die Idee einschlägt. (Mark Twain)

Zwei Visionen, das Thema Holzbau sowie die Idee einer unkonventionellen Immobilie, standen am Beginn für die Entwicklung und Kreation des HoHo Wien (Holz-Hochhaus Wien). Was dann passierte, erinnert an eine moderne Parabel: Ein weltoffener Investor, eine mutige Projektentwicklerin, ein neuer Wiener Stadtteil, ein bestens ausgewähltes Kernteam, monatelange Vorbereitungen, frühe Einbindung der Behörden und schließlich Entschlossenheit, Tatkraft und ein moderner Zugang machen es möglich: In Kürze entsteht das weltweit höchste Hochhaus aus partiellen Holzelementen gebaut um eine tragende Stahlkonstruktion! Die bisher oft durchdachte, aber nirgendwo umgesetzte Idee eines »Holzturms« wird nun in Österreichs Hauptstadt realisiert und toppt höhenmäßig alle bisher gebauten Holzhochhäuser – 29 Etagen. (Quelle: http://www.hoho-wien.at/)

Info-Box 3: HoHo – Holzhochhaus in Wien

Dabei ist zu beachten: In Bayern und Baden-Württemberg sind heute unter geeigneten Voraussetzungen Holzgebäude mit bis zu neun Etagen zulässig. In Nordrhein-Westfalen ringen die Verantwortlichen noch um die Aktualisierung der Bauordnung, die bis heute maximal zweigeschossige Holzbauten zulässt (2017).

3.3_KONTRAPRODUKTIVES WETTRENNEN IN DER ARKTIS – DAS NEUE GROSSE SPIEL

◆◆◆ Um Zeit zu gewinnen, muss die Welt dekarbonisiert werden. Die Staaten reden schon seit Jahrzehnten darüber, das Problem gemeinsam zu lösen. Ein Bereich, in dem sich internationale Zusammenarbeit anbietet, ja förmlich aufdrängt, ist die Arktis – deren Umwelt ist besonders empfindlich, die Produktion fossiler Energieträger besonders teuer, und bislang haben Nationen und Konzerne noch nicht viel investiert. Und es wäre aus Sicht des Klimas geboten, es dabei zu belassen. Letztlich muss ja die Produktion fossiler Energieträger zurückgefahren werden. Deshalb sollten neue Felder möglichst nicht exploriert und Nutzungslizenzen nicht vergeben werden. Investitionen sind zu vermeiden, neue Eigentumsrechte – die womöglich zu entschädigen sind – sollten erst gar nicht geschaffen werden. Das Geld sollte für andere Lösungen eingesetzt werden.

In der Arktis passiert aber das genaue Gegenteil – wie an vielen anderen Stellen auf der Welt. Die höheren Temperaturen und das zurückgehende Eis schaffen dort neue Optionen. Die Anrainerstaaten der Arktis beginnen, sich stärker zu positionieren. Nicht nur die Nordwest- und Nordostpassage, die die Transitdauer zwischen China und Europa auf dem Seeweg um mindestens eine Woche verkürzen werden, werden für immer mehr Wochen im Jahr nutzbar. Noch viel attraktiver sind die Potenziale der Erdöl- und Erdgaslagerstätten. Es wird vermutet, dass riesige Felder zugänglich werden. Der »United States Geological Survey« schätzte 2008, dass in der Arktis 50 Milliarden Kubikmeter Erdgas, 44 Milliarden Barrel nasses Erdgas (NGL) und 90 Milliarden Barrel Öl zu finden sind, der überwiegende Teil davon offshore. Das Volumen könnte 30 Prozent der bekannten Erdgasreserven und 13 Prozent der Ölvorkommen ausmachen und zu heutigen Preisen einem Gesamtwert von 30 Billionen US-Dollar entsprechen. Wenn weitere Gebiete zugänglich werden, könnten zusätzlich zu den in Teilen der Arktis schon gefundenen Bodenschätzen noch mehr Lagerstätten mit Gold, Zink, Nickel und Eisen entdeckt werden.

Die Energieriesen ExxonMobil, Shell, Rosneft und andere sind dabei, Lizenzen zu beantragen und mit Probebohrungen zu beginnen. Länder und Unternehmen, die bereit sind, sich auf die Ausbeutung der Schätze einzulassen, müssen einem Klima trotzen, in dem im überwiegenden Teil des Jahres Nacht herrscht, wo das Meer die meiste Zeit fast zwei Meter tief zugefroren ist und wo im offenen Wasser die Wellen über zwölf Meter hoch sein können.

Es wird eine schmutzige, schwere und gefährliche Arbeit werden, insbesondere wenn man rund ums Jahr fördern will. Zudem sind große Investitionen nötig. Gaspipelines sind an vielen Stellen nicht möglich, und die Errichtung einer komplexen Verflüssigungsanlage auf dem Meer ist vor allem bei rauen Bedingungen sehr teuer. Doch die finanziellen und strategischen Gewinne, die zu erwarten sind, werden dazu führen, dass die Schwergewichte Hoheitsrechte geltend machen, mit Bohrungen beginnen und sich nicht von möglichen Auswirkungen auf die Umwelt stoppen lassen. Die Beanspruchung von Hoheitsrechten leitet sich vom Seerechtsübereinkommen (SRÜ) der Vereinten Nationen her. Das besagt, dass ein Unterzeichnerstaat exklusive wirtschaftliche Rechte im Bereich bis 200 Seemeilen vor seiner Küste beanspruchen und diesen zur Ausschließlichen Wirtschaftszone (AWZ) erklären kann, solange das nicht mit den Grenzen anderer Länder kollidiert. Das Öl und Gas in einer solchen Zone gilt damit als Eigentum dieses Staates. Unter bestimmten Umständen kann das Land beantragen, seine AWZ auf 350 Seemeilen auszuweiten.

Das Schmelzen des Eises in der Arktis führt zu einer Verhärtung der Haltung der acht Mitgliedsstaaten des Arktischen Rats, dem Forum, in dem heute die Geopolitik zur Geopolartaktik wird. Und weitere Akteure drängen in die Arena. China hat gerade ein »Weißbuch zur arktischen Politik« vorgelegt. China versteht sich als »arktisnaher Staat«, spricht von einer »polaren Seidenstraße« und will bei der Ausbeutung der Ressourcen und der Nutzung der erwarteten neuen Schiffspassage dabei sein. Wachsende chinesische Marineaktivitäten sind zu erwarten.

Ein großer Streit baut sich zwischen Russland und dem NATO-Staat Norwegen in der Barentssee auf. Ein weiterer Streitpunkt zwischen diesen Staaten ist Spitzbergen, das die meisten Länder und internationalen Organisationen als (eingeschränktes) norwegisches Hoheitsgebiet anerkennen, während Russland in dieser Frage laviert.

Ein Maß für die Handlungsfähigkeit vor Ort sind Eisbrecher. Kanada verfügt über elf einsatzfähige militärische und zivile Eisbrecher, Russland mutmaßlich über die doppelte Zahl, darunter allein sechs atomar betriebene, Norwegen über einen. China baut gerade seinen zweiten polaren Eisbrecher, die USA, als Weltsupermacht, verfügen nur über drei. Präsident Trump will das USA-

Engagement erhöhen, vor allem mit Blick auf die dort vermuteten Ressourcen. Im Dezember erlaubte der US-Präsident den Energiekonzernen Ölbohrungen im bislang geschützten arktischen Raum.[19]

Russland investiert, wie angedeutet, massiv in die Arktis. Präsident Putin spricht von Murmansk als Russlands nördlichem Energietor. Zum Energienachschub führte Präsident Putin aus, dass »Offshore-Felder«, besonders in der Arktis, Russlands strategische Reserve für das 21. Jahrhundert sind. Die im Aufbau befindlichen Murmansk-Brigaden werden der Grundsockel an Streitkräften sein, die Moskau dauerhaft in der Arktis stationieren will. 2014 wurde die volle »Kälte-Kampfkraft« in diesem Gebiet durch ein russisches Manöver unterstrichen, an dem über 155 000 Mann und Tausende von Panzern, Flugzeugen und Schiffen beteiligt waren.

Wie zuvor bereits erwähnt, sind in den nächsten Jahrzehnten von Staaten wie den USA, Russland, Saudi-Arabien und wahrscheinlich auch von Irak und Iran 500 Millionen Tonnen Ölförderung zu erwarten – eine Katastrophe in Bezug auf Dekarbonisierung und das Zwei-Grad-Ziel. 500 Millionen Tonnen Öl entsprechen etwa 10 Millionen Barrel Öl pro Tag, also etwa 3,65 Milliarden Barrel Öl pro Jahr. Die in der Arktis erwarteten 90 Milliarden Barrel Öl liefern dieses Volumen für etwa 25 Jahre. Das Schmelzen des Eises verändert die Geografie und die Einsätze. Die Arktisländer und die Energieriesen müssen jetzt Entscheidungen treffen, wie sie mit diesen Veränderungen umgehen und wie stark sie auf die Umwelt und die Völker der Arktis Rücksicht nehmen wollen. Der von den Akteuren so wahrgenommene zukünftige Energiebedarf legt nahe, dass bei diesem »Neuen Großen Spiel«, wie einige Arktisspezialisten es genannt haben, ein Wettrennen unvermeidlich ist. Es werden viel mehr Schiffe in den hohen Norden kommen, viel mehr Bohrinseln installiert werden – letztlich wird es viel mehr von allem sein. Russland scheint sogar zu überlegen, zusätzlich zu seinen atomgetriebenen Eisbrechern ein schwimmendes Atomkraftwerk zu bauen, das dem Druck von mehr als drei Meter dickem Eis standhält. So viel zur Dekarbonisierung.

3.4_ECUADORS ANGEBOT – EINE UNGENUTZTE CHANCE

◆◆◆   Für Vertreter einer ökosozialen Marktwirtschaft ist das Prinzip der Co-Finanzierung ärmerer Länder gegen die Übernahme von Standards zentral [77, 78]. In der Regel scheitert diese Strategie an der Nichtbereitschaft reicher Länder, Co-Finanzierungen aufzubringen. Das gilt beispielsweise für den Schutz des Regenwaldes. Wenn wir wollen, dass ärmerer Länder ihre Ressourcen nicht nutzen, müssen wir bereit sein, dafür zu zahlen. Heute tun wir nur das Gegenteil, wir zahlen für die Ressourcen. In Ecuador gab es einmal eine bessere Chance:[20]

2007 bot Präsident Rafael Correa den Industrienationen ein Geschäft an. Er sagte zu, 850 Millionen Fass Öl im Boden seines Urwalds zu belassen und nicht zu fördern, sofern die westlichen Staaten die Hälfte der entgangenen Einnahmen aus dem Verkauf des Öls aufbrächten und Ecuador zukommen ließen. Mehr als 400 Millionen Tonnen CO_2 würde man so einsparen, zu einem Preis von 3,6 Milliarden US-Dollar. Mit dem Geld wollte Ecuador seine erneuerbaren Energien als Ersatz für die Nutzung des fossilen Brennstoffs weiter ausbauen. Und Correa überzeugte mit dem Plan zahlreiche Länder. Chile, Spanien, Italien, Frankreich und auch Deutschland wollten in den Treuhandfonds einzahlen, den die Vereinten Nationen zur Umsetzung aufgelegt hatten. Der damals neue deutsche Entwicklungsminister Dirk Niebel verhinderte das aber. In Ecuador dürfe kein Präzedenzfall geschaffen werden, erklärte er – weshalb sich Rafael Correa Ländern wie Russland und China zuwandte und die schweren Maschinen in seinen Nationalpark Yasuní beorderte, um das Erdöl aus dem Boden zu holen.

Nach welcher Logik handelte der deutsche Minister? Er sagte damals den kaum noch zu übertreffenden Satz: »Ich bezahle doch nicht dafür, dass etwas nicht passiert.« Logisch liegt das Problem des Satzes darin, dass man auch alles, was passiert, über doppelte Verneinung als etwas sehen kann, was nicht passiert – und umgekehrt. Öl im Regenwald zu explorieren kann man ja auch als das Nicht-Passieren einer Politik sehen, die Nicht-Explorieren will, Explorieren ist also gleich Nicht-Nicht-Explorieren. Wenn man dann exploriert, passiert Nicht-Explorieren nicht. Manchmal ist es ansonsten normal, dass wir dafür bezahlen, dass etwas nicht passiert, etwa bei Sicherungen gegen Einbruch in Häusern – warum dann nicht auch zum Schutz des Regenwaldes? Oder sollten wir nur für die Zerstörung der Natur bezahlen, nicht aber für ihren Erhalt? Im Nachhinein erweist sich die Entscheidung als noch verfehlter, als sie es damals schon war, weil eben kein »Leuchtturm für Klima- und Ressourcenschutz« geschaffen wurde. Denn jetzt wird dort im Regenwald das Öl gefördert, was unter Dekarbonisierungsaspekten traurig stimmt. Es geht ja darum, dass fossile Energieträger in der Erde bleiben. Damals gab es das Angebot, es dort zu belassen, und zwar zu vergleichsweise überschaubaren Kosten, nämlich für etwa 10 US-Dollar pro Tonne. Wir haben auf deutscher Seite leider zumindest Anteil daran, dass diese Chance nicht genutzt wurde.

3.5_CHINAS WEG ZU WOHLSTAND IST NICHT KLIMAVERTRÄGLICH WIEDERHOLBAR

◆◆◆ China hat in den letzten 30 Jahren einen unglaublichen wirtschaftlichen Aufschwung erlebt. Aus einem Entwicklungsland wurde ein Staat, der heute zu den stärksten Wirtschafts- und Handelsnationen der Welt zählt. China hat im Jahr 2014 fast 100-mal so viel Beton verbaut wie Deutschland und bei den Klimagasemissionen Amerika bei weitem überholt. Die nachfolgende Grafik[21] macht den gigantischen Materialeinsatz in China deutlich. China hat in drei Jahren deutlich mehr Beton verbaut als die USA im gesamten 20. Jahrhundert. Beton ist mit den beiden Komponenten Zement und Kalk sehr klimaintensiv. Der Betonanteil an den weltweiten CO_2-Emissionen liegt bei 7 Prozent. Stahl tritt häufig komplementär zu Beton auf und ist ebenfalls sehr material-, energie- und damit klimaintensiv. China dominiert auch den Stahlmarkt. Mit mehr

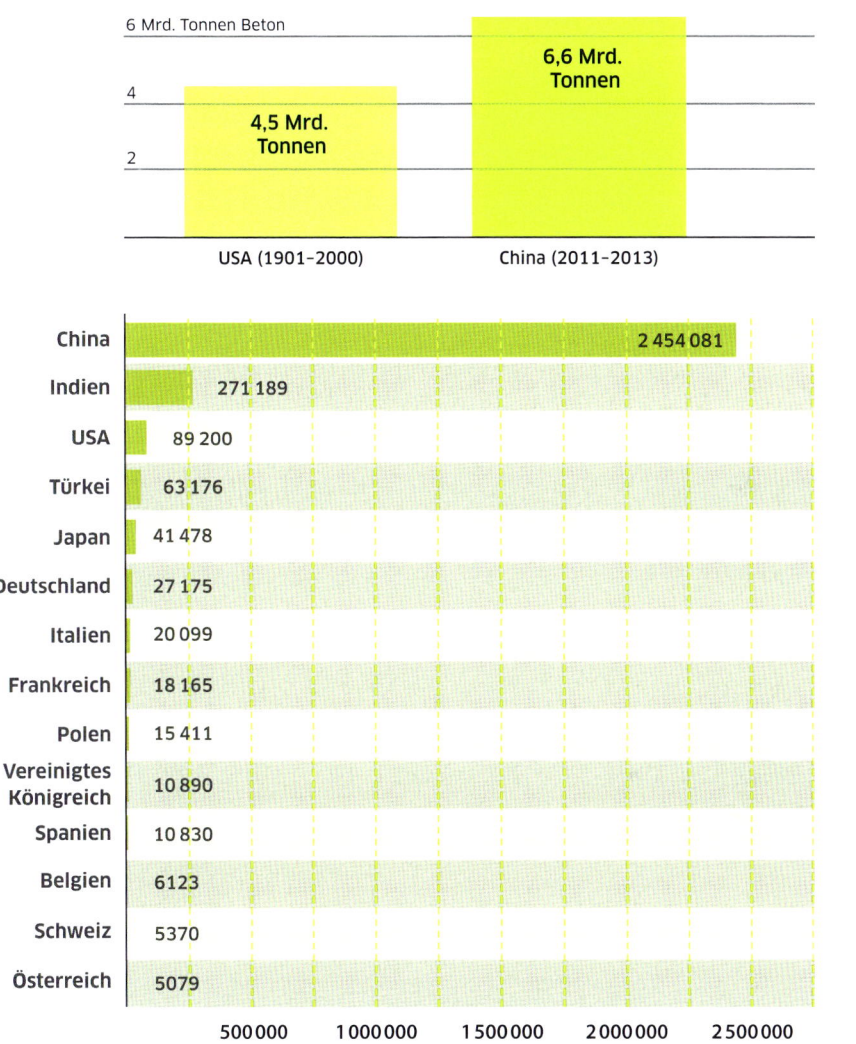

China hat in drei Jahren mehr Beton verbaut als die USA im gesamten 20. Jahrhundert

6 Mrd. Tonnen Beton

4

2

4,5 Mrd. Tonnen

6,6 Mrd. Tonnen

USA (1901–2000)   China (2011–2013)

	Verbrauch in tausend Tonnen
China	2 454 081
Indien	271 189
USA	89 200
Türkei	63 176
Japan	41 478
Deutschland	27 175
Italien	20 099
Frankreich	18 165
Polen	15 411
Vereinigtes Königreich	10 890
Spanien	10 830
Belgien	6123
Schweiz	5370
Österreich	5079

250 000   500 000   750 000   1 000 000   1 250 000   1 500 000   1 750 000   2 000 000   2 250 000   2 500 000   2 750 000

Verbrauch in tausend Tonnen

Zementverbrauch in den USA und in China/Zementverbrauch ausgewählter Staaten in 2014[22]

als 1,5 Milliarden Tonnen Zement in 2016 hat China pro Bürger mehr als eine Tonne Zement verbraucht.

Die chinesischen Durchschnittsemissionen bei Klimagasen von 7,5 Tonnen sind in der Folge heute deutlich höher als diejenigen in Frankreich (5 Tonnen/Kopf) oder in Europa (6,8 Tonnen/Kopf), und das bei einer Bevölkerung von 1,4 Milliarden Menschen. Dies bei einem BIP pro Kopf von weniger als 50 Prozent des europäischen Wertes, was auf eine deutlich geringere Energieeffizienz hindeutet, aber auch auf die große Rolle der produzierenden Industrie im Land. Allerdings hat China, wie oben dargestellt, in diesem ökonomischen Wachstumsprozess auch den entscheidenden Beitrag zur Reduzierung der Armut in der Welt im Sinne der Millenniumsentwicklungsziele (MDGs) geleistet. Es war die rasante wirtschaftliche Entwicklung in China, die die Menschen aus der Armut geholt hat – eine großartige Leistung. Das kommunistische China, an dessen Governance so viel herumgemäkelt wurde und wird, hat diesen Beitrag geleistet, der Westen mit seiner Hilfe, etwa für Afrika, nicht. Die lange betriebene Ein-Kind-Politik Chinas, ebenfalls permanent kritisiert, war dabei sicherlich hilfreich.

Indien, die große Demokratie, ist heute der Staat mit den meisten armen Menschen und mit den meisten Menschen, die Hunger leiden. Hinzu kommt, dass die Menschenrechtssituation insbesondere für die Frauen der untersten Kaste in Indien nach wie vor inakzeptabel ist. Noch schlechter als Indien steht Afrika da. Afrika ist allerdings kein Staat, sondern ein Kontinent mit 54 Staaten, die zum Teil sehr unterschiedlich sind und zurzeit insgesamt 1,2 Milliarden Menschen zählen. In den nächsten 35 Jahren wird Afrika mit 2,4 Milliarden Menschen Indien von der Bevölkerungsseite her mit seinen dann wahrscheinlich 1,6 Milliarden Menschen weit hinter sich lassen. Indien wird auch einige hundert Millionen mehr Menschen haben als China, denn in China wird die Bevölkerungsgröße schon bald zurückgehen. Auch das ist eine Folge der Ein-Kind-Politik, die mittlerweile aufgehoben wurde.

Kann man die Armut in Indien und die Armut in Afrika nach demselben Schema überwinden, wie die Armut in China überwunden wurde? Das wird nicht gehen, wenn das Zwei-Grad-Ziel erreicht werden soll. Das chinesische Modell ist viel zu ressourcenintensiv, erzeugt viel zu viele Klimagase und verbraucht viel zu viel Energie, davon die meiste fossil. Und während China sich bei den erneuerbaren Energien nach vorne arbeitet, setzt das Land doch weiter auf Kernenergie und ebenfalls, wie dargestellt, massiv auf fossile Energieträger, vor allem auch Kohle. Kein Staat der Welt verbraucht heute so viel Kohle wie China, und kein Staat der Welt, außer Indien, hat so weitgehende Pläne für den Ausbau der Kohle wie China. China ist heute auch der größte Exporteur von Kohle. Indien hat ähnliche Pläne und wird China folgen, wenn auch die Bestandsgrößenordnungen deutlich geringer sind – die Zuwächse hingegen nicht. Wie all das zu globalem Umweltschutz, zu Klimaschutz und rascher Dekarbonisierung führen soll, wie von vielen gefordert, vorgeschlagen beziehungsweise vorausgesagt wird, erschließt sich nicht, wenn man die vier Grundrechenarten konsequent anwendet.

3.6_RASCHE DEKARBONISIERUNG – ILLUSIONEN UND RISIKEN[23]

◆◆◆ Mit nachhaltigen Investments werden viele Ziele angestrebt, insbesondere auch ein Beitrag zur Klimaproblematik. Das aus gutem Grund. Das Klima kann, in Verbindung mit der weiteren Entwicklung der Weltbevölkerungsgröße, für die Zukunft der Menschheit in den nächsten 50 bis 100 Jahren zum zentralen, den Wohlstand und den Frieden bedrohenden Element werden. Damit wird es auch zu einer Bedrohung getätigter Investitionen in fast allen Bereichen der Wirtschaft, vor allem aber im Bereich der fossilen Energie.

Die Situation ist alles andere als einfach. Das zeigt die Ausstiegsentscheidung der US-Regierung aus dem gerade erst geschlossenen Paris-Vertrag, obwohl dieser Vertrag ohnehin nicht geeignet ist, das Zwei-Grad-Ziel zu erreichen. Der sogenannte ökologische Fußabdruck der Menschheit liegt heute bei etwa 1,5 Globen [101]. Fast die Hälfte davon entfällt auf den Klimagasfußabdruck. Das ist eine hypothetische Größe. Sie beinhaltet ein Äquivalent für die zusätzlichen biologisch produktiven Flächen, die wir benötigen würden, wenn wir alle überzähligen CO_2-Emissionen über biologische Sequestrierung, etwa Aufforstung oder Humusbildung, würden kompensieren wollen. Heute tun wir das nicht. Deshalb können wir 1,5 Globen »verbrauchen«, obwohl wir nur eine Erde haben. Der Preis, den wir dafür zahlen müssen, ist die sich aufbauende Klimakatastrophe, die Eigentumswerte überall auf dem Globus bedroht und insbesondere die Ärmsten auf dem Globus in existenzieller Weise treffen kann. Viele davon leben an solchen Stellen der Erde, an denen die Hitze teilweise heute schon unerträglich ist.

Dekarbonisierung klingt in diesem Kontext zunächst gut. Fossile Energieträger müssen auf Dauer in der Erde bleiben. Aber welche und wann? Das Timing ist wichtig, wenn zugleich gemäß Agenda 2030 der Vereinten Nationen überall auf der Welt Wohlstand gefördert werden soll. Öl und Kohle durch Gas zu ersetzen kann ein wichtiger Zwischenschritt sein. Über diesen Schritt wurden die Emissionen in den USA in den letzten Jahren deutlich abgesenkt. Was jedoch gar nicht funktionieren wird, ist forcierte Dekarbonisierung in Form einer über die Politik durchgesetzten Enteignung von Nutzungsrechten und damit verbunden einer (entschädigungslosen) Enteignung der Besitzer großer Depots an fossiler Energie. Denn sonst sind – aus nachvollziehbaren Gründen – massive Gegenreaktionen und extreme ökonomische Verwerfungen, potenziell eine Weltwirtschaftskrise, zu erwarten. Wie problematisch ein rascher Anstieg aus der Kohle für ein Land wie Indien sein würde, beschreibt eindrücklich der oben erwähnte Beitrag »The black hole of coal«, *The Economist*, 04.08.2018. Er zeigt einen tief verschachtelten politisch-industriellen Komplex im Energiebereich, in der Regel hoch verschuldet (oft beim Staat) oder im Eigentum des Staates, in einer Situation chronischer Finanzknappheit. Dies in Verbindung mit überlasteten Netzen. Das alles schafft ein extrem schwieriges Umfeld.

Wir brauchen deshalb intelligentere Lösungen. Reiche Länder wie Deutschland müssen in Ländern wie Indien mit eigenem Geld aktiv werden, statt im eigenen Land eine zunehmende Klima-Planwirtschaft zu verfolgen, wie sie von vielen Klimaaktivisten vorgeschlagen wird. Diese würde an bestimmten Stellen, zum Beispiel im Bereich der Gebäudesanierung, sehr viel Geld kosten, ohne substanzielle Klimaeffekte zu erzeugen. Was wir brauchen, sind in erster Linie technische Innovationen und deren weltweiter Rollout sowie kluge Formen der Zusammenarbeit mit sich entwickelnden Ländern, etwa in Nordafrika und Südostasien. Synthetische klimaneutrale Kraftstoffe, etwa auf Basis von Methanol, sind ein solcher Ansatz. Die dazu nötige Solarenergie ist in der Sahara leicht erschließbar.

Ein derartiges international ausgerichtetes Vorgehen, wie es jüngst Christian Lindner plakativ, aber mit einem interessanten Fokus in die Debatte eingebracht hat, beinhaltet international attraktive Möglichkeiten, um die zur Lösung der Klimafrage dringend benötigte Zeit für weitere Technologieentwicklungen und deren Umsetzung zu gewinnen. Lindner schlug in gewollter Überspitzung vor, statt einer Förderung erneuerbarer Energien in Deutschland mit Milliarden Euro Regenwald in Südamerika und Asien zu kaufen, um das Klima zu schützen (zitiert aus *Handelsblatt*, 19.08.2018). Durch Aktivitäten in sich entwickelnden Ländern kann zugleich lokal Wohlstand gesteigert werden im Sinne der Agenda 2030 der »Sustainable Development Goals« (SDGs) der UN. Ein wichtiger Baustein ist freiwillige Klimaneutralität/Klimapositivität von Unternehmen und weiterer Interessierter wie Städte und Gemeinden und insbesondere Privatpersonen. Dies vor allem in Form »verlorener« Finanzierungszuschüsse zu globalen Kompensationsprojekten. Was heißt das für Investoren? Für viele folgt aus dem Paris-Vertrag und der Klimaproblematik die Notwendigkeit einer raschen Dekarbonisierung unserer Gesellschaft. Das ist zwar richtig so, sollte aber nicht zu schnell erfolgen. Zeit für Anpassungen ist erforderlich: Gebt der Dekarbonisierung Zeit.

Aus finanzieller Sicht bedroht eine forcierte Dekarbonisierung insbesondere diejenigen Akteure in massiver Weise, die Kohle-, Gas- und Ölfelder explorieren und als Eigentumswerte in ihren Büchern haben. Sollten sie in Schieflage kommen, kann das die Stabilität der Weltökonomie bedrohen. Rasches Divestment bedroht auch die Wohlstandserwartung ärmerer Länder. Zum Teil können sie aus Kostengründen in weiten Bereichen nur Kohle nutzen. Kohle hat auch für Indien und China nach wie vor große ökonomische Bedeutung, und das wird noch lange so bleiben. Zudem muss sehr genau zwischen Gas, Öl und Kohle unterschieden werden, da ihre Emissionsintensitäten sehr verschieden sind. Immer ist zu beachten: Wohlstand und Wohlergehen hängen an der Verfügbarkeit von Energie. Mit einer wachsenden Weltbevölkerung und großen Erwartungen auf bessere Lebensumstände und wirtschaftlichen Erfolg rund um den Globus werden wir künftig noch viel mehr Energie benötigen als bisher. Sollte Energiemangel zu Wohlstandseinbrüchen führen, sind massive Konflikte und Auseinandersetzungen zu erwarten. Sie werden niemandem helfen, auch nicht bezüglich der Perspektiven im Klimabereich.

Aus alldem und auch unter Nachhaltigkeitsaspekten folgt, dass ein vorsichtiges Herangehen angesagt ist: Neue Investitionen nur mit Augenmaß, Öl und Gas sind besser als Kohle, und es sind klare Unterschiede zu machen, abhängig von der Geografie und dem Wohlstandsniveau eines Landes, in das investiert wird. Der Weg in die Dekarbonisierung muss zwischen Staat, Gesellschaft und Investoren, aber auch zwischen den Nationen der Welt klug austariert werden. Die reiche Welt muss wesentlich zu den erforderlichen Transformationen in ärmeren Ländern beitragen. Es gibt Gewinner und Verlierer und potenziell viel Ärger. Gegebenenfalls sind zumindest partielle Entschädigungen von öffentlicher Seite zu zahlen, so wie das nach der jüngsten Entscheidung des Bundesverfassungsgerichts beim forcierten Atomausstieg in Deutschland auch der Fall sein wird. In jedem Fall sind auch mehr Transfers zwischen Nationen erforderlich. Ob und ab wann unter marktwirtschaftlichen Bedingungen eine drastische Abkehr von fossilen Energieträgern möglich sein wird, ist noch unklar. Klar ist jedoch: Anleger sollten den von Aktivisten proklamierten Totschlagargumenten nicht blind folgen, denn es ist klüger, nicht auf eine bedingungslose oder gar übereilte Dekarbonisierung zu setzen. Der

Schaden an anderer Stelle wäre erheblich. Hilfreich ist an dieser Stelle, dass eine übereilte Dekarbonisierung nicht stattfinden wird. Die Dekarbonisierung wird viel Zeit brauchen – zu viel Zeit für das Klima. Es sei denn, die reiche Welt engagiert sich viel stärker als bisher in den sich entwickelnden Ländern.

3.7_VORSICHT BEI HYPES UND VERSPRECHEN

◆◆◆ Wir leben in einer Zeit der Hypes und großen Versprechen. Es wird sehr viel Geld mit Ankündigungen gemacht. Überall kommen Akteure mit neuen Geschäftsmodellen und bedrohen den Status quo. Und lassen sich in Exits gut ausbezahlen. Viele Firmen und Ankündigungen verschwinden dann wieder aus dem Markt. Das alles hängt vor allem mit der extrem dynamischen Entwicklung im Bereich der Informations- und Kommunikationstechnik (IuK) und der Leistungssteigerung um den Faktor 1000 alle 20 Jahre bei elementaren Bit-Operationen zusammen. Das ist das sogenannte »Moore'sche Gesetz«, das in Wirklichkeit eine empirische Beobachtung ist, trotzdem aber seit etwa 60 Jahren wirkt. Allerdings auch in einigen Jahrzehnten zu einem Ende kommen wird.

Informationstechnik treibt die Globalisierung voran und verändert die Verhältnisse in der Ökonomie. Manchmal erfolgt ein wirklicher Wertzuwachs, weil viel mehr nützliche Informationen zur Verfügung stehen und Verabredungen über Transaktionen sehr viel einfacher werden. Häufig werden aber auch nur bisherige Geschäftsmodelle kannibalisiert. Die enormen Erfolge Einzelner, oft zulasten anderer, befördern die Angst und gleichzeitig die Gier. In einem solchen Klima wird die Erzeugung von Hypes zu einem eigenständigen Geschäfts- und Strategiemodell.

Innovationen sind die Königsebene in der Gestaltung unserer Zukunft. Die Zukunft ist dabei offen. Wir befinden uns in einem komplexen Suchprozess. Die Erfolge des Plattform-Kapitalismus, die einige der größten Unternehmen aller Zeiten hervorgebracht haben, sorgen für Unruhe. Beispiele sind Plattformen wie Google, Facebook, Amazon, Uber und Airbnb. Der Handel ist schwer betroffen, die Touristikbranche ohnehin. Aktuell gibt es sehr viele Diskussionen im Finanzsektor, etwa um die Blockchain-Technologie [27, 30], die bisherige Mittler bei Transaktionen – wie Banken – überflüssig machen könnte. Eine inhaltliche Diskussion findet sich gut aufbereitet mit besonderem Fokus auf der rechtlichen Seite des Themas in dem sehr empfehlenswerten Buch *Blockchain and the Law* von Primavera De Filippi und Aaron Wright (Harvard University Press, 2008).

Aus der Klimathematik und den nicht zu leugnenden Veränderungsnotwendigkeiten in diesem Bereich, auch der damit teilweise verbundenen Panik und Hysterie, resultieren Handlungsimpulse – wenn auch nicht immer durchdacht. In Deutschland drückt sich das darin aus, dass man bestimmte Autos vielleicht bald nicht mehr in die Innenstädte hineinlassen will. All das speist bei Investoren die Hoffnung, an massiven Veränderungen profitieren zu können. Die Silicon-Valley-Giganten sehen die Chance, große Industriesegmente übernehmen zu können. Beispielsweise die Automobilindustrie. Der Klimaschutz ist ein Hebel in Richtung Elektroauto. Parallel dazu werden die Digitalisierung der Mobilität und das alleinfahrende Auto als Zukunft im Mobilitätsbereich verkündet. Diese radikalen Veränderungen eröffnen Einstiegschancen. Aber wie weit entfernt ist das alleinfahrende Auto wirklich?

Die Hype-Bewegung äußert sich darin, dass viele verkünden, dass es nur noch Jahre dauern wird, bis das alles umgesetzt ist. Nur noch Jahre, bis im Wesentlichen nur noch Elektroautos fahren, nur noch Jahre, bis die Autos alleine durch die Innenstädte fahren werden. Manche glauben auch, dass in drei Jahren Taxis vollautomatisch überall durch die Innenstädte fahren werden. Das ist natürlich Unsinn. In einem neuen Gutachten des Verkehrsbeirats der Bundesregierung [104] wird detailliert herausgearbeitet, dass die internationale Diskussion sich um fünf Niveaus der Autonomie bewegt. Aktuell geht es um Anwendungen, bei denen Automobile unter sehr restriktiven Bedingungen bestimmte Aufgaben selbst übernehmen. Sie können zukünftig auf bestimmten Autobahnen gewisse Strecken selbstständig fahren, aber nur, wenn daneben ein Fahrer sitzt, der innerhalb weniger Sekunden wieder in der Lage ist, das Steuer zu übernehmen. Allerdings ist heute überhaupt nicht absehbar, ob und wann ein solches Automobil in engen historischen Innenstädten, mit unterschiedlichen Typen von Verkehrsteilnehmern, je wird alleine fahren können. Fußgänger, spielende Kinder und insbesondere eine Vielzahl von Zweirädern, zum Teil hochmotorisiert und allesamt nicht IT-gesteuert, bestimmen das Bild. Über Jahrzehnte gilt das auch für ältere Automobile, also solche ohne Automatisierungsdimension beim Fahren. Anders ausgedrückt: Es gibt interessante Entwicklungen, die ein enormes wirtschaftliches Volumen betreffen und für uns in Deutschland eine besondere Bedeutung haben. Aber die Vorstellung, dass schon kurzfristig Automobile vollautomatisch durch unsere Städte fahren, hat mit der Realität nichts zu tun.

Eng verbunden mit der Digitalisierung im Auto ist das Thema Verkehrstelematik gegen Stau. Unsere Verkehrssysteme sind überlastet. Dennoch ist es eine naive Vorstellung, mit immer mehr Straßen die Situation stabilisieren zu können, denn besserer Verkehrsfluss induziert sofort neue und vermehrte Fahrten – ein sogenannter Bumerang- oder Reboundeffekt [61, 77]. Das haben mittlerweile viele verstanden. Deshalb wird jetzt mit »Smart City« eine neue Idee propagiert, bei der mithilfe der Telekommunikation dafür gesorgt wird, dass die Staus verschwinden. Intelligente Informationssysteme helfen uns bei diesen Überlegungen, in unseren Städten schnell voranzukommen. Da gibt es manchmal in der Tat ein Optimierungspotenzial, aber diese Potenziale sind begrenzt. Viele der heutigen Hoffnungen werden sich so nicht erfüllen. Nicht nur verunmöglicht der häufige Ausfall von Mobilfunkverbindungen jede Art von Eingriffen in das Geschehen in Echtzeit. Viel gravierender ist ein anderes Phänomen: Wenn der Gesamtumfang der Mobilitätswünsche die physische Kapazität des Systems übersteigt, gibt es grundsätzlich keine Möglichkeit, den Verkehr flüssig zu halten. Das heißt, dass Optimierung nur so lange ein Potenzial hat, wie man unterhalb der Maximalkapazität des Systems operiert. Will man bei zu viel Nachfrage den Verkehr flüssig halten, muss man den Zugang regulieren, etwa die Einfahrt in die Innenstädte. Hier kann die Telematik helfen, aber in einer Weise, die der freiheitsliebende Autofahrer nicht wünscht, nämlich über die Beschränkung des Zugangs.

Die Hype-Thematik wird überdeutlich, wenn man sich Elektroautos ansieht. Der Zuspruch zum Elektroauto lebt zunächst einmal von den Herausforderungen im Bereich Klimaschutz, auch wenn man dieses Thema klugerweise anders angehen sollte. Lärmschutz ist ein weiterer wichtiger Aspekt. Das Thema lebt aber auch davon, dass die konstruktive Komplexität im Bereich Automobile beim Elektroauto deutlich reduziert ist und damit neue Anbieter eine Chance haben, sich in diesem hochattraktiven Segment der Ökonomie zu platzieren. In geschickter Verknüpfung mit IT-getriebenen Visionen sind die Voraussetzungen gut, viele Hypes zu erzeugen und neue Geschäftsmodelle zu thematisieren. Heißt das aber, dass die Zukunft im Bereich der Automobile den Elektroautos gehört? Das ist alles andere als klar. Natürlich kann man wegen der Feinstaub- und Lärmthematik für den Verkehr in überfüllten Städten erwarten, dass wir uns in diese Richtung bewegen. Das macht offensichtlich Sinn, hat viele Vorteile und ist auch vergleichsweise einfacher umzusetzen als eine flächendeckende Lösung. Aber was ist mit der Automobilnutzung rund um die Uhr über große Distanzen und außerhalb von Großstädten?

Hier geht es um das Automobil als Lebensumfeld von Menschen, die hochproduktiv und supermobil sind und auf optimale Gegebenheiten und einen hohen Grad an Unabhängigkeit und Spontaneität Wert legen. Und was ist mit der Entsorgung von Batterien und mit der Frage, wie es bezüglich der Versorgung mit kritischen Rohstoffen aussieht? Und wo soll all der grüne Strom herkommen, der erforderlich ist, wenn das Elektroauto klimaneutral werden soll? Denn die leicht zu erntenden Erträge der Windkraft und der Fotovoltaik sind mittlerweile eingefahren, und die Lücke zu einer zuverlässig stabilen Gesamtversorgung über Erneuerbare ist nach wie vor gewaltig. Beim Elektroauto ist die Zukunft entsprechend unsicher.

Das Unternehmen ZF Group, das als wichtiger Akteur und Technologielieferant in diesen und vielen anderen Märkten mit dem Automobil verknüpft und dabei auf Nachhaltigkeit ausgerichtet ist, schätzt die Situation so ein:[24] Batterieelektrische Fahrzeuge haben mit vielen Schwierigkeiten zu kämpfen. So ist die Produktion von Lithium-Ionen-Zellen, derzeit Stand der Technik bei Fahrzeugbatterien, energieintensiv. Zudem ist ihre Energiedichte im Vergleich zu herkömmlichen Kraftstoffen gering. Auf ein Kilogramm bezogen speichern heutige Akkus nur etwa 5 Prozent der Energiemenge, die in Dieselkraftstoff enthalten ist. Deshalb verfügen aktuelle Elektrofahrzeuge nur über eine verhältnismäßig geringe Reichweite. Lösungen wie die Brennstoffzelle können zwar ein Plus an Reichweite ermöglichen, doch hohe Kosten stehen derzeit noch einer weiten Verbreitung im Wege.

Dies ist nicht die einzige Hürde. Die Probleme beginnen bereits bei der Klimabilanz des Elektroautos. Fragen stellen sich heute außerdem bezüglich Batterie, Stromnetz, Strommix, Volatilität der Stromverfügbarkeit sowie für das Aufladen und die dafür erforderliche leistungsfähige Infrastruktur. Ein Problem liegt darin, dass sich in Deutschland 50 bis 100 Haushalte je einen Ortsnetztrafo teilen. Diese verringern die Spannung von 10 000 und 20 000 Volt im regionalen Verteilernetz (Mittelspannung) auf die 230 Volt, mit der der Strom dann aus der Steckdose kommt. Dieser wird in der Regel auf der »letzten Meile« über Erdkabel in die Häuser transportiert. Die Strommenge, die diese Kabel transportieren können, ist begrenzt und reicht für eine massive Nachfrage nach Aufladung in der Regel nicht aus. Ansonsten ist der Strommix ein zentrales Thema. Hier weiterzukommen erfordert vor allem bessere Speicher. Zu denken ist an groß dimensionierte Speicher von einer bis 250 Gigawattstunden (GWh). Bei maximaler Dimensionierung decken sie die Energie einer Stadt wie Mainz mit etwa 200 000 Einwohnern für etwa 14 Tage. Zudem sollte die Lösung preiswert sein, wobei die Speicherseite maximal so viel kosten sollte wie die Stromentstehungsseite in den Bereichen Wind und Fotovoltaik. Die Lösung sollte sich durch hohe Umweltfreundlichkeit auszeichnen und dadurch, dass Energie sehr schnell aufgenommen und auch wieder sehr schnell abgegeben werden kann. Damit lassen sich dann alle Volatilitätsprobleme im Stromsektor elegant lösen. Diese Speicher könnten dann mit den Erneuerbaren zu einem grundlastfähigen System mit hoher Angebotsstabilität zusammengebaut werden.

Hinzu kommt: Neue Studien zeigen auf, dass Elektroautos kurzfristig nicht klimafreundlicher sind als Verbrenner. In einer Analyse von Arthur D. Little[25] finden sich erhebliche Vorbehalte gegen die Vorstellung, dass mit Elektroautos alleine unser Klima »gerettet« werden kann. Für die Untersuchung wurde der durchschnittliche CO_2-Ausstoß von Verbrennern und batteriebetriebenen Elektroautos unter realen Bedingungen getestet. Auch der Verbrauch sonstiger knapper Ressourcen sollte unbedingt genauer betrachtet werden [4, 5].

Natürlich gibt es Menschen mit viel Fantasie. Für die ist Deutschland heute schon vollständig mit Positiv-Energie-Häusern ausgestattet, die keine Energie mehr verbrauchen, sondern solche als Überschuss über den Eigenverbrauch hinaus produzieren. Diese Häuser stellen dann ihre überschüssige Energie für die Elektroautos bereit. Die Elektroautos, alle miteinander vernetzt, bilden dann das Speichersystem, das die Volatilität der Erneuerbaren auffängt. Das erinnert an den Spruch: »Wenn ich Speck hätte, könnte ich Speck mit Ei machen, wenn ich Eier hätte.« Allerdings tiefer gestaffelt und sehr viel komplizierter.

Aus Sicht des Autors spricht viel dafür, dass wir das Problem einer klimafreundlichen Mobilität nicht primär über Elektroautos lösen werden. Elektroautos werden auch in der Zukunft nur eine Komponente sein. Gasbetriebene Automobile, die es schon gibt und die einen sinnvollen Kompromiss in Richtung vieler Anliegen darstellen, übrigens auch. Klimaneutrale synthetische Kraftstoffe sind eine andere, wohl wichtigere Perspektive. Wir werden auch die Wärmeprobleme in den Häusern nicht überwiegend dadurch lösen, dass wir lauter Positiv-Energie-Häuser bauen. Viel realistischer ist es, dass wir uns auch hier in Richtung klimaneutraler synthetischer Kraftstoffe bewegen werden – wie es das Unternehmen AVIA heute schon mit Kompensation der Emissionen von Heizöl vormacht und dabei das Heizen der Kunden ohne Aufpreis klimaneutral stellt.

Wie klimafreundlich das Elektroauto wirklich ist, hängt nicht überraschend aufgrund des Gesagten entscheidend vom Strommix der jeweiligen Länder ab. Kurzfristig können Elektroautos zur Verhinderung des Klimawandels hierzulande nicht viel beitragen. Ein Model S von Tesla schneidet aufgrund verschiedener Analysen hierzulande zurzeit bezüglich CO_2-Ausstoß kaum besser ab als ein 3er-BMW mit Dieselmotor. Bei dem heutigen Energiemix stößt ein durchschnittliches Elektroauto unter realen Bedingungen 107 Gramm CO_2 pro Kilometer aus, in China liegt ein durchschnittliches Elektroauto im Flottenschnitt bei einem Ausstoß von 167 Gramm und ist damit sogar klimaschädlicher als ein sparsamer Verbrenner (142 Gramm). Selbst in den USA liegt ein durchschnittliches Elektroauto noch bei 122 Gramm CO_2 pro Kilometer.

Bei der Produktion schneidet das Elektroauto in puncto Klimaschutz besonders schlecht ab. Zuletzt schlug eine Studie hohe Wellen, die im Auftrag der Schwedischen Energieagentur erstellt wurde. Dort wurde aufgezeigt, dass die Produktion eines Elektroautos so viel CO_2 erzeugt, dass die Vorteile zum Verbrenner in einer Gesamtbilanz marginal seien. Allein bei der Produktion des Tesla Model S fallen 17,5 Tonnen CO_2 an. Der größte Teil entfällt dabei auf die Produktion der schweren Batterie, das Herzstück des Fahrzeugs. So viel stößt ein durchschnittlicher Verbrenner erst in acht Jahren Nutzung aus.

Konsequenterweise muss es für Länder wie Deutschland insbesondere auch darum gehen, den Verbrenner weiter zu optimieren (vgl. hierzu die Info-Boxen 4 und 5), statt radikal den elektrischen Wandel voranzutreiben. Der Diesel besitzt dabei eine zentrale Rolle, unter anderem, um den Flottenverbrauch gemäß EU-Vorgaben niedrig zu halten.

Kretschmann lobt Dieseltechnik[26]

Der grüne Ministerpräsident will Fahrverbote abwenden

Stuttgart. Baden-Württembergs Ministerpräsident Winfried Kretschmann (Grüne) geht in der Diesel-Debatte auf Konfrontation zu seinen Parteifreunden und

Umweltverbänden. Er sagte der *Süddeutschen Zeitung*, ihn stimme die Prioritätensetzung nachdenklich: »Eigentlich kämpfen wir Grünen doch gegen den Klimawandel, jetzt sind die Schadstoffe das große Thema.« Der Diesel werde als Übergangstechnologie weiterhin gebraucht, auch wenn das Verwaltungsgericht in Stuttgart das Verbot alter Modelle fordere. Politik müsse verschiedene Ziele abwägen, so dürfe man die Industrie nicht aus den Augen verlieren. »Wir werden die Schadstoffbelastung in den Griff bekommen, aber das geht nicht von heute auf morgen«, sagt Kretschmann. »Das ginge nur mit drastischen Verboten, und die hätten wirtschaftliche und soziale Verwerfungen zur Folge, die wir vermeiden wollen.«

Info-Box 4: Ministerpräsident Kretschmann zur Dieseltechnik

Robert Bosch, der Diesel und die Zukunft des Automobils

Glücklicherweise gibt es gute Ingenieure. Während auf der einen Seite im Hype-Rausch vieler Kommentatoren ganze Fahrzeugkategorien »verschwinden«, arbeiten andere Menschen an Lösungen. Wie im *Handelsblatt* Nr. 82, Wochenendausgabe 27./28./29. April 2018 berichtet wird (Autor Martin Buchenau), hat *Volkmar Denner,* Chef des weltgrößten Autozulieferers Bosch, im Umfeld der Bilanzpressekonferenz des Unternehmens in Stuttgart mitgeteilt, dass dem Unternehmen ein technischer Durchbruch gelungen ist: eine neue Diesel-Motorentechnik, die den Stickoxidausstoß drastisch (etwa um den Faktor 10) senkt. Dieser Durchbruch ist für Bosch wichtig, denn Bosch ist Weltmarktführer bei dieser Technologie. Sie ist einer der größten Umsatzträger und Gewinnbringer des Konzerns, der auch bei Elektromobilität und beim autonomen Fahren viel zu bieten hat. Für Bosch zählen Fakten und Naturgesetze und die wissenschaftliche Herangehensweise, nicht Panikkommunikation, Hype-Erzeugung und politisch korrekte Formeln von Nichtfachleuten zu Themen, von denen sie etwas zu verstehen glauben. Das zugesagte Ergebnis lautet: Der Stickoxidaustausch der neuen Lösung bleibt auch im Realbetrieb auf der Straße weit unter aktuellen und diskutierten zukünftigen Grenzwerten. Die Zusatzkosten für den neuen Diesel scheinen gering zu sein. Er eignet sich aber wohl nicht für Nachrüstungen. Deshalb wird die Einführung in den Markt in größerer Stückzahl einige Jahre benötigen.

Der Autor hofft, dass sich die Szene jetzt beruhigen wird. Mit synthetischen Kraftstoffen ist potenziell die Klimaneutralität dieses Programms erreichbar. Wichtig ist es für die Bürger Europas jetzt, sich nicht in neue, gesteigerte Formen der *Grenzwert-Panik* treiben zu lassen. Immer weitere Grenzwertverschärfungen sind kontraproduktiv. Die sozialen und ökologischen Folgen überzogener Grenzwertabsenkungen sind immer mitzubedenken. Mitzubedenken ist auch, dass es Akteure gibt, die ein Geschäftsmodell aus dauernden Abmahnungen gemacht haben. Für diese sind Grenzwertverschärfungen wie eine *Lizenz zum Gelddrucken* (vgl. die Hinweise zu *Abmahnungen als Geschäftsmodell* unter dem Titel »Kampfansage an den Diesel-Jäger«, *Handelsblatt,* 30.04.2018). Andere Akteure wollen gleich eine ganz andere Gesellschaft. Für sie sind dauernde Grenzwertverschärfungen der Weg, auf Nebenwegen zu erreichen, was in der Sache nicht zielführend und auch nicht mehrheitsfähig ist. An dieser Stelle gilt es, wachsam zu sein.

Info-Box 5: Robert Bosch, der Diesel und die Zukunft des Automobils

Es wäre insgesamt klug, die in der Summe geringen Gesundheitsrisiken durch Stickoxide und Rußpartikel von der Klimafrage klar zu trennen, zumindest dann, wenn man die Lösung der Weltklimafragen und den Erhalt unseres Wohlstands als wichtiger ansieht als Restrisiken im Gesundheitsbereich. Vor allem angesichts der aktuellen Verkaufszahlen: Noch nie wurden weltweit so viele Autos abgesetzt wie im Jahr 2017. Auch in Deutschland gibt es Rekordzahlen – trotz der Dieseldebatte und der Skandale um die Abgasmanipulationen.

3.8_DIE DEBATTE WIRD HEFTIG

◆◆◆   Mit der Zunahme der Probleme im Klimabereich werden auch die Debatten heftiger. Diskussionsbeiträge und vorgeschlagene Aktionen haben teilweise schon Panikcharakter und offenbar eine verschwörungstheoretische Dimension. Panik wird dabei von manchen mit Absicht geschürt. Anderen geht es um die Durchsetzung ihrer Innovationen über Regulierung und Politik. Das ist dann Teil eines eigenen Geschäftsmodells. Wie dargestellt, werden gerne Hypes erzeugt, aktuell um die Themen Digitalisierung, Blockchain-Technologie, Automatisierung des Fahrens und das Elektroauto. Probleme tauchen da gar nicht mehr auf. Die Diskussionen sind teilweise sehr unehrlich, so auch beim Diesel, wie bereits beschrieben. Klimafragen und Gesundheitsfragen überlagern sich. Gesundheitsprobleme unserer modernen Lebensweise werden fast hysterisch überhöht, obwohl die mittlere Lebenserwartung dauernd zunimmt. Grenzwerte sind teilweise völlig übertrieben – und inkonsistent über verschiedene Lebensbereiche. Das Klimathema verschwindet dabei aus der Betrachtung, ähnlich übrigens wie beim Atomausstieg und der Vermeidung von Fracking. Für die Deutschen ist irgendwie alles Klima: CO_2-Absenkungen, die Vermeidung von Kernenergie und Fracking ebenso wie das Verbot von Automobilen aus Gesundheitsgründen, wobei die Gesundheitsprobleme ihrerseits zum Problem aufgeblasen werden, etwa bei Feinstaub oder Stickoxiden, die übrigens in manchen Städten an Flüssen, Kanälen und der Küste zum Teil auch auf den Schiffsverkehr zurückgehen.

Natürlich gelten emotionale Aufladungen auch für Attribute wie »bio«, »regional«, »vegan« und »vegetarisch« – das ist alles grün und gut. Und natürlich rettet mehr Suffizienz die Welt. Man freut sich, dass wenigstens Winfried Kretschmann, der Ministerpräsident von Baden-Württemberg, noch differenzieren kann und klar Position bezieht. In einem Interview (vgl. Info-Box 4) sagte er, dass ihn die Prioritätensetzung nachdenklich stimme: »Eigentlich kämpfen wir Grünen doch gegen den Klimawandel, jetzt sind die Schadstoffe das große Thema.« Der Diesel werde als Übergangstechnologie weiterhin gebraucht, auch wenn das Verwaltungsgericht in Stuttgart das Verbot alter Modelle fordere. Politik müsse verschiedene Ziele abwägen, so dürfe man die Industrie nicht aus den Augen verlieren. »Wir werden die Schadstoffbelastung in den Griff bekommen, aber das geht nicht von heute auf morgen«, sagt er. »Das ginge nur mit drastischen Verboten, und die hätten wirtschaftliche und soziale Verwerfungen zur Folge, die wir vermeiden wollen.«[27]

Es ist deprimierend zu sehen, mit welcher Aggressivität teilweise auf die Energieversorgungsunternehmen losgegangen wird, die uns Jahrzehnte zuverlässig mit Strom versorgt haben und das auch weiterhin tun. Es war eine relativ preiswerte, sichere und stabile Versorgung, die von wenigen Erzeugerquellen in alle Haushalte ging. Und dieses System ist nach wie vor das Rückgrat unserer Energieversorgung. Solange CO_2-Emissionen nicht als großes Problem gesehen und erkannt wurden, war diese Lösung kaum zu toppen. Heute wollen und müssen wir anders operieren – wegen der CO_2-Problematik. Dazu soll aus Sicht mancher Vorschläge möglichst jeder ein Stromproduzent werden. Wir haben heute schon mit sehr großen Volatilitäten zu kämpfen. Wir sollen Netze zukünftig so auslegen, dass verschiedenste Akteure manchmal Strom einspeisen, manchmal Strom abnehmen, sogenannte »Prosumer«. Das macht die Stabilisierung der Netze extrem schwierig. Wir brauchen dazu viele Messpunkte und eine Digitalisierung des Netzes, man spricht dann vom »intelligent grid« oder vom »digital grid«. Dieses braucht man auch, wenn man auf Verfügbarkeit oder Nichtverfügbarkeit von sehr viel oder sehr wenig erneuerbarer Energie und entsprechende Preissignale mit einem entsprechenden Nachfrageverhalten reagieren will oder soll. Es ist klar, dass diese intelligente Aufrüstung der Netze sehr viel Geld kostet, nicht anders als die Stabilisierung der Netze bei hoher Volatilität. Denn die Erneuerbaren drängen ins Netz, lassen sich aber nicht steuern. Der Betreiber muss kontinuierlich in den Netzbetrieb eingreifen und immer wieder auf konventionelle Kraftwerke als Reserve zurückgreifen, um sein Netz stabil zu halten. Das kostet eine Menge Geld. Diese Kosten werden von den erneuerbaren Energien verursacht und dann über die Netze sozialisiert: Jeder Stromkunde zahlt mit.

Hinzu kommt, dass der beschriebene Weg der Digitalisierung der Stromversorgung neue und große Infrastrukturrisiken aufwirft. Die vielfältigen und potenziell dramatischen zivilisatorischen Konsequenzen eine großflächigen Zusammenbruchs der Stromversorgung sind gut beschrieben in dem Science-Thriller *BLACKOUT – Morgen ist es zu spät* von Marc Elsberg (Blanvalet Verlag, 2012).

Die neuen Risiken resultieren aus der digitalen Aufrüstung der Stromnetze und vieler damit zusammenhängender Komponenten, zum Beispiel Notversorgung bezüglich Strom und Wasser in wichtigen Infrastruktureinrichtungen, darunter auch Kernkraftwerke. Technische Erfordernisse beim

Ausbau der erneuerbaren Energie, insbesondere die Digitalisierung, werfen hier neue Probleme auf.

Das alles ist nur ein Teil der Gegenrechnung, die man ehrlicherweise aufmachen sollte. Wenn die Sonne mal längerfristig nicht scheint und der Wind nicht genügend stark weht, müssen Kraftwerke angefahren werden, die die Bundesnetzagentur für solche Fälle in Reserve genommen hat. Die Kosten dafür sind immens. Sie werden aber nicht von den Betreibern von Windrädern oder Fotovoltaikanlagen getragen. Und diejenigen, die die Reserven für den Ernstfall vorhalten, werden auf der Preisseite gedrückt. Die Betreiber der Reservekraftwerke wollen deshalb zunehmend aus diesem Reservegeschäft aussteigen. Die Regulierungsbehörde zögert allerdings mit Genehmigungen, denn die Risiken nehmen ständig zu. Die Kosten für die Netzentgelte steigen daher weiter und landen schließlich beim Bürger, dem Endkunden. Letztlich entsteht dabei auch aus einem einfachen System ein System sehr viel höherer Komplexität, das natürlich auch viel mehr kann. Das alles muss aber auch bezahlt werden. Unter »total cost of ownership« sind die Kosten Verursachern zuzuordnen, genauso wie das Treffen von Vorsorge für den Fall, dass die Erneuerbaren temporär viel zu wenig Energie bereitzustellen in der Lage sind. Warum ist hier unbedingt Vorsorge zu treffen? Gibt es zu viel Strom aus erneuerbaren Quellen, droht eine Instabilität des Netzes. Der Strom muss weg. Abnehmer im Ausland werden dafür bezahlt, dass sie den überschüssigen Strom abnehmen, etwa mit 1,20 Euro pro Megawattstunde. Das ist in den ersten Wochen in 2018 bereits fünfmal passiert, in 2017 gab es sogenannte Negativpreise an der Energiebörse EEX an 24 Tagen.[28]

Die Frage ist also, wer diese »total cost of ownership« übernimmt. Die Erneuerbaren wollen sich das nicht anrechnen lassen, obwohl die Handlungsnotwendigkeiten aus dem Charakter der erneuerbaren Energien, vor allem aus ihrer hohen Volatilität, resultieren. Sie fordern eine rasche Digitalisierung der Netze – zahlen sollen aber andere. Ähnlich könnte man an anderer Stelle auch argumentieren, wenn es um die Gesamtkosten der Atomenergie geht, wo die Kosten für Versicherung und Endlagerung ebenfalls nicht (oder nur in

Teilen) beim »owner« liegen. Eine ehrliche Rechnung bei den Erneuerbaren muss die notwendigen Verfügbarmachungskosten mit in Betracht ziehen, und die sind dann eben bei den Erneuerbaren doch sehr viel höher als bei den klassischen Kraftwerken und den bisherigen einfachen Netzlösungen. Und das gilt erst recht, wenn das geliefert werden soll, was die Bürger vor allem wollen: Strom dann, wenn die Menschen ihn brauchen, egal ob die Sonne scheint oder der Wind weht. In diesem Fall zucken die Erneuerbaren die Schulter. Jetzt müssen andere ran, denen Lieferungen untersagt sind, wenn die Erneuerbaren liefern können. Das sind unbefriedigende Verhältnisse, weil sich die anderen aus der Restzeit nicht finanzieren können, weshalb wir nicht mehr in neue Gaskraftwerke investieren, sondern alte, abgeschriebene Kohlekraftwerke laufen lassen. Die Betreiber wollen, wie oben schon erwähnt, zunehmend aus den alten Anlagen heraus und diese stilllegen. Es rechnet sich nicht. Mittelfristig ist deshalb die Stabilität des Netzes bedroht, wenn einmal mehrere ungünstige Umstände zusammentreffen sollten. Man kann nur hoffen, dass der technische Fortschritt hier bald Abhilfe schafft.

Schauen wir zum Schluss einmal auf die Kosten. Klaus Stratmann schreibt: »In Deutschland trägt jede einzelne Kilowattstunde Strom eine schwere Last: Die Umlage nach dem Erneuerbare-Energien-Gesetz (EEG), die Konzessionsabgabe, die KWK-Umlage, die Offshore-Haftungsumlage, die Stromsteuer, die Umlage für abschaltbare Lasten und natürlich die Mehrwertsteuer summieren sich zu einem Betrag, der die reinen Herstellungskosten um ein Vielfaches übersteigt. Für eine Kilowattstunde Strom, deren Produktion im Kraftwerk vielleicht drei Cent kostet, zahlt ein privater Stromverbraucher samt allen staatlich induzierten Lasten am Ende 30 Cent, Tendenz seit Jahren deutlich steigend.«[29] All die Steuern, Abgaben und Umlagen addieren sich für Unternehmen und private Verbraucher zu Milliardensummen. Allein bei der EEG-Umlage sind es Jahr für Jahr deutlich mehr als 20 Milliarden Euro. Die Netzentgelte sind mittlerweile ein Kostenfaktor in ähnlicher Größenordnung geworden. Sie wachsen derzeit stärker als die EEG-Umlage. Entgegen einer weit verbreiteten Mär profitiert bei den größten Posten – der EEG-Umlage und den Netzentgelten – ja nur ein Bruchteil der Unternehmen von Ausnahmeregeln. Der allergrößte Teil der Unternehmen wird bei sämtlichen Umlagen, Steuern und Abgaben auf den Strom voll zur Kasse gebeten und zahlt Strompreise, die Konkurrenten in unseren Nachbarländern Tschechien oder Frankreich selbst in Albträumen noch nie untergekommen sind. Auch die Belastungen für private Stromverbraucher sind immens geworden. Sie treffen übrigens sozial Schwache überproportional. Hier ist versäumt worden, die eingangs sinnvolle finanzielle Unterstützung der Erneuerbaren über das EEG zur Technologieförderung in der Folge so zu gestalten, dass negative Effekte vermieden werden.

Die Diskussionen im Klimabereich gewinnen angesichts der vielen ungelösten Probleme und der ständig steigenden Kosten für die Endverbraucher dramatisch an Schärfe. Da sieht mancher Autor plötzlich die alten Energieindustrien als ein »Imperium, das zurückschlägt«, und es wird thematisiert, dass wir die Energiewende jetzt verteidigen müssen. Das klingt nach *Star Wars* und nach Krieg. Auch politisch sind kriegerische Verwicklungen ebenso möglich wie Kooperation. Nachvollziehbar sind große Verwerfungen, wenn es den Staaten unmöglich werden sollte, die eigenen Bürger zu ernähren, den bisherigen Wohlstand zu erhalten, Hoffnungen und Pläne auf mehr Wohlstand umzusetzen. Die Schuldfrage wird sich stellen. Wer ist schuld am Klimawandel? Man wird auf die Industrieländer zeigen und dabei vergessen, dass es diese Länder waren, die die Erfindungen hervorgebracht haben, die die ganze Welt heute haben will. Klar ist auch, dass die Übernahme unseres Wohlstandsmodells durch China und andere jetzt die Probleme herbeiführt, die wir haben. Das ist der Fall, auch wenn dies unter ethischen Aspekten kein Argument für die Beibehaltung des früheren Status quo gewesen wäre, mit Hunderten Millionen armen Menschen, ganz abgesehen davon, dass die sich entwickelnden Länder so oder so ihre wirtschaftlichen Wachstumsinteressen verfolgt haben und weiter verfolgen werden.

Man kann in dieser Situation sehr unterschiedlich reagieren. Die Wochenzeitung *Die Zeit* stellte die Frage, ob wir in Zukunft mit unseren Autos noch fahren dürfen.[30] Es wird meist nicht diskutiert, dass es für unseren Wohlstand eine Katastrophe bedeuten würde, wenn wir nicht mehr Auto fahren dürften, und es wird auch nicht diskutiert, dass die Bürger es wahrscheinlich nicht hinnehmen werden, dass man ihnen die Nutzung ihrer Automobile untersagt. Gegebenenfalls werden sie dann andere (neue) Parteien wählen, die diesen Ärger für sich nutzen werden. In diesem Umfeld arbeiten viele mit jeweils eigenen Methoden an der Verfolgung ihrer jeweils eigenen Interessen. So auch die Deutsche Umwelthilfe (DUH) unter ökologisch klangvollem Namen mit dauernden Abmahnungen und Klagen vor Gericht als eine Organisation, die damit ganz offensichtlich ein lukratives Geschäftsmodell zum Abkassieren bei Unternehmen entwickelt hat. Darunter leiden viele Unternehmen, im Besonderen auch im Mittelstand. Im Gegenzug plant die Große Koalition bei der jetzt diskutierten Musterfeststellungsklage, dass nur Organisationen mit einer genügend großen Zahl stimmberechtigter Mitglieder klageberechtigt sein sollen. Auch sollen diese Einrichtungen nicht mehr als 5 Prozent der finanziellen Mittel durch Abmahngebühren beziehen. So soll verhindert werden, dass große Kanzleien oder Verbände mit Abmahnungen ein Geschäftsmodell entwickeln.

Wo wird uns das hinführen? Heute wird oft unterstellt, dass die Menschen alles akzeptieren werden, was sich die Politik einfallen lässt. Dabei wird gerne vergessen, dass Menschen in China für ihren Wohlstand noch massiv mehr Umweltverschmutzung als jetzt bei uns in Form von Luftbelastungen hinnehmen und hinnehmen werden und wir das übrigens vor 40 Jahren auch getan haben.

Interessant ist, welche Schlüsse Mark Carney, Gouverneur der englischen Zentralbank »Bank of England« und Vorsitzender des »Financial Stability Board« der G20, das nach der verheerenden Weltfinanzkatastrophe von 2008 ins Leben gerufen wurde, aus alldem zieht: Er thematisiert das Finanzrisiko des Klimawandels. Für ihn heißt die Frage: Was kommt auf Anleger zu, wenn bei sich andeutender Katastrophe plötzlich die Politik in vielleicht schon hysterischer Weise mit Geboten und Verboten aktiv wird, die möglicherweise verheerende Konsequenzen für Unternehmen nach sich ziehen werden? In einem Interview forderte er daher im Namen des »Financial Stability Board« der G20, dass Konzerne ihre Klimabilanz ebenso wie ihre Finanzen offenlegen.[31] Die Finanzrisiken durch den weltweiten Klimawandel sind aus seiner Sicht enorm: Extreme Wetterphänomene, nicht nutzbare Öl- und Gasreserven, verödete Landstriche sind die Themen. Jede dieser Herausforderungen hat potenziell Konsequenzen für die Finanzmärkte. Fast schon tragisch: Von den am meisten betroffenen armen Ländern werden heute bei Kreditvergaben zusätzliche Zinsleistungen zur Abdeckung dieser Risiken verlangt.

Anders an den Märkten im Allgemeinen. Hier werden die drohenden Gefahren aus Sicht des »Financial Stability Board« bisher noch nicht genügend berücksichtigt, weshalb Experten die Aktien von Versicherern, Rohstoffkonzernen und Banken für überbewertet halten. Sorgen macht auch die Stabilität der Finanzmärkte, sollten die Anleger auf die bisher verborgenen Risiken plötzlich reagieren. Damit es nicht zu einer Erschütterung kommt, hat eine Arbeitsgruppe des »Financial Stability Board« Vorschläge vorgelegt, die dazu beitragen sollen, die Risiken durch den Klimawandel besser einzuschätzen. Denn der Klimawandel bedroht nicht nur die Umwelt, er bedroht eben auch die Stabilität der Finanzsysteme. Mehr Transparenz ist deshalb erforderlich. Firmen sollen klimabezogene Geschäftsrisiken offenlegen. Die Idee geht in Richtung von Risikoanalysen, die in den Geschäftsberichten veröffentlicht werden sollen. Die Konzerne sollen im Sinne von Stresstests untersuchen, welche Auswirkungen härtere Umweltauflagen oder Wetterkatastrophen auf ihre Gewinne hätten, und auch deutlich machen, wie sie diese Risiken messen. Jede tragfähige Analyse muss insbesondere die Wohlstandserwartungen der Menschen in Betracht ziehen und sich außerdem mit der Frage beschäftigen, was wir denn an Energie noch brauchen werden, um unseren Wohlstand zu halten und Wohlstandserwartungen zu erfüllen, und was das beispielsweise für die Rolle der erneuerbaren Energieträger und der fossilen Energieträger bedeutet.

TEIL 4

VÖLLIG UNTERSCHÄTZT: CO_2-KOMPENSATION UND KLIMANEUTRALITÄT

Im Klimabereich, wie in vielen Politikfeldern, sind Denkrahmen – sogenannte »Frames« – etabliert, die sich in der Sache häufig als inadäquat erweisen, weil sie einen Großteil der Lösungen vorgeben, mögliche Alternativen aber ausschließen. Falsche »Frames« bedrohen heute unsere Zukunftsfähigkeit. Das muss dringend geändert werden. In diesem Kapitel geht es dabei um die Ansätze, die aus Sicht des Buches große Chancen eröffnen: die Mobilisierung des Privatsektors, die Eigeninteressen der »Top Emitters«, die Bedeutung von Negativemissionen, die Konzentration auf Co-Benefits von Klimaschutz-maßnahmen und endlich ein weltweiter Fokus – so ist das Zwei-Grad-Ziel vielleicht noch erreichbar.

Um zum Beispiel Klimaneutralität zu erreichen, soll also die dominierende nationale Betrachtungsweise zugunsten einer internationalen Perspektive weiterentwickelt werden. Optionen wie Negativemissionen sollen stärker öf-fentlich diskutiert werden. Der wohlhabende Privatsektor soll motiviert wer-den, wesentlich zur Lösung der Klimaprobleme beizutragen. Hierzu gibt es zum Beispiel verschiedene Möglichkeiten im Bereich internationaler Kompen-sationsprojekte: die Finanzierung von CO_2-Reduktionen in sich entwickelnden Staaten, die Stilllegung von CO_2-Zertifikaten aus »Cap and Trade«-Systemen, die Finanzierung von CO_2-Vermeidungen; Aufforstung, Humusbildung und Renaturierung von Feuchtbiotopen und schließlich das Aufbringen von Be-zahlung dafür, dass Staaten oder Unternehmen fossile Energieträger nicht fördern.

Klimaneutralität beziehungsweise Klimapositivität ist hierbei kein ge-setzlich geschützter Begriff. Im Kern geht es um den Nachweis, dass man als einzelne Person oder Organisation die Menge der bewirkten Klimagasbelas-tungen in der Atmosphäre bilanziell bei »null« hält, besser sogar verringert. Basis der Berechnung ist der »Carbon Footprint«, der Teil des allgemeinen »ökologischen Fußabdrucks« der Menschheit und auch jedes Individuums ist. Dabei macht inzwischen der Carbon-Anteil – je nach methodischem Zu-gang – etwa die Hälfte unseres Fußabdrucks aus und setzt sich aus direkt und indirekt verursachten Treibhausgasemissionen zusammen. Schwierig ist der Umgang mit Emissionen, die sich niemandem eindeutig zuweisen lassen, wie etwa der Straßenbau eines Landes. Hier sollte erwogen werden, die Emissionen auf die gesamte Bevölkerung umzulegen. Für Unternehmen werden Emissionen in drei »Scope«-Bereichen (1–3) kategorisiert und analysiert – trotzdem bleibt die Frage, inwieweit Unternehmen Einfluss auf den Gesamtumfang von CO_2-Emissionen haben und diese plausibel individuell zugerechnet werden können. Ausgehend von der Theorie der Märkte ist nämlich klar, dass die Nachfrage nach Produkten und Dienstleistungen von Individuen ausgeht und die Emissionen folgerichtig diesen zugeordnet werden sollten. Die Politik behandelt die Verursacherfrage beim Klima momentan allerdings anders.

Um Emissionen abzusenken, sollten Akteure (Unternehmen, Organisationen, Privatpersonen etc.) bei sich zu Hause beginnen und dem »Pareto-Prinzip« folgen, wonach mit 20 Prozent der Kosten hoffentlich 80 Prozent der gewünschten Effekte erreicht werden können. Sobald weitere Ergebnisse nur sehr teuer zu erreichen sind, ist die – internationale – Kompensation die bessere Lösung. Hierbei kann man international als Project-Owner aktiv werden – und damit potenziell viel Geld verdienen –, oder man könnte Zertifikate stilllegen (Off-Setting). Dabei sollte man Zertifikate mit hohen Standards verwenden, zum Beispiel den »Gold Standard«, der sich insbesondere auf Projekte fokussiert, die bezüglich der Agenda 2030 große Co-Benefits erzeugen, also vielfach positive Wirkungen besitzen.

Der internationale freiwillige Zertifikatemarkt wächst kontinuierlich, die Nachfrage nach Kompensationen für Flugreisen und nach klimaneutral hergestellten Produkten oder Dienstleistungen wächst ebenso wie die Zahl der Anbieter von Kompensationsdienstleistungen. Trotzdem ist der Markt noch überschaubar und liegt weltweit bei etwa 50 Millionen Tonnen CO_2-Äquivalenten pro Jahr. Allein für die Realisierung des Milliarden-Jokers wäre eine Erweiterung um den Faktor 15 bis 20 erforderlich.

4.1_WIE MAN KLIMANEUTRALITÄT DEFINIERT

◆◆◆ Ausgangspunkt für die Beurteilung von Klimawirkungen ist zunächst der sogenannte Carbon-Fußabdruck, gemessen in Tonnen CO_2 pro Jahr. Generelles Ziel ist die Absenkung dieses Fußabdrucks. Parallel dazu kann man CO_2-Emissionen an anderer Stelle absenken (zum Beispiel über Finanzierung von Maßnahmen) oder CO_2 aus der Atmosphäre holen (zum Beispiel über Aufforstung). Bilanziell kann man sich so verbessern und sogar Klimapositivität erreichen. Das heißt, dass in der Summe das eigene Tun und Handeln dazu führt, dass weniger CO_2 in der Atmosphäre ist als da wäre, wenn man selber nicht existieren würde.

Bei Klimaneutralität geht es darum, bilanziell keine Klimabelastungen zu erzeugen. Bilanziell erlaubt, wie dargestellt, dass man an einer Stelle verursachte Emissionen an anderer Stelle kompensieren kann. Entweder man holt CO_2 aus der Atmosphäre heraus, was man als Negativemissionen bezeichnet. Oder man verhindert CO_2-Emissionen an anderer Stelle, die sonst stattgefunden hätten. Eigenen Emissionen, die bei unserem modernen Lebensstil teilweise unvermeidbar sind, steht dann in der Summe ein mindestens so hohes Volumen an Verhinderung sonst stattgefundener Emissionen an anderer Stelle oder aber die Entfernung erfolgter Emissionen aus der Atmosphäre gegenüber.

Klimaneutralität ist kein gesetzlich geschützter Begriff. Oft wird Klimaneutralität in Publikationen über die drei Begriffe »vermeiden«, »reduzieren« und »kompensieren« beschrieben. Das definiert aber nicht Klimaneutralität selbst, sondern Maßnahmen, um Klimaneutralität zu erreichen. Vernünftigerweise sollte jeder, der behauptet, er sei klimaneutral, eine brauchbare Argumentation vorweisen können, warum er meint, dass er die Klassifikation »klimaneutral« für sich in Anspruch nehmen kann. Wegen der Vielfältigkeit der Sachverhalte sollte man in der Kommunikation zu diesem Thema so präzise wie möglich mitteilen, was genau man mit Klimaneutralität meint, um keine falschen Vorstellungen und Erwartungen bei anderen zu erzeugen. Da man bei der Fixierung der eigenen Verantwortung für Klimagase unterschiedlich vorgehen kann, sollte das jeweils zugrunde gelegte Neutralisierungskonzept klar kommuniziert werden. Die Aussage wäre dann: »Ich bin klimaneutral gemäß Klimaneutralisierungskonzept xxx. Dieses Konzept ist in xxx niedergelegt.« Für solche Konzepte kann es unterschiedliche Ausprägungen geben. Die möglichen Festlegungen sind nicht zwingend, allenfalls unterschiedlich plausibel. Daher sollte man bei der Verwendung des Begriffs Klimaneutralität den Bezug zu dem jeweils zugrunde liegenden Konzept herstellen, sodass Dritte sich informieren können, was im konkreten Fall unter dem Begriff der Klimaneutralität (oder sogar Klimapositivität) zu verstehen ist. Die folgenden Überlegungen entwickeln für eine solche Konzeptentwicklung einen Denkrahmen.

Für Klimaneutralität stellt sich die Frage nach der Logik, die man zugrunde legen soll. Macht die individuelle Zurechnung von Klimagasemissionen überhaupt Sinn? Kann zum Beispiel jemand behaupten, er sei bei elektrischem Strom auf der sicheren Seite, wenn er »grünen« Strom kauft, aber in einem Umfeld lebt, das einen Strommix hat, bei dem grüner Strom eben nur ein Teil des genutzten Stroms ist? Kann Strom in Deutschland »grün« sein, wenn es sich deklarationsgemäß um Strom aus schon lange existierenden Wasserkraftwerken in Norwegen handelt, der physisch nie nach Deutschland kommt, aber buchhalterisch hier verrechnet wird? Die Frage ist, wie weit man sich individuell aus einem Umfeld heraushalten kann, von dem man ein Teil ist. Das gilt für alle Lebenszusammenhänge, für jede Art von Konsum, aber auch für jede Art eigener Wertschöpfung. Dies ist generell ein schwieriges Thema, und man kann dazu sehr unterschiedliche Standpunkte vertreten. Man kann des Weiteren die Themen insbesondere aus Sicht von Unternehmen, Organisationen und Gebietskörperschaften sehen, aber auch aus Sicht der Individuen. Klar ist Folgendes: Wenn alle Unternehmen ihre Klimagasemissionen auf irgendeine Weise kompensieren und neutralisieren würden und wenn alle Menschen die ihnen zuzuordnenden Klimagasemissionen kompensieren und neutralisieren würden und wenn alle Gebietskörperschaften und Kommunen dasselbe tun würden, dann würde man Emissionen zwei- bis dreimal stilllegen. Das ist dann eigentlich zu viel des Guten.

Andererseits sind wir noch weit von einer Situation entfernt, in der Neutralisierung flächendeckend passiert – in nationaler und erst recht in weltweiter Betrachtung. Deshalb ist die im Folgenden gewählte Argumentation plausibel. Sie versucht vor allem diejenigen Personen zu erreichen, die über ein hohes Einkommen und Vermögen verfügen, Einfluss auf viele Prozesse, Unternehmen und Organisationen haben und in der Regel auch viele eigene Emissionen erzeugen. Wenn sich diese Personen und die Umfelder, in denen sie aktiv sind, in den Prozess der freiwilligen Klimaneutralität einbringen, dann ist das ein vernünftiger Ansatz, gerade jetzt nach Paris, wobei das dann doch noch der eher kleine Teil der Akteure und Aktivitäten ist – Pioniere in der Sache. Dann ist es durchaus auch hilfreich, wenn an mancher Stelle zwei- oder dreimal kompensiert wird. Denn das sind alles Aktivitäten, die in die richtige Richtung wirken, also nicht nur dem Klimaschutz dienen, sondern – insbesondere bei internationaler Kompensation auf Basis »verlorener« Finanzierungsbeiträge – oft auch Co-Benefits haben, etwa durch die Beförderung der Umsetzung der »Sustainable Development Goals« in ärmeren Ländern. Aus Sicht der leistungsstarken Akteure kommt hinzu: Sie können für sich den Status »klimaneutral« erreichen, und sie sichern sich so die Chance, ihren teilweise sehr aufwendigen, manchmal luxuriösen Lebensstil zu erhalten. Des Weiteren schützen sie so ihr Eigentum vor potenziell sehr hohen Wertverlusten. Denn wenn der Klimawandel sich mit all seinen hässlichen Folgen weiter verschärfen sollte, sind rigorose gesellschaftliche Reaktionen, inklusive Eingriffe in Lebensstile, zu erwarten. Und natürlich werden viele Eigentumswerte vernichtet werden.

Entscheidet man sich für die beschriebene Philosophie, dann wird man überlegen, was der Einzelne und was Unternehmen, Gebietskörperschaften und andere im Bereich der Kompensation tun müssen und können und ab welchem Niveau von Beiträgen sie sich als klimaneutral bezeichnen dürfen. Hier versucht man dann in den meisten Zugängen zum Thema, den individuellen Entscheidungsspielraum der Akteure auch als Hebel und »Incentive« oder Anreiz zu nutzen, um den Umfang an verursachten Emissionen weiter abzusenken. Die Frage ist also, wem welche Klimagasemissionen wie zugeordnet werden sollen.

Der gewählte Ansatz ist geprägt durch die Idee des CO_2-Fußabdrucks, die wiederum aus der Welt des ökologischen Fußabdrucks stammt [101]. Er berechnet buchhalterisch die Fläche, die wir brauchen würden, um all unseren Konsum biologisch neutral zu realisieren. Dies beinhaltet auch das vollständige Binden der erzeugten Klimagase in Bäumen oder Pflanzen. Da dies sehr viele Flächen erfordern würde, hat die Menschheit heute einen weltweiten Fußabdruck von 1,5 Erden. Davon betrifft etwa 0,7 Erde die Bindung der Klimagase oder die Flächenseite des Carbon Footprint. Dies gelingt nur sehr unvollständig und hat dann die Klimaerwärmung zur Folge. Übrigens: Hätten wir das Klimathema gelöst, wäre unser Fußabdruck noch deutlich unter 1, die Situation wäre also noch gut beherrschbar.

4.2_FRAMING ALS METHODE, ALS GEFAHR UND ALS CHANCE

◆◆◆ Framing ist ein zentrales Thema, wenn es um die gesellschaftliche Diskussion von Themen geht. Es macht einen großen Unterschied, ob man von »Global Warming« oder »Climate Change« spricht oder von »Erbschaftsteuer« oder alternativ von »Death Tax«. Lakoff diskutiert solche Fragen in der Tiefe [55], interessant sind auch die Beobachtungen von Grzega [33].

Im Klimasektor haben sich die Politik und die meisten NGOs entschieden, die Klimafragen von den Unternehmen her anzugehen, nicht von den Menschen, für die als Konsumenten das alles stattfindet. Aber man wollte lieber Druck auf große Unternehmen ausüben, als sich mit den Konsumenten und Wählern auseinanderzusetzen. Es ist auch seltsam, bei einem internationalen Thema wie CO_2-Emissionen und Klima eine Verantwortung nach Staatsterritorien zuzuordnen und Export-Import-Beziehungen und deren Klimaeffekte auszuklammern. Außerdem wurde eine »End of the Pipe«-Strategie gewählt, also bei den Emissionen angesetzt, nicht bei den fossilen Energieträgern, deren Verbrennung die Emissionen zur Folge hat. Besser hätte man mit Blick auf die Dekarbonisierung auf der ersten Handelsstufe fossiler Energieträger ansetzen sollen, also da, wo Kohle, Gas und Öl aus der Erde gebracht werden. An dieses Thema wollte aber in der Politik niemand ran – es geht dabei ja um nationale Souveränitätsrechte von teilweise sehr mächtigen Staaten. Es gibt eben viele Arten, die Verantwortung für Klimagasemissionen zu adressieren. Besonders wesentlich ist der Unterschied zwischen Menschen und Unternehmen.

Wie bereits dargestellt, sind die Menschen in ihrer Rolle als Konsumenten die eigentlichen Verursacher des Ganzen, denn für sie finden die wirtschaftlichen und gesellschaftlichen Aktivitäten statt, auch die der Unternehmen – beispielsweise die Bereitstellung von Strom aus fossilen Quellen aus Kraftwerken. Zu klären sind deshalb eigentlich die induzierten Emissionen Einzelner in weltweiter Perspektive. Aus vielen Gründen hat sich die internationale Politik für andere Zugänge entschieden, etwa für den nationalen Fokus. Dies erschwert ein sinnvolles Vorgehen in der Klimafrage erheblich. Hieraus resultiert die weitgehend kontraproduktive Konzentration der Politik und der Bürger auf Maßnahmen vor Ort, egal wie schlecht das Kosten-Nutzen-Verhältnis ist. Dies gilt jetzt auch wieder für die Konzentration von Umweltschützern und Aktivisten auf die Politik in Richtung weiterer vorgeschlagener Verschärfungen der Zusagen von Paris. Offenbar ist den handelnden Personen nicht erkenntlich, dass die Politik wahrscheinlich nicht liefern kann, und zwar aus prinzipiellen Gründen. Ferner resultiert hieraus auch die weltweit immer wieder zu beobachtende Ausklammerung der sozialen Nöte in den ärmeren Ländern, die von Seiten der reichen Länder und den dortigen NGOs und Aktivisten meist nicht adressiert werden. Das hat zusätzlich den Vorteil, dass die dortigen Pro-Kopf-Emissionen allein schon wegen der fortbestehenden Armut vergleichsweise niedriger bleiben. Über diesen »Windfall-Profit« für die reichen Länder und ihre Bürger will aber niemand reden.

Wie sind wir als Forschungsinstitut für anwendungsorientierte Wissensverarbeitung/n (FAW/n) bei solchen Fragen vorgegangen? Unsere Herangehensweise war und ist geprägt von der Frage, auf welche Art von Lösung sich viele staatliche Akteure mit sehr unterschiedlichen Vorstellungen und Gegebenheiten aus einer spieltheoretischen Perspektive verständigen können. Es geht dabei insbesondere um das »Framing« von Handlungsalternativen. Falsches »Framing« ist häufig Ausdruck bestimmter Interessen: Zuständige wollen, dass ein Problem in einer bestimmten Weise betrachtet wird und alternative Sichten und Lösungsoptionen auf diese Weise vom Diskurs ausgegrenzt werden. Daneben gibt es falsches »Framing« als Folge begrenzter Fantasie und ungenügendem Wissen. Die jeweiligen Akteure können sich dann schlicht keine Alternative zu ihrer Sicht vorstellen. Arbeitet man im falschen »Frame«, erzeugt das oft Blindleistung. Vielen Akteuren ist das aber egal, Hauptsache, die eigenen Interessen werden durchgesetzt.

In der Regel wird unter einem Vorstellungsrahmen operiert, der von vornherein unrealistisch ist. Man kann dann unbegrenzt Einzelfragen untersuchen, natürlich auch wissenschaftliche, die alle in Bezug auf das Framing Sinn machen, nur lässt sich das jeweilige Framing unter realpolitischen Bedingungen nicht durchsetzen. Die jeweiligen Untersuchungen können dann interessante theoretische Erörterungen darstellen. Lebenspraktisch leisten sie keinen Beitrag. Für uns am FAW/n war deshalb immer klar: Wir wollten uns an solchen Arbeiten nicht beteiligen. Vielmehr wollten wir analysieren und möglichst verstehen, was spieltheoretisch in der heutigen Welt real möglich ist. Dazu müssen wir auf politisch oder gesellschaftlich gesetzte Parameter reagieren, um vielleicht einen erfolgversprechenden Hebel zu finden. In diesem Sinne haben wir die Weltklimakonferenz in Kopenhagen als das Setzen einer fundamentalen Entscheidung verstanden, als das Zerschlagen eines gordischen Knotens, als die Durchsetzung eines neuen Frames in der Klimathematik: nämlich weg von einer Lösung, die Beiträge der einzelnen Staaten von einem erforderlichen Cap für die weltweiten Emissionen her ableitet, und stattdessen hin zu einer Lösung, in der Staaten freiwillige Versprechen machen. Damit ist dann zu erwarten und in der Sache unvermeidbar, dass so das Zwei-Grad-Ziel eher nicht erreicht werden wird, es sei denn, es fällt uns zusätzlich noch etwas ganz Neues ein.

Wir haben dann sofort auf diesen neuen Frame reagiert, und zwar mit einem eigenen Entwurf für ein tragfähiges Klimaregime. Hierzu musste ein handlungsfähiger neuer Akteur ins Spiel gebracht werden. Aus unserer Sicht ist das der Privatsektor, vor allem das Premiumsegment des Privatsektors, und zwar im Kontext von freiwilliger Klimaneutralität und internationalen Kompensationsinstrumenten auf Basis »verlorener« Finanzierungsbeiträge und entsprechender Projekte vor Ort. Die folgenden drei Beispiele zu weltweiten Zukunftsfragen, die direkt oder indirekt mit dem Klima zu tun haben, erläutern unsere Philosophie am FAW/n zum Thema Framing.

1. Globales »Cap and Trade«-System

Für viele Jahre war eine zentrale Frage im Klimabereich die Etablierung eines globalen »Cap and Trade«-Systems zur Lösung des Klimaproblems in der Nachfolge des Rio-Vertrags 1992. Ein wichtiges Framing-Thema war dabei schon vor der eigentlichen Frage die Betrachtung des Klimaproblems aus Sicht der Staaten. Man hätte das Thema alternativ von den Individuen her behandeln können. Ist man einmal bei den Staaten, drängt sich eine zu beachtende strukturelle Differenz in den Vordergrund, nämlich die zwischen den Industrie- und den Nichtindustrieländern. Nach 1992 waren hohe Emissionen im Wesentlichen nur in den Industrieländern zu finden, die auch die historische Verantwortung für die zunehmende Belastung der Atmosphäre mit Klimagasen hatten. Der Gesamtumfang an Emissionen war noch überschaubar, die

Anpassungszwänge waren es auch. Die reichen Länder argumentierten für ein »Cap and Trade«-System, es sollte aber nicht viel kosten. Das war der prinzipielle Fehler im Framing, vor allem auch mit Blick auf den Umstand, dass jedes weitere Warten die Kosten nur weiter nach oben treiben würde.

Ein »Cap and Trade«-System wäre wahrscheinlich möglich gewesen, wenn man sich am »Montrealer Protokoll« orientiert hätte. Das hätte bedeutet, dass man die sich entwickelnden Länder dafür gewinnt, ihre CO_2-Emissionen trotz weiterem Wohlstandsaufbau nicht mehr wesentlich zu erhöhen, man aber in der reichen Welt im Gegenzug bereit gewesen wäre, die daraus resultierenden Mehrkosten zu tragen, vor allem im Übergang zu erneuerbaren Energien. Alternativ und als Minimum hätte man Klimagerechtigkeit in dem Sinne anbieten müssen, dass in weltweiter Betrachtung jeder Mensch dieselben CO_2-Emissionsrechte bekommt, dass man ein jährliches Cap fixiert und dass man dieses kontinuierlich absenkt, und zwar so, dass dies mit dem Zwei-Grad-Ziel kompatibel ist. Man hätte daraus eine jährliche Zuordnung von Rechten zu Staaten abgeleitet und dabei auch die jeweils wachsenden Bevölkerungsgrößen in die Zuteilungslogik einbezogen. Der große Teil der Emissionsrechte hätte damit bei den sich entwickelnden Ländern gelegen. Und der Anteil wäre wegen der Bevölkerungsentwicklung auch noch dauernd gewachsen. Die Industrieländer hätten deshalb in großem Umfang Emissionsrechte in den Ländern des Südens kaufen müssen, die Nichtindustrieländer hätten viele Rechte verkaufen und damit hohe Geldzuflüsse zu sich generieren können.

Um diese Konstruktion herum hätte man vielleicht ein Abkommen erreichen können. Aber die reichen Länder waren nicht bereit, sich darauf einzulassen, allen voran die USA lehnten diesen Gedanken vehement ab. Es begann dann ein jahrelanges kleinliches Schachern um einen anderen Vertrag, der für die Industrieländer deutlich billiger sein sollte. Das war aber von vornherein aussichtslos aus den beschriebenen Gründen: Blindleistung. Seit Kopenhagen wird nun ein anderer Frame zugrunde gelegt. Dieser hat nicht mehr das Ziel, über den Vertrag das Zwei-Grad-Ziel verbindlich durchzusetzen. Der Ansatz ist deutlich bescheidener, damit für die Industriestaaten deutlich preiswerter. Die Transferkosten sind über den beschlossenen Klimafinanz-ausgleich auf zunächst 100 Milliarden US-Dollar pro Jahr gedeckelt – wobei noch unklar ist, wie die Mittel aufgebracht werden sollen. Insgesamt konnte so ein Vertrag erreicht werden. Dieser Vertrag löst nun allerdings das Problem der Erreichung des Zwei-Grad-Ziels nicht. Das will aber wieder niemand so deutlich sagen.

2. Umsetzung der Paris-Ziele und der Agenda 2030

Für beide Verträge, also das Paris-Abkommen und die Agenda 2030 mit ih-ren 17 »Sustainable Development Goals« (SDGs), ist typisch, dass viel ver-sprochen wird, die materielle Ausstattung der Verträge aber vollkommen ungenügend für das Ziel ist, diese Versprechen umzusetzen. Es ist leicht zu sehen, dass sich die 17 SDGs in Teilen fundamental widersprechen [25]. Ohne Veränderungen der Global Governance und ohne Billionen US-Dollar an Fi-nanztransfers und Investitionen [1] lassen sich die SDGs nicht umsetzen. Für jeden wachen Verstand ist das heute schon offensichtlich. Wir leben heute trotzdem in einem Umfeld, in dem sich hochmotivierte »Watchdog-NGOs« konstituieren, die beispielsweise die Erfüllung einzelner SDGs-Ziele in einzel-nen Ländern verfolgen wollen und Warnsirenen werden ertönen lassen, wenn eine Zielerreichung in Gefahr ist. Dabei wissen wir alle schon im Vorhinein, dass diese Ziele insgesamt nicht erreicht werden können. Also werden die meisten Einzelziele nicht erreicht werden. Dann werden viele und immer lau-tere Warnsirenen ertönen. Manche werden sich in Hysterie steigern. Alles nur, weil für immer mehr Menschen klarer wird, was auch jetzt schon offen-sichtlich ist. Es wird massiv agitiert werden.

Es werden dann Forderungen bezüglich einzelner Ziele in einzelnen Län-dern gestellt werden. Solche Forderungen gehen dann in der Regel zulasten anderer Einzelziele, möglicherweise auch in anderen Ländern. Versucht man, statt der Konzentration auf Einzelziele einen holistischen Blick auf das Ganze zu richten, steht man wieder vor dem Problem der enormen Anforderungen bezüglich globaler Governance und finanzieller Aufwendungen (sowohl »verlorener Finanzierungszuschüsse« als auch auf Gewinne ausgerichteter Investitionen, vor allem des Privatsektors), die zu erfüllen sind, um die SDGs unter Umständen doch umzusetzen. Die erforderlichen politischen Veränderungen und finanziellen Größenordnungen sind allerdings bei Konzentration auf Beiträge der Staaten politisch weder erreichbar noch kommunizierbar, erst recht nicht finanzierbar. »Watchdog-NGOs« werden also Aufmerksamkeit erzeugen, viele Personen direkt oder indirekt mit Verzweiflung konfrontieren. Bewirken wird dies aber insgesamt im Wesentlichen nichts – sieht man von Erkenntnisgewinn in Einzelfällen ab. Kann man seine Kraft und Energie nicht klüger investieren?

3. Global Governance und Finanzierungsaspekte

Supranationale und globale Anliegen und Herausforderungen erfordern vernünftige Finanzierungsinstrumente, am besten mit eigenen Einnahmequellen, etwa bei der EU oder den Vereinten Nationen (UN). Darüber wird schon lange ergebnislos diskutiert. Man könnte in diesem Kontext Mittelzuflüsse an die Vereinten Nationen so organisieren, dass das anschließende Management der Einnahmen nicht nur den UN, sondern einem institutionellen Kreis von kompetenten Akteuren zugewiesen wird. Neben den UN ist an eine Beteiligung von Weltbank und Internationalem Währungsfonds (IWF) sowie von Welthandelsorganisation (WTO) und OECD als angepasste Governance- und Kompetenzstruktur zu denken [77]. Dies könnte vielleicht die Sorge vieler Vertreter der Politik und insbesondere auch der Wirtschaft zerstreuen, dass die UN nicht mit Geld umgehen können und aus dem anvisierten Mittelzufluss nur ein Selbstbedienungsladen wird, insbesondere für die Vertreter der Politik und die oberen staatlichen Administratoren.

All das wird aber nicht so kommen. Das Problem ist nämlich insbesondere der nie endende hohe Bedarf nach Finanzierungsmittel bei den nationalen Parlamenten, ob in reichen oder in ärmeren Staaten. Egal wie viel Geld verfügbar ist, es reicht nie aus. Ob also über eine supranationale Devisentransaktionssteuer diskutiert wird oder über Abgaben wegen CO_2-Emissionen: Direkte Mittelzuflüsse an supranationale Organisationen sind nicht das Thema. Wenn also Weltgemeingüter, sogenannte »Global Commons«, verwaltet werden sollen, etwa indem Nutzungsrechte versteigert werden, um Knappheit zu reflektieren und mit Knappheit vernünftig umzugehen, ist auf Ebene der nationalen Parlamente bisher trotzdem keine Bereitschaft vorhanden, die Mittel auf der jeweiligen internationalen Ebene zu belassen. Obwohl sie dort händeringend benötigt werden und niemand das bestreitet. Die Mittel sollen trotzdem wieder über eine geeignete Aufteilung in den nationalen Haushalten allokiert und die Verwendung dann dort verantwortet werden. Von dort werden dann Transfers auf die internationale Ebene versprochen. Dass diese Transfers nie ausreichend hoch dotiert sein werden, weiß man schon vorher. Man kann dann reden, schimpfen, sich beklagen und das alles einer interessierten Öffentlichkeit bekannt machen: Ändern wird es an dem, was herauskommen wird, trotzdem nichts. Zumindest nicht, bis das Umdenken hin zu einem anderen Frame erfolgt, der dann dazu führen würde, die Mittel gleich auf der supranationalen Ebene zu belassen, sich dann aber Gedanken zu machen, wofür die Mittel eingesetzt werden sollen, wer über Allokation entscheidet und wer die Verantwortung in der Sache dafür übernimmt, dass eine Selbstbedienung verhindert wird.

4.3_KATEGORIEN DER KOMPENSATION

◆◆◆ Einzelnen Akteuren und Organisationen, die ihre Klimagasemissionen ausgleichen oder überkompensieren möchten, bieten sich verschiedene Wege, dies zu tun. Es geht dabei um nationale und internationale Projekte und Mechanismen im Klimabereich – die Garantie der Adäquatheit und Qualität der durchgeführten Maßnahmen ist hierbei ein wichtiges Thema. Im Einzelnen wird nach folgenden Kategorien unterteilt:

1 Vermeidung oder Reduktion von CO_2-Emissionen andernorts

1.1 Die Finanzierung von CO_2-Einsparungen in sich entwickelnden Staaten: Hierbei wird etwa ein modernes, CO_2-effizientes Kraftwerk in einem anderen Land mitfinanziert bei gleichzeitiger Stilllegung älterer, weniger CO_2-effizienter Kraftwerke.

1.2 Stilllegungen von CO_2-Zertifikaten aus »Cap and Trade«-Systemen: Dies geschieht zum Beispiel mithilfe des europäischen EU-ETS. Auf diese Weise wird der Gesamtumfang an Emissionen von Unternehmen, die solche Berechtigungen benötigen, reduziert.

1.3 Finanzierung von CO_2-Vermeidungen: Hierbei fördert man etwa erneuerbare Energien oder auch die Verbreitung von effizienten, mit erneuerbaren Energien betriebener Kocher in sich entwickelnden Staaten.

Alle beschriebenen Maßnahmen sind zugleich vor dem Hintergrund größerer Handlungsbereiche zu sehen. Etwa der (Mit-)Finanzierung von Verschärfungen freiwilliger Zusagen von Staaten im Rahmen des Paris-Vertrages und damit als Ausweitung heutiger Maßnahmen im Rahmen von NDC-Partnerschaften zwischen Staaten. Dies setzt vorherige Abmachungen über Datenqualität und Compliance in der Umsetzung und Verbindlichkeit der entsprechenden Zusagen voraus. Idealerweise sollten derartige Absprachen vorab durch die deutsche beziehungsweise europäische Politik ausgehandelt werden, die solche ohnehin erforderlichen Verbesserungen im Kontext der aktuellen, sehr unverbindlichen und unklaren Verhältnisse über finanzielle Transfers verfolgen sollte. Dabei spielt eine mit Sanktionen verknüpfte rechtliche Bindungskraft der NDC-Zusagen einzelner Staaten als Voraussetzung für die Durchführung der hier vorgeschlagenen Maßnahmen eine große Rolle.

2 Negativemissionen

2.1 Aufforstung: Durch den Erhalt bedrohter Wälder und durch Aufforstung werden in der Regel mindestens 10 Tonnen CO_2 pro Jahr und Hektar gebunden. Hier ist insbesondere an bis zu 1000 Millionen Hektar Aufforstung auf degradierten Böden in den Tropen zu denken. Das schützt auch die verbliebenen Regenwälder vor Austrocknung. Das Holz soll regelmäßig »geerntet« (zum Beispiel alle 40 Jahre), zugleich soll sofort wieder neu aufgeforstet werden. Das Holz soll möglichst materiell und nicht energetisch genutzt werden, um das gebundene CO_2 für viele weitere Jahrzehnte zu halten. Zusätzliche Vereinbarungen über den Schutz von Regenwäldern, die bereits zur Abholzung vorgesehen sind, gegen entsprechende Zahlungen, sind ein weiteres wichtiges Thema, das im UN-Kontext im Rahmen von REED+ verfolgt wird. Dabei ist die Art der Verrechnung noch im Detail zu klären.

2.2 Massive Humusbildung und Einsatz von Bio-Kohle: Erreicht werden bei geeigneten Programmen in der Regel mindestens 10 Tonnen CO_2-Bindung pro Jahr und Hektar. Bio-Kohle kann dabei einen wichtigen Beitrag leisten. Unter anderem ist an die Renaturierung von Gebieten zu denken, die in den letzten Jahren und Jahrzehnten der Wüstenbildung zum Opfer gefallen sind. Potenziell geht es auch hier um 1000 Millionen Hektar.

2.3 Renaturierung und Erhalt von Feuchtbiotopen, Erhalt und Neubewässerung von Mooren, Förderung von Mangrovenwäldern, Methanmanagement beim Reisanbau. Auch hier geht es um mindestens 10 Tonnen CO_2-Bindung pro Jahr und Hektar, teilweise sogar um deutlich höhere Bindungs- beziehungsweise Klimagasvermeidungspotenziale.

3 Zusätzliche Möglichkeiten

3.1 Nichtförderung fossiler Energieträger: In diesem Fall zahlt man dafür, dass Staaten oder Unternehmen fossile Energieträger nicht fördern. Denkbar sind auch Entschädigungen von Unternehmen, die mit der Nutzung dieser Energie bislang ihr Geld verdient haben, bis hin zur Findung von Lösungen für die jeweiligen Mitarbeiter. Die Quantifizierung der Kompensationseffekte wird allerdings schwierig. Hier müssen erst internationale Formen der Verrechnung gefunden und verabredet werden.

4.4_AUFFORSTUNG, HUMUSBILDUNG, BIO-KOHLE: WIE SICH CO$_2$ LANGFRISTIG SPEICHERN LÄSST

◆◆◆ Ärmere Staaten, die sich in den kommenden Jahren und Jahrzehnten wirtschaftlich entwickeln wollen und werden, können wie zuvor beschrieben nicht den chinesischen Weg der Wohlstandsbildung einschlagen; die dafür nötige Übernutzung fossiler Ressourcen wäre nicht zukunftsfähig. Entscheidende Alternative und Ergänzungen dazu sind großflächige Aufforstungen, massiver Einsatz von Holz als erneuerbare Ressource und eine forcierte Humusbildung, vor allem wenn auf Bio-Kohle, Feuchtbiotope und Mangrovenwälder gesetzt wird und die dafür nötigen finanziellen Voraussetzungen geschaffen werden können. Die biologische Seite [50] muss also als positiv wirkender Hebel mit der Klimaseite verknüpft werden.[32] Das erzeugt viele Co-Benefits bezüglich der »Sustainable Development Goals«. Indirekt wird damit auch die besonders wichtige Bevölkerungsfrage adressiert. Heute wirken die Wälder noch zum Teil in erheblichem Umfang belastend für das Klima, vor allem durch das Abholzen und die Bodenübernutzung in der Landwirtschaft. Dies kann und muss umgekehrt werden [16, 17, 20, 21, 52, 58, 67, 71, 81, 108].

Zur biologischen Sequestrierung, also der Einlagerung und Speicherung von CO$_2$ aus der Atmosphäre, ist die Humusbildung ein ebenso interessanter Ansatzpunkt wie die Aufforstung – allerdings findet sie bisher viel zu wenig Aufmerksamkeit. Dabei sollte auch die Erzeugung von Bio-Kohle in großem Stil unter Nutzung der Pyrolyse eine Rolle spielen, um für lange Zeit Kohlenstoff aus der Atmosphäre zu binden. Pyrolyse, also die unvollständige Verbrennung, wird dabei zukünftig in vielen Bereichen, etwa in der Plastikverwertung, eine viel größere Rolle spielen als heute, nämlich immer dann, wenn es das Ziel ist, Kohlenstoff zu gewinnen, um diesen anschließend zu binden und auf lange Zeit klimaneutral zu »parken«. Der Boden wird dann bei kluger Vorgehensweise zu einer permanenten CO_2-Senke für Kohlenstoff aus Pflanzenresten und Rest- oder Altholz. Dies ist noch viel besser als Klimaneutralität und Kreisläufe von CO_2 über Aufforstung und Holzverbrennung. Es ist die permanente Deponie von Kohlenstoff, der auf biologischem Wege aus der Atmosphäre herausgeholt wird. Der Boden wird so zur Kohlenstoffsenke, wobei zugleich die Bodenqualität verbessert wird. Das ist dann das Gegenteil dessen, was bei CO_2-Quellen passiert. Zur Förderung der Humusbildung und somit zur zielgerichteten permanenten Bindung von CO_2 aus der Atmosphäre soll also Bio-Kohle (»Bio-Chalk«) nach Aufbereitung in den Boden eingearbeitet werden. Interessant ist, wie Aufforstung, vor allem in den Tropen, und forcierte Humusbildung sowie die Nutzung von Bio-Kohle in Richtung der »Sustainable Development Goals« (SDGs) wirken, als sogenannte »Co-Benefits«. Aufforstung ist ein positiver Ansatz und Hebel zur eventuellen Zielerreichung der SDGs, da an dieser Stelle Umweltschutz und Klimaschutz, eine Verbesserung der sozialen Situation der Menschen vor Ort, das Schaffen von Arbeit sowie eine deutlich erhöhte Wertschöpfung Hand in Hand gehen. Aufforstung adressiert 14 der 17 »Sustainable Development Goals«. Diese sind im Folgenden mit * gekennzeichnet:

1. Armut beenden*
2. Ernährung sichern*
3. Gesundheit stärken*
4. Bildung für alle realisieren
5. Gleichberechtigung verwirklichen
6. Zugang zu Wasser und Toiletten ermöglichen*
7. Weltweit saubere Energie erzeugen*
8. Gute Arbeit für alle schaffen*

9. Industrialisierung sozial verträglich gestalten*
10. Ungleichheit überwinden*
11. Städte lebenswert machen*
12. Nachhaltig produzieren, handeln, konsumieren*
13. Klima umfassend schützen*
14. Die Meere schonen
15. Vielfalt der Natur erhalten*
16. Frieden und Rechtsstaatlichkeit fördern*
17. Weltweite Partnerschaften eingehen*

Trotz ihrer herausragenden Bedeutung spielen Aufforstung, Humusbildung und Bio-Kohle zur Bewältigung der Klimaprobleme bis heute kaum eine Rolle, obwohl das Thema zunehmend in der Literatur diskutiert wird [28, 56, 89]. Dabei gibt es zur Bodenverbesserung in Deutschland jahrzehntelange Erfahrungen aus dem Biolandbau, wie mehrere Experten in Gastbeiträgen auf den folgenden Seiten deutlich machen (Info-Boxen 6–11):

Hansjörg Lerchenmüller, Vorsitzender des Aufsichtsrats, Carbuna AG

Unser Unternehmen Carbuna AG hat ein auf Pflanzenkohle, Mikroorganismen und Nährstoffen basierendes Düngungs- und Bodenverbesserungssystem entwickelt, das nach dem bekannten »Terra Preta«-Prinzip auf natürliche Weise für einen gesunden und belebten Boden sorgt und den Einsatz von Kunstdünger weitestgehend ersetzen kann.
Carbunas Produkte leisten einen Beitrag gegen die Klimaerwärmung durch die Bindung von Kohlenstoff in der Pflanzenkohle. Sie holt große Mengen CO_2 kostengünstig und umweltverträglich aus der Atmosphäre, indem man Biomasse in Pflanzenkohle verwandelt und langfristig einlagert: In den Boden eingebracht, bindet Pflanzenkohle Kohlenstoff über Jahrhunderte, ohne sich zu zersetzen. Jede Tonne Kohlenstoff nimmt 3,66 Tonnen CO_2 langfristig aus dem Kreislauf.

Info-Box 6: Biotech Carbuna Boden- und Klimaverbesserer

Eberhard J. Schulz, Aerzener Bio-Landbau KG

Unsere Familie betreibt seit etwa 40 Jahren Biolandbau auf 40 Hektar. Wir konnten zeigen, dass es möglich ist, mit Biolandbau die Existenz eines mittel-bäuerlichen Hofs zu sichern und ein angemessenes Familieneinkommen zu er-wirtschaften. Diesen Weg sind wir gegangen, mit Unterstützung durch bewusste Verbraucher, in Form einer nachfrageinduzierten Extensivierung. Das heißt: hal-ber Ertrag und doppelter Preis im Vergleich zur herkömmlichen Landwirtschaft. 2013 haben wir den Betrieb an die nächste Generation übergeben. Mit dem Sohn gehen wir den Weg weiter, mit nunmehr 180 Hektar landwirtschaftliche Fläche, davon sind 23 Hektar Kartoffeln, 23 Hektar Rote Bete und Pastinaken, 23 Hektar Wintererbsen, 23 Hektar Triticale, 23 Hektar Wicken und Senf, 23 Hektar Kleegras, 12 Hektar Rotkleevermehrung, 10 Hektar Buchweizenvermehrung und 20 Hektar Grünland.

Damit leisten wir Wesentliches für die Agrobiodiversität, die zweite große Bau-stelle für die zukünftige Entwicklung in der Landwirtschaft. Die Hauptbaustelle ist die Nährstoffbilanz, verbunden mit der Humusbilanz, also auch dem Kohlenstoff-kreislauf und damit der CO_2-Bilanz der Landwirtschaft. Was kann der Biolandbau in diesem Bereich erreichen? Vor sieben Jahren haben wir den Versuch gemacht, etwa 60 Tonnen »Terra Preta«-Kompost herzustellen. Bei dem Konzept – Terra Preta – werden organische Abfälle mit circa 5–10 Prozent Bio-Kohle fermentiert, um eine Art Edelkompost herzustellen (das Verfahren beschreibt Gerald Dunst in seinem Buch »*Humusaufbau*« detailliert). Wo liegen die Vorteile dieses Ver-fahrens? Die durch Pyrolyse hergestellte »inerte« Pflanzenkohle soll mehrere Jahrzehnte, wenn nicht Jahrhunderte im Boden verbleiben und somit der Atmo-sphäre CO_2 auf Dauer entziehen. Zugleich wird damit der Humusaufbau stabi-lisiert. Der Ansatz ist wirkungsvoll, allerdings teuer. Zurzeit liegt bei uns der Bio-Kohle-Preis bei 500–800 Euro/Tonne. Das ist viel zu hoch, um damit organi-sche Düngung wirtschaftlich zu betreiben. Der Verkauf von Zertifikaten für ge-bundenes CO_2 ändert die Situation nicht prinzipiell, die Kosten sind immer noch zu hoch. Hier müsste man alternative Wege finden.

Info-Box 7: Bio-Landbau und Humusaufbau

Dr. Heiner Hoogen, international tätiger Landwirt und Unternehmer

Der Boden mit seinen Funktionen und den Wechselwirkungen der Kohlenstoffverbindungen untereinander ist ein komplexes Gebilde. Die Bodenfruchtbarkeit und die Erhaltung der Bodenfunktionen hängen im Wesentlichen von den im Boden gebundenen unterschiedlichen Kohlenstofffraktionen ab, die einem ständigen biochemischen Umbau unterliegen.

Bio-Kohle ist »inerte«, also chemisch stabile organische Substanz, die aus sehr vielen verschiedenen Ausgangsstoffen gewonnen werden kann, auch aus Abfällen. Die bekanntesten Verfahren zur Herstellung von Bio-Kohle sind die Pyrolysen, die aus der Holzvergasung bekannt sind, und die unterschiedlichen Verfahren der thermalen Carbonisierung. Das einfachste und bekannteste Verfahren ist die Herstellung in Kohlemeilern. Organische Substanz wird in allen Fällen unter Luftabschluss erhitzt. Es wird dabei in der Regel Energie in Form von Wärme oder Druck zugeführt, um den Prozess in Gang zu setzen.

Holzkohle ist eine typische Bio-Kohle, an der sich die stofflichen Eigenschaften gut veranschaulichen lassen. Zum einen ist es ein Material, das über sehr viele feine Poren und eine große Oberfläche verfügt, zum anderen ist es chemisch und biologisch derart stabil, dass es sich in der Regel nicht weiter chemisch umsetzt. Beide Effekte lassen sich für die Verbesserung der Bodenfruchtbarkeit und für die Herstellung hochwertiger organischer Bodenhilfsstoffe nutzen.

Man verwendet Bio-Kohle wegen der beschriebenen Eigenschaften als Hilfsstoff bei der Herstellung von Komposten, die dann gerne mit den fruchtbaren Schwarzerden (»Terra Preta«) verglichen werden. Häufig wird Bio-Kohle auch direkt in den Boden eingearbeitet, wo diese dann die Funktion des Dauerhumus übernimmt. Humus ist ein Sammelbegriff für organische Substanz im Boden. Der Dauerhumus ist eine der wichtigsten Fraktionen, da er stabil im Boden verbleibt. Das ist der Kohlenstoff, der am Ende der Umsetzungskette im Boden verbleibt und der der Atmosphäre dauerhaft entzogen wird.

Der natürliche Aufbau von Dauerhumus ist sehr schwierig und eine langwierige Aufgabe, die Jahrhunderte dauern kann. Die CO_2-Bindung im Boden erfolgt immer in der Gesamtheit aller organischen Kohlenstoffverbindungen, von denen sich die meisten ständig im Umbau befinden, meistens in der Nährstoffmineralisierung. Der Einsatz von hochwertigen Bodenverbesserern ist in der Zusammensetzung und Wirkung immer ähnlich: Man möchte möglichst stabile organische Substanz (Dauerhumus) und frische organische Substanz (Nährhumus für das Bodenleben) gleichzeitig einbringen, um vielschichtige Effekte zu erwirken. Das ist auch bei der Kompostart »Terra Preta« im Wesentlichen nicht anders.

Eine Alternative zur Bio-Kohle sind verschiedene Weichbraunkohlen als inerte Dauerhumuskomponente, die aufbereitet interessante physikalische und biochemische Wirkungen über Humin- und Fulvosäuren haben. Das senkt den Preis und erhöht die Wirksamkeit von Maßnahmen zur Steigerung der Bodenfruchtbarkeit. Es gibt auch einen interessanten Zusammenhang zwischen Bio-Kohle und Gülle. Hier geht es darum, die in Europa teilweise im Übermaß vorhandene Gülle weiteren Nutzungen zuzuführen und so die Boden- und Wasserbelastungen, die heute teilweise ein Problem sind, zu reduzieren. Vorgehen kann man hierbei wie folgt: Gülle kann durch Separationsverfahren vor Ort auf den Landwirtschaftsbetrieben in flüssige und feste Bestandteile getrennt werden (1. Separation). Etwa 20 Prozent des ursprünglichen Volumens werden so herausgenommen. Sie können für die Produktion von Biogas genutzt werden. Drei Tonnen Gülleseparat ersetzen etwa eine Tonne Mais(silage) als Input in eine Biogasanlage. Separat aus Rindergülle ist dabei vorteilhafter als Schweinegülle. Damit kann auch der Maisanbau vernünftigerweise zurückgefahren werden, was gleichzeitig positive Effekte auf die Biodiversität hat.

Bei der Biogas-Produktion kann man die Gärrückstände ebenfalls in eine feste und in eine flüssige Phase separieren (2. Separation). Es entsteht ein zweites separiertes Material. Dieses enthält die stabilen C-Verbindungen und viele Mineralien. Es kann in Bio-Kohle umgewandelt werden. Das betrifft etwa 10 Prozent des ursprünglichen Volumens.

Die verbliebenen 80 Prozent flüssige Gülle haben ein deutlich vermindertes Nährstoffniveau gegenüber dem heutigen unbehandelten Zustand, sind in der Folge sehr viel weniger belastend für die Böden und das Wasser sowohl in Bezug auf Stickstoff als auch Nitrate und Phosphor. Hier ist nur noch ein Drittel des ursprünglichen Volumens vorhanden. Sehr vieles, was heute kritisch für die Böden und das Wasser ist, wurde in den Separationsprozessen durch die thermischen Prozesse in unproblematische Stoffformen transferiert.

Natürlich müssen jetzt nicht mehr vorhandene Nährstoffe über Mineraldünger eingebracht werden. Diesen Weg bevorzugen viele Bauern ohnehin. In Deutschland ist das Ausbringen von Gülle zwischen dem 1. November und dem 15. Februar zurzeit generell untersagt. Des Weiteren sind auch im übrigen Jahr die Vorgaben für Landwirte zur Gülleausbringung sehr belastend. Das gilt für die umfangreiche Bürokratie ebenso wie für Probleme, die aus der Volatilität der Erntemengen (etwa in der Folge der Witterungsverhältnisse) resultieren. Bei geringer Ernte infolge entsprechender Schadereignisse wurden nämlich rückblickend zu viele Nährstoffe in den Boden eingebracht. Zu viel ausgebrachte Nährstoffe müssen in den nächsten Anbauzyklen wieder eingespart werden, um diese Nährstoffe möglichst durch Pflanzen zu binden. Teilweise belasten diese Stofffrachten das Grundwasser auch noch nach Jahren, da diese langsam in die Grundwasserleiter ausgespült werden. Weitere Verschärfungen der gesetzlichen Auflagen und damit der »Gülleproblematik« sind zu erwarten.

Große Agrarbetriebe, landwirtschaftliche Dienstleistungsunternehmen und landwirtschaftliche Genossenschaften gehen zunehmend den Weg in Richtung 1. Separation. Es werden auch entsprechende portable technische Anlagen erzeugt. Interessant wären auch kleinere Anlagen für Biogas-Produktion und Bio-Kohle-Herstellung. Das würde auch für kleinere Höfe (etwa 50–150 Kühe und 50 Hektar) neue Möglichkeiten eröffnen. Das gilt sowohl für die stoffliche als auch für die energetische Verwertung, da in den Prozessen durchaus Abwärme aus der Stromerzeugung in Biogasanlagen für die Herstellung von Bio-Kohle durch Pyrolyse genutzt werden kann.

Zudem kann diese Verfahrenskette dazu beitragen, den Torfbedarf zu senken, da man mit Bio-Kohle und Bio-Kohlen-Komposten auch Torfsubstrate in der Begrünung ersetzen kann. Damit würden den Landwirten neue Märkte eröffnet und die aus Sicht des Klimaschutzes bedeutenden Torfvorkommen geschont.

Besonders interessant sind die beschriebenen Ansätze für die Entwicklung der Landwirtschaft in Entwicklungsländern. Die Produktivität der Landwirtschaft ist dort sehr niedrig, da den Böden wichtige Funktionen verloren gegangen sind. Sie muss dringend verbessert werden. Hierbei spielt die Humuswirtschaft eine besondere Rolle. Das gilt auch für die Eindämmung von Wüstenbildungen und die Aktivierung und die Revitalisierung des Böden- und damit Flächenpotenzials in den semiariden Regionen, insbesondere in Nordafrika. In Afrika geht es darum, dass sich der Kontinent bei rasch wachsender Bevölkerung auf Dauer selber ernähren kann, möglichst sogar Agrarprodukte zur Erschließung von Devisen auch exportieren kann. Zentrale Bedeutung haben dabei Landwirtschaft und Bodennutzung. Dafür müssen Böden urbar gemacht werden. Das erscheint als machbar. Die Herstellung der Bodenfunktionen für eine dauerhafte, nachhaltige und wassereffiziente Nutzung des Bodens wird der Schlüssel für eine erfolgreiche Landwirtschaft in Afrika sein. Wesentliche bodengebundene Elemente sind die Bewässerung, Humusbildung unter Nutzung von Dauerhumus aus (Bio-)Kohle, Einbringung von Nährstoffen, Nutzung geeigneter Pflanzensorten. Bio-Kohle kann auch aus Ernteresten produziert werden. Klimazertifikate erschließen den lokalen Landwirten wertvolle Zusatzeinnahmen. Mindestens 10 bis 15 Tonnen gebundenes CO_2 pro Hektar und Jahr erscheinen als realistisch. Ein weiterer wichtiger Schlüssel sind hierbei der Einsatz erneuerbarer Energie, etwa zur Entsalzung von Grundwasser, und die Nutzung geeigneter Methoden zur Verbesserung der Bodenfruchtbarkeit, insbesondere der Düngung.

Langfristiges Ziel muss es sein, den Flächenverlust, der jährlich für Afrika mit bis zu 10 Millionen Hektar beziffert wird, durch wasser- und energieeffiziente Bodenbewirtschaftung zu vermeiden, um so den Menschen vor Ort eine Chance für ein auskömmliches, modernes Leben auf dem Land zu ermöglichen. Gleichzeitig haben die enormen Mengen an pflanzlich gebundenem Kohlenstoff einen erheblichen positiven Effekt auf das Klima. Humuswirtschaft ist somit in den semi-ariden Regionen die Grundlage für Bodenfruchtbarkeit und das Leben auf dem Land. Damit hat die Humuswirtschaft direkten Einfluss auf die Landflucht und letztlich auch die politischen Verhältnisse und die Migration.

Info-Box 8: Bio-Kohle, Bodenverbesserung, Umgang mit Gülle

Katja Wiese, Naturefund, Geschäftsführerin

Naturefund ist eine internationale Nichtregierungsorganisation, die sich um Agroforst-Lösungen für Bauern in Entwicklungsländern kümmert und dazu als Technik die Anbaumethode »Dynamischer Agroforst« einsetzt. Wir bringen neue Denkmuster ins Spiel und haben in den letzten Jahren damit viele praktische Erfahrungen gesammelt. Bei der Frage, ob das globale Bevölkerungswachstum und der Wunsch nach Wohlstand für alle im unlösbaren Widerspruch zur Notwendigkeit stehen, die Ressourcen und das Klima zu schonen, muss ich mit Mahatma Gandhi antworten: »Die Welt hat genug für jedermanns Bedürfnisse, aber nicht für jedermanns Gier«. Rein rechnerisch würden die Anbauflächen in den gemäßigten Zonen ausreichen, um 9 Milliarden und mehr Menschen zu ernähren. Theoretisch könnten die ehemaligen Kornkammern im Sudan und in Äthiopien ganz Afrika mit Lebensmitteln versorgen. Theoretisch, denn da gibt es noch das Öl, die sich ausbreitende Wüste, die moderne, ressourcenverbrauchende industrielle Agrarwirtschaft, politische Interessen, Egoismen und vieles mehr. Es ist also nur eine theoretische Überlegung. Oder anders ausgedrückt: Es ist die Frage, wie wir nachhaltige Veränderungen induzieren können, welche den Klimawandel abbremsen und die Lebensgrundlage für Menschen und die Vielfalt der Arten erhalten. Es geht nicht allein über die Politik, wie Prof. F. J. Radermacher in seinen Analysen zur Bekämpfung des Klimawandels nachwies. Es wird meines Erachtens auch nicht allein mit den Reichen gelingen, ob nun institutionell oder privat. Es braucht so etwas wie eine gesellschaftliche Bewegung, eine Welle in Richtung Nachhaltigkeit, die vor allem über weiche Faktoren wie Kommunikation und Netzwerke gefördert werden kann. Und es braucht praktikable Lösungen und Anwendungen.

Naturefund beschäftigt sich seit fünf Jahren mit solchen Lösungsansätzen oder auch Schlüsseln, und ich möchte diese Schlüssel mit drei Thesen vorstellen:

1. Die Anbaumethode Dynamischer Agroforst hat das Potenzial, den Beginn einer Agrarrevolution einzuläuten. Dynamischer Agroforst entstand in den 1980er- und 1990er-Jahren in Brasilien und Bolivien. Die Methode nutzt und verstärkt Synergieeffekte zwischen Pflanzen und Bodenlebewesen. Es wird ein natur-waldähnliches System mit einer hohen Biomasseproduktion aufgebaut, das eine Vielzahl von Produkten für den Menschen liefert, gleichzeitig Lebensraum für die Vielfalt der Arten bietet, den Boden gesunden lässt und ganz nebenbei Kohlenstoff absorbiert und einlagert.

2. Es besteht die Möglichkeit eines Paradigmenwechsels von Kontrolle zu Kontakt, der langfristig dazu führen könnte, dass wir das kommende Zeitalter nicht das Zeitalter des Anthropozän nennen, sondern das Zeitalter der Kooperation. Der Paradigmenwechsel von Kontrolle zu Kontakt ist Teil einer gesellschafts-politischen Diskussion. Provokativ könnte dies mit der These beginnen: »Darwin hatte nicht recht« – zumindest nicht in allen seinen Schlussfolgerungen. Nicht »Survival of the fittest« ist das gestaltende oder auch effektivste Prinzip, eher das »Survival of the smartest«. Kooperative Netzwerke sind über-lebensfähiger und schaffen bessere Lösungen. Auch der Mensch ist ein auf Kooperation ausgerichtetes Wesen, wie Prof. Joachim Bauer wunderbar in sei-nen verschiedenen Publikationen beschreibt, so zum Beispiel: *Prinzip Mensch-lichkeit: Warum wir von Natur aus kooperieren.*

3. Die Energieerzeugung fokussiert sich aktuell noch zu stark auf die vollständige Verbrennung von Kohlenstoff. Würde nur ein Teil des Verbrennungsvorgangs genutzt werden, und zwar die Verbrennung mit gezielter Lenkung von Hitze und Sauerstoff unter Nutzung der Pyrolyse, blieben Teile des Kohlenstoffs erhalten und könnten unter anderem dem Boden zugeführt werden und dabei als wirkungsvolles Nebenprodukt den Humusaufbau fördern. Also ein Wech-sel zu einer Form der Energieerzeugung, die mithilft, Kohlenstoff einzulagern.

Klimaschutz ist ein Energiethema, insbesondere ein Thema der fossilen Energieträ-ger. Doch auch die Energieerzeugung aus Pflanzenstoffen wie Holz oder Biomasse spielt eine wichtige Rolle. Durch den gezielten Einsatz von Pyrolyse besteht die Möglichkeit, dass bei der Energiegewinnung aus nichtfossiler Biomasse Grund-lagen für die Erzeugung von Pflanzenkohle geschaffen werden, welche bis zu 1000 Jahre und mehr im Boden gespeichert werden kann, wobei gleichzeitig der Humusaufbau und das mikrobiotische Bodenleben gefördert werden. Wenn wir nun Dynamischen Agroforst mit dem Wissen um die Erstellung und Nutzung von Pflanzenkohle kombinieren, dann haben wir ein Werkzeug, um auf landwirtschaftlichen Böden weltweit ein hohes Biomassewachstum mit sehr viel CO_2-Absorption aufzubauen, wobei gleichzeitig über die unvollständige Verbrennung von Tausenden von Öfen tagtäglich Pflanzenkohle erzeugt wird, die im Boden als stabiler und schwer abbaubarer Kohlenstoff CO_2 speichert, wobei die Pflanzenkohle gleichzeitig die Bodenfruchtbarkeit und die Humusbildung fördert, was wiederum zu verstärktem Pflanzenwachstum führt.

Info-Box 9: Naturefund und Humusbildung

Gärrest: Hochleistungsmaterialien statt Wirtschaftsdünger?

Andrea Kruse, Professorin an der Universität Hohenheim

Die Rückführung von Nährstoffen auf die Felder ist ein wichtiger Aspekt der Nachhaltigkeit und des Umweltschutzes. Aber haben wir nicht alle schon von Nitrat im Grundwasser durch Wirtschaftsdünger und überquellende Gärrest-Lager gelesen? Oder vom Gärrest-Import beziehungsweise -Export? Meine Studenten und Studentinnen fragen mich: Soll ich später in den Biogas-Bereich gehen, oder hat das keine Zukunft mehr?

Die Verwendung von Gärrest als Wirtschaftsdünger ist sicherlich sinnvoll, dennoch stellt sich die Frage, ob der gesamte Gärrest so verwendet werden muss. Die Arbeiten an der Universität Hohenheim haben das Ziel, nicht nur die Pflanzennährstoffe im Gärrest zu nutzen, sondern auch den Kohlenstoff. Aus letzterem lassen sich Hochleistungs-Kohlenstoffmaterialien gewinnen.

Zunächst muss der abgetrennte feste Gärrest umgewandelt werden. Die flüssige Fraktion dient wie bisher zur Düngung. Die Umwandlung festen Gärrestes geschieht durch *hydrothermale Karbonisierung* [1, 2]. Bei diesem Verfahren wird Biomasse mit einem Wasseranteil von 70–80 Gew.% bei Temperaturen von typischerweise 200 bis 230 Grad und erhöhtem Druck zu HTC-Kohle oder »Hydrochar« umgewandelt. Das Produkt kann zwar in etwa einen Heizwert wie Braunkohle erreichen, besitzt aber eine deutlich andere chemische Struktur. Bei der hydrothermalen Karbonisierung werden Kohlehydrate einschließlich Hemicellulose und Cellulose hydrolysiert und die Bruchstücke gelöst. Nach Abspaltung von Wasser (in Wasser!) finden sich die Moleküle wieder zusammen und bilden die HTC-Kohle. Aufgrund des verminderten Sauerstoffgehaltes durch die Wasserabspaltung lässt sich HTC-Kohle besser abpressen als der Gärrest. Bei der hydrothermalen Umwandlung werden Phosphate zunächst freigesetzt, fallen dann wieder aus. Stickstoffverbindungen werden zu erheblichen Teilen zu Ammonium-Salzen umgewandelt. Diese chemischen Veränderungen der Nährstoffe sind die Basis für das Hohenheimer Phosphat-Rückgewinnungsverfahren.

Nach der hydrothermalen Karbonisierung befinden sich die Phosphate auf der HTC-Kohle, das Ammonium in der wässrigen Lösung. Die HTC-Kohle wird nun abgetrennt und mit Säuren behandelt. Dabei lösen sich die Phosphate. Die so gewonnene Phosphat-Lösung wird mit dem HTC-Prozesswasser vereinigt, der pH-Wert in den alkalischen Bereich verändert und Mg-Salz (zum Beispiel $MgCl_2$) zugesetzt. Nun fällt Struvit ($MgNH_4PO_4$) aus. Dabei stammen Ammonium und Phosphat aus dem Gärrest. Etwa 80 Prozent des Phosphates aus dem festen Gärrest können als Struvit gewonnen werden [3]. Außer geringen Anteilen an Calciumphosphat ist dieses sehr rein und kann als Dünger genutzt werden. Übrig bleibt zudem ein Kohlenstoffmaterial, aus dem das Phosphat entfernt wurde. Dies kann verbrannt werden. Aber es gibt noch andere Möglichkeiten, die eine höhere Wertschöpfung bedeuten.

Dieses Kohlenstoffmaterial lässt sich aktivieren. Neben den klassischen Anwendungen von Aktivkohlen für die Reinigung von Wasser (analog zu [4]) und Luft wurde die Tauglichkeit dieser Materialien auch für andere Anwendungen gezeigt. So lässt sich damit Kohlendioxid aus Biogas entfernen [5]. Auf diese Weise dient Gärrest dazu, Biogas zu veredeln, damit er zum Beispiel in das Erdgasnetz eingespeist werden kann. Oder diese besondere Aktivkohle kann bei tiefen Temperaturen Wasserstoff speichern [6]. So kann Wasserstoff, der beispielsweise zu dem Zeitpunkt aus Wasser hergestellt wurde, als regenerativ erzeugter Strom im Überschuss vorhanden war, gespeichert werden. Gärrest kann so bei der Nutzung von regenerativen Energien helfen, um Schwankungen bei der Stromerzeugung auszugleichen. Der Wasserstoff kann mittels Brennstoffzellen wieder zur Stromerzeugung dienen, wenn es erforderlich ist und Strom aus Wind und Sonne nicht genügend verfügbar ist. Eine besonders vielversprechende Anwendung ist die Herstellung von Superkondensatoren oder Elektroden [7]. Ohne dies wird kein Elektroauto auskommen. So leisten Gärreste einen Beitrag zur E-Mobilität. Und das alles als Nebenprodukt der Biogas-Herstellung!

Literatur

1. »Economics of hydrothermal carbonization of biogas digestate in a hybrid AD-HTC plant«; Suwelack, K.; Dostert, N.; Wüst, D.; Kruse, A., Eds. European Biomass Conference and Exhibition Proceedings, 2016.
2. Suwelack, K.; Wüst, D.; Zeller, M.; Kruse, A.; Krümpel, J.: Hydrothermal carbonization of wheat straw—prediction of product mass yields and degree of carbonization by

severity parameter. Biomass Conversion and Biorefinery 2016, 6, 347–354, doi: 10.1007/s13399-015-0192-4.

3. Zhao, X.; Becker, G.C.; Faweya, N.; Rodriguez Correa, C.; Yang, S.; Xie, X.; Kruse, A.: Fertilizer and activated carbon production by hydrothermal carbonization of digestate. Biomass Conversion and Biorefinery 2018, 8, 423–436, doi:10.1007/s13399-017-0291-5.

4. Benstoem, F.; Becker, G.; Firk, J.; Kaless, M.; Wuest, D.; Pinnekamp, J.; Kruse, A.: »Elimination of micropollutants by activated carbon produced from fibers taken from wastewater screenings using hydrothermal carbonization«. Journal of Environmental Management 2018, 211, 278–286, doi:10.1016/j.jenvman.2018.01.065.

5. Rodriguez Correa, C.; Bernardo, M.; Ribeiro, R.P.P.L.; Esteves, I.A.A.C.; Kruse, A.: »Evaluation of hydrothermal carbonization as a preliminary step for the production of functional materials from biogas digestate.« Journal of Analytical and Applied Pyrolysis 2017, 124, 461–474, doi:10.1016/j.jaap.2017.02.014.

6. Rodríguez Correa, C.; Ngamying, C.; Klank, D.; Kruse, A.: »Investigation of the textural and adsorption properties of activated carbon from HTC and pyrolysis carbonizates«. Biomass Conversion and Biorefinery 2018, 8, 317–328, doi:10.1007/s13399-017-0280-8.

7. Hoffmann, V.: »Biobasierte Elektrodenmaterialien für zukunftsfähige Energiespeichersysteme«. https://www.biooekonomie-bw.de/de/fachbeitrag/aktuell/biobasierte-elektrodenmaterialien-fuer-zukunftsfaehige-energiespeichersysteme/.

Info-Box 10: Gärrest: Hochleistungsmaterialien statt Wirtschaftsdünger

Christoph Steiner, internationaler Fachexperte für Bio-Kohle

Bio-Kohle (»Biochar«) eröffnet in der Landwirtschaft interessante Perspektiven. Sie kann eingesetzt werden für die langfristige Bindung von CO_2, die Verbesserung der Bodenqualität, die Steigerung der landwirtschaftlichen Produktivität, die Schaffung von Arbeitsplätzen und die Möglichkeit, in großem Umfang und über lange Zeit Ausgleichsangebote für die Bindung von CO_2 in globalen Kompensationsprojekten machen zu können.

Bio-Kohle ist keine neue Erfindung, sondern wird von Menschen seit vielen hundert Jahren mit großer Wirksamkeit genutzt, zum Beispiel in Form der von Menschen geschaffenen, wesentlich auf Bio-Kohle basierenden »Terra Preta«-Böden im tropischen Brasilien, wo diese Techniken bis heute genutzt werden. Entsprechende Böden haben stabil über Jahrhunderte landwirtschaftliche Nutzung ermöglicht und tun das immer noch. Sie sind besonders wirkungsvoll unter tropischen Bedingungen, unter denen organische Substanz besonders rasch mineralisiert wird.

Bio-Kohle entsteht aus Holz- und Pflanzenmaterial bei unvollständiger Verbrennung (»Pyrolyse«). Eine Realisierungsform ist Holzkohle. Das Ergebnis ist gebundener Kohlenstoff, angereichert mit weiteren chemischen Substanzen, je nach Ausgangsmaterial. Mögliche Ausgangsmaterialien sind Restholz von Bäumen, Zuckerrohr, Baumwolle und ganz allgemein Erntereste auf Feldern und Plantagen. Dabei sind die Erntereste sehr interessant, da sie vor Ort anfallen und dort auch bearbeitet werden können. Werden diese stattdessen verbrannt, was heute in den Entwicklungsländern oft geschieht, wird CO_2 in erheblichem Umfang sofort in die Atmosphäre entlassen. Das ist das Gegenteil der biologischen Sequestrierung und sollte unbedingt vermieden werden.

Wird das Material zu Holzkohle verarbeitet, entstehen neben der Bio-Kohle gasförmige (klimaneutrale) erneuerbare Energien, die genutzt werden können, etwa für den Pyrolyseprozess. Das kann die Nutzung von Energien, die mit CO_2-Emissionen verbunden sind, reduzieren oder sogar vermeiden. Dieser Effekt der CO_2-Emissionen-Vermeidung wird hier volumenmäßig nicht eingerechnet. Verkohlt man die Ernterückstände von einem Hektar landwirtschaftlicher Produktion, was zwischen 4 und 8 Tonnen entspricht, ist im Mittel ein Volumen von 2 Tonnen Bio-Kohle pro Hektar realistisch. Etwa 80 Prozent des Bio-Kohle-Materials ist Kohlenstoff (C). Der pro Tonne Bio-Kohle enthaltene Kohlenstoff entspricht etwa 3 Tonnen CO_2, pro Hektar sind das dann rund 6 Tonnen in Bio-Kohle gebundenes CO_2 aus der Atmosphäre. Die Bio-Kohle wird in die Erde eingearbeitet. Sie ist extrem stabil und stellt eine auf Dauer wirkende, stabile CO_2-Senke dar. Die Stabilität beeinflusst positiv das Humusgeschehen im Boden. Bio-Kohle kann dabei wie Dauerhumus bewertet werden. Der Kohlenstoffkreislauf im Boden wird stabilisiert. Die Bio-Kohle wirkt als »Anker«-Substanz. Dem Boden werden zudem Nährstoffe zugeführt.

Der beschriebene Prozess lässt sich, was an dieser Stelle extrem hilfreich ist, bis zu 150 Jahre lang fortführen. Der Boden wird dabei über die Jahre und Jahrzehnte ständig besser, wie bei Schwarzerde, die ihren Namen letztendlich ihrem hohen Anteil an organischer Substanz verdankt, vergleichbar der Bio-Kohle. Am Ende des Prozesses liegt der Bio-Kohle-Anteil an der etwa 50 Zentimeter hohen produktiven Bodenschicht bei bis zu 5 Prozent.

Mit Bio-Kohle können also schlechte Böden in der Qualität und Ertragsfähigkeit deutlich verbessert werden. Die landwirtschaftliche Produktivität der Böden wird deutlich verbessert, ebenso ihre innere Stabilität. Über 150 Jahre werden pro Hektar etwa 1000 Tonnen CO_2 auf Dauer im Boden gebunden, die vorher über die Aktivität von Bäumen und Pflanzen der Atmosphäre entzogen wurden.

Das Einsammeln von Ernterückständen und deren Pyrolyse vor Ort schafft Potenziale für erneuerbare Energie und kann von den ortsansässigen Farmarbeitern erledigt werden, ebenso wie das Einbringen der Bio-Kohle in die Erde. Das gilt für kleine Farmen, die als Subsistenzbetriebe geführt werden. Hier kann der Stoffkreislauf des Kohlenstoffs durch die Produktion von Bio-Kohle nachhaltig erhebliche ökologische und ökonomische Vorteile schaffen. Das sorgt zugleich für höhere Einnahmen und Beschäftigung und hilft damit beim Schaffen von Arbeitsplätzen. Großflächiger Einsatz ist ebenfalls möglich. Es gibt kleine, preiswerte Öfen für Subsistenzbetriebe und auch größere Lösungen für große Betriebe zu überschaubaren Kosten. Hier kann gleichzeitig auch Biogas erzeugt werden. Angestrebt sind beispielsweise insgesamt ein bis zwei auskömmliche Arbeitsplätze pro Hektar bei entsprechenden Projekten auf degradierten Böden in semiariden Gebieten, für die erneuerbare Energie, Entsalzung von (Grund-)Wasser und moderne Formen der Bewässerung weitere Schlüsselelemente sind.

Info-Box 11: Das Potenzial von Bio-Kohle (Biochar)

4.5_DER CARBON FOOTPRINT ALS BASIS

◆◆◆ Einen erforderlichen Schritt zur Herstellung von Klimaneutralität bildet die Erstellung der sogenannten CO_2-Bilanz eines Unternehmens, einer Organisation, einer Stadt oder einer Person. Dieser sogenannte CO_2-Fußabdruck (»Carbon Footprint«) betrachtet ein Jahr. Manche Unternehmen müssen diesen Fußabdruck bereits heute aufgrund behördlicher Vorgaben jährlich auf Grundlage geltender Standards berechnen, andere tun das freiwillig im Bereich ihrer sogenannten »Corporate Social Responsibility« (CSR). Der Fußabdruck setzt sich zusammen aus verursachten direkten und indirekten Treibhausgasemissionen, die ihrerseits in drei Bereiche unterteilt sind, sogenannte »Scopes«. In den Bereich »Scope 1« fallen alle direkten Emissionen eines Unternehmens, die aus der Verbrennung von fossilen Energieträgern resultieren. Dazu gehören Treibstoffe zur Wärmeerzeugung oder dem Betrieb der unternehmenseigenen Pkw und Lkw wie Heizöl, Benzin, Diesel und Erdgas. Ebenfalls relevant sind Prozessemissionen und die Nachfüllungen von Kühl- und Klimaanlagen.

Zu »Scope 2« zählt man alle indirekten Emissionen eines Unternehmens, die aus der Erzeugung der von einem Unternehmen beschafften Energie resultieren: Strom, Fernwärme, Dampf oder Kühlungsenergie. Besteht der Fuhrpark auch oder ausschließlich aus Elektroautos, so werden die daraus resultierenden Emissionen im Bereich »Scope 2« im mobilen Bereich des verbrauchten Stroms erhoben. »Scope 3« bildet alle indirekten Emissionen ab, die aus dem Ablauf aller täglichen Unternehmensprozesse sowie dem Produktlebenszyklus resultieren und im Rahmen der Erhebung von »Scope 3«-Emissionen auf Grundlage des »GHGP Corporate Accounting and Reporting Standard« freiwillig und optional erhoben werden können. Dabei wird zwischen vor- und nachgelagerten (»Upstream« und »Downstream«) Prozessen in der Wertschöpfungskette unterschieden. Das GHG Protocol betrachtet hierzu 15 Kategorien, darunter eingekaufte Waren und Dienstleistungen, Kapitalgüter, Brennstoff- und energiebezogene Emissionen, Abfall, Geschäftsreisen, Pendeln der Mitarbeiter.

Die Reduktion der eigenen Emissionen wird meist als »Königsebene« auf dem Weg zur Klimaneutralität gesehen: Reduzieren, Effizienz steigern, zu grünem Strom wechseln. Aber all das hat seine Grenzen und dauert. Viele gewerbliche wie industrielle Klimagasemissionen bleiben auf Dauer unvermeidbar. Hier ist Kompensation die naheliegende Alternative und weltweit betrachtet besonders wirkungsvoll.

4.6_HOCHWERTIGE STANDARDS[33] – GUT FÜRS KLIMA UND DIE MENSCHEN

◆◆◆ Neben dem »Voluntary Carbon Standard«, der am häufigsten zur Anwendung kommt, ist der »Gold Standard« einer der renommiertesten Standards, wenn es um Klimaschutzprojekte geht. Er wird von den Nutzern besonders hoch eingeschätzt – was natürlich auch durch seinen geschickt gewählten Namen gefördert werden kann. Er wird vom Umweltbundesamt empfohlen. Die Messlatte für Klimaschutzprojekte liegt dabei durch besonders strenge Zertifizierungsrichtlinien für Klimaschutzprojekte sehr hoch. Der »Gold Standard« entstand aus der Zusammenarbeit von mehr als 40 Organisationen zum Thema, darunter beispielsweise dem World Wide Fund for Nature (WWF). Es gibt neben »Voluntary Carbon Standard« und »Gold Standard« noch eine ganze Reihe weiterer Qualitätsstandards [6, 29, 44, 62, 95, 106].

Der »Gold Standard«, der in Befragungen hohe Zustimmung findet [95], wurde ursprünglich als hochwertige Zusatzzertifizierung für internationale Projekte des »Clean Development«-Mechanismus des Kyoto-Protokolls ins Leben gerufen. Heute können auch Projekte des freiwilligen Markts gemäß dem »Gold Standard« zertifiziert werden und potenziellen Käufern auf diese Weise eine vertrauenswürdige Basis für ihre CO_2-Kompensationen bieten. Neben der reinen Verminderung und der aktiven Bindung von Treibhausgasemissionen werden bei der »Gold Standard«-Zertifizierung immer auch soziale und nachhaltigkeitsbezogene Anliegen, sogenannte Co-Benefits, im Rahmen der Zertifizierung überprüft. Co-Benefits sind ein wichtiges Thema. Es ist klar, dass jedes derartige Carbon-Zertifikat im Verhältnis zu seinem Preis ein Vielfaches an Zusatznutzen stiftet.

Darüber hinaus stellt der »Gold Standard« beispielsweise sicher, dass die Projektbetreiber auch umfangreiche Versicherungen abschließen müssen, zum Beispiel gegen Naturkatastrophen und Feuer. 20 Prozent aller durch ein Projekt produzierten »Carbon Credits« müssen dazu in einen gemeinsamen Sicherheitsausfalltopf gebucht werden. Im Falle eines Totalausfalls eines Projektes können die bereits angekauften Credits durch solche aus dem Ausfalltopf ersetzt werden. Das System erinnert entfernt an die Einlagensicherungsfonds der europäischen Banken.

Weiter wird durch die Zertifizierung unter anderem garantiert, dass alle relevanten Stakeholder angehört wurden, keine Menschenrechte verletzt werden, es nicht zu Zwangsumsiedlungen kommt, die umliegende Natur keine Schäden nimmt, keine archäologischen Stätten beschädigt werden, die Arbeit mindestens nach dem örtlichen Mindestlohn entlohnt wird und es keine Zwangsarbeit und keine unrechtmäßige Kinderarbeit gibt.

Die Co-Benefits sind bei Klimaschutzprojekten wichtig. Denn viele Käufer haben wenig Zeit, sich im Einzelnen mit Projekten zu beschäftigen. Wenn sich eine Käuferin oder ein Käufer für einen hochwertigen Standard entscheidet, will sie oder er sicher sein, dass es sich auch in Bezug auf soziale und nachhaltigkeitsbezogene Gesichtspunkte um gute Projekte handelt. Dass dies beim »Gold Standard« zutrifft, lässt sich zum Beispiel an sechs Co-Benefits aus verschiedenen Projektbereichen demonstrieren:

1 **Die Biodiversität wird verbessert.** Durch das Aufforsten von degradierten Böden und das Vermeiden der Abholzung eines Regenwalds, etwa für Feuerholz, gibt es einen direkten und tatsächlichen Zuwachs an Flora und Fauna. Indirekt wird zudem die Zerstörung von Flora und Fauna verhindert.

2 **Fossile Energieträger werden substituiert und die Zahlungsbilanz verbessert.** Das betroffene Land sollte aufgrund des Projekts weniger fossile Energie zur Stromherstellung importieren müssen als vorher. Das verbessert seine Zahlungsbilanz. Solar-, Wind- und Wasserenergieanlagen sind Beispiele für solche Projekte.

3 **Es werden neue Arbeitsplätze geschaffen.** Langfristig ausgerichtete Arbeitsplätze werden hierbei stärker gewichtet als kurzfristige, die nur zur Durchführung des Projekts dienen. Dabei haben Aufforstungsvorhaben Vorteile gegenüber den meisten anderen Projekten. Das liegt vor allem daran, dass zur Bewirtschaftung der Wälder viele langfristige Arbeitsplätze geschaffen werden müssen. Teilweise werden durch den Zuzug von Arbeitern auch neue Arbeitsplätze in den umliegenden Dörfern geschaffen.

4 Die Menge der individuell verfügbaren Finanzmittel erhöht sich. Ziel der Projekte ist es, dass für die betroffenen Menschen mehr Geld zur Verfügung steht als vorher. Ein Beispiel: Werden Solarkocher als Folge eines Projekts eingesetzt, entfällt beispielsweise ein Großteil der Aufwendungen für den Kauf von Brennholz oder Gas und Kerosin.

5 Die Gesundheit der Menschen verbessert sich. Die Projekte haben das Ziel, sich direkt und positiv auf die Gesundheit der Menschen vor Ort auszuwirken. So soll ihnen mehr sauberes Trinkwasser zur Verfügung stehen, oder sie sollen – beim Kochen – keinen oder weniger Rauch als zuvor einatmen müssen. Die Zahl der Atemwegserkrankungen, die in vielen Entwicklungs- und Schwellenländern ein erhebliches Gesundheitsrisiko für die Menschen darstellen, geht so zurück.

6 Die Lebensqualität wird angehoben. Die Projekte investieren teilweise direkt oder indirekt in das Gesundheits- und Bildungswesen sowie in die Möglichkeit, neue landwirtschaftliche Flächen zum Anbau von Grundnahrungsmitteln zu nutzen. Aufforstungsprojekte investieren oft in diesen Bereich, da sie eng mit den umliegenden Dörfern und ihren Gemeinschaften verknüpft sind.

Die Co-Benefits mussten bisher vom Projekteigentümer in den jeweiligen Faktenblättern beschrieben werden. Hier mangelte es oft an der guten Umsetzung oder den notwendigen medialen Inhalten, um die jeweiligen Aussagen zu stützen. Diesem Problem trägt der »Gold Standard« nun durch die Einführung eines neuen Standards Rechnung. Künftig werden die Co-Benefits direkt mit den SDGs verknüpft und in der Folge überprüft. Hierzu hat die »Gold Standard

Organisation« ihren neuen Standard »Gold Standard for the Global Goals«
veröffentlicht. Alle Projekte müssen ab dem 1. März 2018 in den neuen Standard überführt werden. Zwei der wichtigsten Änderungen: Es werden –
erstens – stärkere Nachweispflichten für die sogenannte »Additionalität«
gefordert. Projekte müssen im Fünf-Jahres-Rhythmus zeigen, dass weitere
finanzielle Hilfen durch den Verkauf der CO_2-Zertifikate nötig sind, um das
Projekt weiter zu betreiben. Das ist der Punkt der Additionalität, einer der
häufigsten Kritikpunkte, wenn es um Fragen der Transparenz und den Nutzen von Klimaschutzprojekten geht. Zweitens: Projekte können nun präsentieren, zu welchen der 17 verschiedenen »Sustainable Development Goals«
das Projekt (besonders) beiträgt. Ob und wie der Beitrag geleistet wird, wird
zukünftig durch den »Gold Standard« überprüft. Durch diese neue Transparenz und neue Abzeichen soll den Nutzern von CO_2-Zertifikaten ein
Mehrwert in der Kommunikation gegenüber ihren Stakeholdern geschaffen
werden. In Zukunft kann und soll man direkt auf den Faktenblättern der Projekte erkennen, zu welchen Zielen das Projekt einen Beitrag leistet. Jedes Projekt muss mindestens einen Beitrag in drei verschiedenen Bereichen leisten.

Auf allen Märkten für CO_2-Zertifikate ist eines der größten Probleme,
dass es zu viele Zertifikate gibt. Dies schlägt sich vor allem im Preis nieder
und bewirkt, dass »Klimasünder« zu sehr geringen Preisen ihre CO_2-Emissionen ausgleichen können. Dies wiederum führt in einigen Fällen dazu, dass
keine großen Anstrengungen zur Reduktion der CO_2-Emissionen unternommen werden. Mit der Einführung des »Gold Standard Renewable Energy
Label« will der »Gold Standard« erreichen, dass die großen Projekte aus dem
Bereich der erneuerbaren Energien zukünftig keine CO_2-Zertifikate mehr
ausschütten. Vielmehr werden jetzt Zertifikate generiert, die im Rahmen des
Strommarktes verwendet werden können und Zeichen hoher Qualität sind.
Durch diesen Schritt werden voraussichtlich viele hunderttausend CO_2-Zertifikate vom »Carbon Credit«-Markt verschwinden. Momentan gibt es allerdings noch keine genaueren Informationen zu der Frage, wie der Übergang
dieser Projekte genau ausgestaltet werden soll.

4.7_WIE DER EINZELNE KLIMANEUTRAL/ KLIMAPOSITIV WERDEN KANN

◆◆◆ Am einfachsten ist der Begriff Klimaneutralität aus der Sicht eines Individuums zu präzisieren, obwohl selbst das nicht ganz leicht ist. Man stellt sich hierzu vor, man könnte erfassen, für wie viele Klimagasemissionen ein Individuum konkret oder unzweifelhaft verantwortlich ist. Dann könnte man demgegenüber alle Aktivitäten des Individuums betrachten, die an anderer Stelle der Welt zu verminderten Klimagasemissionen (Einsparungen) führen oder dazu, dass man der Atmosphäre Klimagase entzieht (Minusemissionen). Wenn bilanziell mehr Positives bewirkt wird als Negatives, dann kann ein Individuum von sich zu Recht behaupten, dass es klimaseitig für die Welt kein Problem ist, dass also durch seine Existenz und durch das, was es tut, der Atmosphäre bilanziell keine zusätzlichen Klimagase zugeführt werden.

Ein Problem bleiben hierbei Emissionen, die stattfinden, aber keinem Individuum direkt zugeordnet werden können. Das bedeutet dann, dass die Summe der individuell zurechenbaren Emissionen kleiner ist als die Summe aller Emissionen der Menschheit, zum Beispiel als Folge der Emissionen im Bereich des Militärs oder im Straßenbau. Diese Emissionen müsste man dann gemäß irgendeiner plausiblen Logik auf die Individuen umlegen. Aber wie?

Weitere Fragen kommen hinzu. Wenn sich ein Individuum durch die Nutzung günstiger Aufforstmöglichkeiten oder durch günstige Möglichkeiten der forcierten Humusbildung für ein betrachtetes Jahr bilanziell klimaneutral stellt, könnte man argumentieren, dass nicht für alle Menschen solche Aufforstmöglichkeiten oder Möglichkeiten der forcierten Humusbildung bestehen – so viele Flächen gibt es vielleicht gar nicht. Und möglicherweise ist das auch nur eine temporäre Möglichkeit. Was ist, wenn alles aufgeforstet ist und überall Humus vermehrt wurde? Und was ist, wenn so ein Wald durch Brand vernichtet oder die Humusschicht eines Bodens durch unsachgemäße Behandlung wieder zerstört wird – als Naturkatastrophe oder gezielt durch Menschenhand? In einem gewissen Sinne nutzt der, der heute aufforstet oder Humus bildet, um klimaneutral zu sein, für sich als Vorteil aus, dass andere Menschen das nicht tun. Er ist insofern irgendwie begünstigt, zahlt irgendwie nicht die wahren Kosten für Klimaneutralität in dem Sinne, als das, was er tut, nicht auf 7,5 Milliarden Menschen extendierbar ist. Das ändert aber nichts daran, dass jemand, der genau das tut und der das so aufgrund welcher glücklichen Bedingungen auch immer tun kann, trotzdem zu Recht von sich behaupten kann, dass er sich klimaneutral gestellt hat. Dabei mag es sein, dass er günstige Bedingungen vorfand, dies tun zu können – ein sogenannter »Windfall Profit«. So wie jemand einen »Windfall Profit« nutzt, der auf heiße Quellen zugreifen kann – zum Beispiel in Island – und so klimaneutral preiswert Wärme in beliebigem Umfang für sich erschließt, auch wenn das nicht alle Menschen auf der Welt so machen können. Und so haben diejenigen Menschen vielleicht Vorteile, die in wärmeren Teilen der Welt leben – sie müssen weniger heizen –, aber vielleicht auch diejenigen, die in kälteren Teilen der Welt leben. Sie müssen weniger kühlen.

Natürlich kann es auch sein, dass ein aufgeforsteter Wald einige Jahre später abbrennt, mit der Konsequenz, dass das gebundene CO_2 wieder freigesetzt wird. Wird sofort wieder aufgeforstet, ist das nach wie vor in der Wirkung neutral, sonst nicht. Im »Gold Standard« wird deshalb mit der beschriebenen Versicherungslogik (20 Prozent der Kosten) operiert. Es bleiben die damit zusammenhängenden Schwierigkeiten, genau aufzulisten, wie groß die durch ein Individuum verursachten Klimagaseffekte sind. Bei manchen direkten Effekten ist das klar, bei der Benutzung eines Flugzeuges beispielsweise hingegen nicht. Und wer an einem Sportevent in einer großen Arena teilnimmt, bei dem ist auch nicht offensichtlich, wie das mit der Klimathematik zusammenhängt. Ist der Betroffene für die Existenz der Arena mitverantwortlich?

Wiederum kann man an dieser Stelle als Individuum rein bilanziell argumentieren, dass man seine Klimaneutralität für ein bestimmtes Jahr behauptet. Es geht dann also nur um die Dinge, die in diesem Jahr passiert sind. Die Behauptung ist: »In diesem einen Jahr habe ich durch meine Existenz nicht dazu beigetragen, dass in der Atmosphäre bilanziell mehr CO_2 da ist, als da wäre, wenn es mich nicht gäbe.« Man wird bei einer Sportarena, die schon da ist, bei einer Seilbahn, die schon da ist, bei Schneekanonen, die irgendwann einmal produziert wurden, um auch in wärmeren Wintern Hänge voll Schnee zu produzieren, zu Recht argumentieren können, dass dies alles schon früher passiert sei, unabhängig von der eigenen Existenz und unabhängig vom eigenen Tun und Handeln in diesem konkreten Jahr. Das wäre zumindest dann zutreffend, wenn die eigene Existenz keinen Einfluss auf das hat, was da ist und geschieht. Das Argument, dass, wenn keine an Sport interessierten Menschen existieren würden, die Arena nicht gebaut worden wäre, ändert nichts an der Tatsache, dass die Sportarena jetzt da ist, und das unbeschadet der Aktivitäten, die ich persönlich in diesem Jahr unternehme. Diese früheren Emissionen, die irgendwann beim Bau der Arena erzeugt wurden, müssen nicht für die eigene Klimaneutralität in diesem Jahr beachtet werden.

Anders sieht es bei nutzungsabhängigen Emissionen in diesem Jahr aus. Bei der Nutzung von Anlagen wird man sich anteilig im Verhältnis zu allen Beteiligten in dem Umfang, wie durch die Nutzung dieser Anlagen in diesem Jahr neue Klimagasemissionen entstehen, diese neuen Emissionen zurechnen lassen müssen. Wenn man also mit einem Flugzeug eine Fernreise unternimmt, dann muss man sich zwar nicht die Existenz dieses Flugzeuges zurechnen lassen, aber anteilig das, was mit diesem Flugzeug während der eigenen Reise an zusätzlichen Emissionen erzeugt wird. Und wenn in diesem Jahr neue Flugzeuge angeschafft werden, dann wird man sich irgendwie anteilig klimagasmäßig an diesen neuen Flugzeugen beteiligen müssen. Alternativ wird man vielleicht allgemein ein »Abschreibungsmodell« über die Lebenszeit des genutzten technischen Geräts akzeptieren müssen. Man kann all diese Fragen auch vertrauensvoll einem Dienstleiter überlassen und sich dann gleich bei Organisationen wie Atmosfair[34] klimaneutral stellen, wann immer man fliegt. Das erhöht den Flugpreis um etwa ein Prozent. Fliegen ist klimatechnisch keine so schlechte Lösung, wie oft behauptet wird: Die Klimabelastung aus einer 2000 Kilometer langen Autofahrt wird in der Regel höher sein als bei einem Flug. Das Problem ist allerdings, dass man in der Zeit, in der das Auto

2000 Kilometer fährt, mehrere Flüge über eine solche Distanz unternehmen kann. Alle weiteren hier dargestellten Überlegungen zur Klimaneutralität verlagern sich dann an dieser Stelle auf die Dienstleister. Ähnliche Überlegungen gelten auch für den weiteren Ausbau der Infrastruktur und für alles, was auf der öffentlichen Seite passiert. Umzulegen ist auch das erhebliche Emissionsniveau der Wirtschaft, insbesondere Produktion und Vertrieb, sowie der Landwirtschaft, insoweit diese Volumina nicht individuell zurechenbar sind.

Man wird dahin kommen, dass man alle in einem Jahr von Menschen induzierten Klimagase addiert, also auch die Methanemissionen (CH_4). Methanemissionen im Bereich der Ernährung werden heute betrachtet, nicht aber Methan als »stranded gas«, das teilweise bei der Ölförderung anfällt. Es sollte nach internationaler Konvention abgefackelt werden. Der CO_2-Effekt pro Tonne wird dann von etwa 24 Tonnen CO_2-Äquivalent pro Tonne auf etwa 4 Tonnen CO_2 abgesenkt. Aber selbst das passiert häufig nicht. Rinder erzeugen über ihre Methanproduktion bei der Verdauung CO_2-Äquivalente wie ein Kleinwagen, der 14 000 Kilometer in Jahr fährt. Aber es gibt doppelt so viele Rinder wie Kleinwagen (1,3 Milliarden) [77]. Wenn die Rinder allerdings grasen, tragen sie zur Humusbildung bei und werden dadurch tendenziell sogar klimaneutral [45]. Das Problem sind also Rinder in Intensivhaltung. Das ist die große Mehrheit.

Erzeugtes Methan in der Landwirtschaft wird also unter anderem auf die Fleischesser umgelegt werden müssen, abhängig vom Fleischverzehr, unter Umständen unterschieden nach grasenden Rindern und Rindern in Stallhaltung. Zuordnungen zielen immer direkt auf die Individuen, und zwar immer dann, wenn diese in einem direkten Sinne diejenigen Emissionen bewirken, um die es geht. Des Weiteren geht es auch um Umlagen zum Beispiel der Emissionen, die für den Bau von Infrastrukturen oder die Aktivitäten des Militärs und der Polizei getätigt werden. Letztere sind als Gemeinschaftsemissionen zu werten, die zugeordnet werden müssen. Wahrscheinlich wird man Gemeinschaftsemissionen so umlegen, dass man sie proportional zum Lebensstandard der Individuen oder über eine andere Quote zuteilt.

174

Vernünftigerweise wird man auch in die internationale Arbeitsteilung einsteigen, also Menschen in einem Land wie Deutschland auch die Emissionen zurechnen, die in chinesischen Produktionsprozessen entstanden sind, um Exporte nach Deutschland zu ermöglichen. Diesen »importierten« CO_2-Emissionen stehen dann aber auch »exportierte« CO_2-Emissionen gegenüber, die man wieder von dem betrachteten Volumen abziehen wird. Für Deutschland als Exportweltmeister ist das Ergebnis übrigens günstig in dem Sinne, dass wir einen enormen Exportüberschuss auch bei CO_2 haben: Im Jahr 2013 betrugen die gesamten CO_2-Emissionen der Importe nach Deutschland 466 Millionen Tonnen, die Exporte verursachten CO_2-Emissionen von 553 Millionen Tonnen. Der Überschuss betrug 88 Millionen Tonnen.[35]

In der Summe heißt das für Deutschland, dass die Gesamtemissionen unseres Landes, die zurzeit etwa 900 Millionen Tonnen CO_2-Äquivalent betragen, gedanklich durch die Zurechnung des Saldos im Import-Export-Geschäft auf etwa 800 Millionen Tonnen CO_2-Äquivalent absinken. Diese sind dann auf 80 Millionen Deutsche umzulegen. Das arithmetische Mittel sind dann etwa 10 Tonnen pro Kopf. Wenn man dieses individuell aufschlüsseln würde, hätte man dann im Einzelfall Emissionsvolumina von 3 bis 7 Tonnen für Individuen, die deutlich unterhalb des arithmetischen Mittels operieren, und Emissionsvolumina bis vielleicht 250 Tonnen bei den vergleichsweise wenigen Deutschen, die (weit) oberhalb des arithmetischen Mittels operieren. Aufaddiert wären das dann die Emissionen, die Deutschland insgesamt zuzurechnen sind. Die Individualemissionen in dieser Zurechnung wären dann das, was unmittelbar den einzelnen Menschen zuzurechnen ist, vergrößert um das, was per Umlage aus den Gemeinschaftsaktivitäten hinzukommt. Diese Volumina müssten dann bilanziell ausgeglichen werden, wenn sich eine Person als klimaneutral bezeichnen will.

Wichtig: Es geht hier insgesamt um überschaubare Beträge bei einem Mittelwert von vielleicht 10 Tonnen pro Jahr (in Deutschland); für die weit überwiegende Zahl der deutschen Bürger geht es um weniger als 7 Tonnen. Wobei wir in weltweiter Betrachtung heute bei durchschnittlich unter 5 Tonnen pro

Jahr liegen und die Menschen in den ärmsten Ländern weit überwiegend unter einer Tonne pro Jahr. Erwähnt sei hier, dass die ärmere Hälfte der Weltbevölkerung nur etwa 10 Prozent der weltweiten CO_2-Emissionen erzeugt [15]. Eine Tonne pro Jahr ist in etwa der heutige Durchschnittswert für Afrika. Ein Durchschnitt von einer Tonne pro Jahr ist als Durchschnittswert für die ganze Menschheit (nicht für alle Individuen, nicht als Durchschnittswert für alle Staaten) eine Zielmarke für 2050, wenn das Zwei-Grad-Ziel noch erreicht werden soll. Negativemissionen können dabei den Spielraum deutlich erweitern. Dabei ist es wichtig, dass wir über einen Durchschnitt reden. Menschen in reichen Ländern werden auch 2050 deutlich mehr als eine Tonne emittieren (selbst im Erfolgsfall der Klimaschutzbemühungen), vielleicht im Mittel 2 Tonnen, Menschen in armen Ländern weniger, beispielsweise 0,7 Tonnen. Wenn 6 Milliarden Menschen im Mittel 0,7 Tonnen emittieren, sind das 4,2 Milliarden Tonnen, wenn 2 Milliarden Menschen in reichen Ländern im Mittel 2 Tonnen verbrauchen, sind das 4 Milliarden Tonnen, in der Summe etwa 8 Milliarden. Und natürlich werden innerhalb der reichen Länder die meisten vielleicht bei 1,5 Tonnen operieren, andere bei 3 Tonnen und mehr. Und in ärmeren Ländern werden viele Menschen unter 0,5 Tonnen operieren und andere durchaus bei 2 Tonnen liegen. Wer das nicht akzeptieren kann, kann auch für eine kommunistische Gesellschaftsordnung eintreten.

Man kann sich hier in Deutschland mit ein paar Zuschlägen leicht auf die sichere Seite bringen. Wenn also ein deutscher Bürger mit durchschnittlichem Aktivitätsverhalten im Jahr 12 Tonnen CO_2 (oder gar 20 Tonnen CO_2) kompensiert, dann hat er bilanziell sicher mehr kompensiert, als er selber verursacht hat, und er kann von sich zu Recht behaupten, er sei klimaneutral, sogar klimapositiv. Und jemand, der ein sehr hohes Maß von Aktivitäten aller Art aufweist und dann vielleicht 250 Tonnen CO_2 pro Jahr kompensiert, der kann für sich dasselbe behaupten, wenn er diese Mengen kompensiert. Das heißt, dass auf der Ebene des Individuums die Situation relativ klar ist und begrifflich relativ gut erfasst werden kann. Es ist hier insbesondere auch möglich, auf die sichere Seite zu wechseln.

Es macht viel Sinn, sich bei der Thematik Klimaneutralität zunächst weiter auf das Individuum zu beziehen. Nicht nur ist die Zuordnung plausibel. Zusätzlich ist der Mensch ein entscheidender Akteur zum Thema, und dieser Akteur kann zudem die Situation bezüglich CO_2-Emissionen massiv verändern, sowohl durch sein Verhalten, als auch durch Kompensationsmaßnahmen. Wenn Individuen sich für einen CO_2-ärmeren Lebensstil entscheiden, zum Beispiel als individuell gewähltes Suffizienzprogramm, wenn sie sich also beispielsweise energetisch weitgehend durch erneuerbare Energie versorgen, ihr Haus nicht übermäßig heizen und kühlen, möglicherweise kaum das Auto benutzen, sondern primär das Fahrrad oder Elektrofahrrad, wenn sie wenig Fernreisen unternehmen, kaum Fleisch essen, dann können sie individuell ihre CO_2-Bilanz deutlich in Richtung 5 Tonnen pro Jahr und weniger reduzieren. Sie können so also erhebliche individuelle Reduktionen bewirken, wobei aber darauf zu achten ist, dass die eingesparten Emissionen dann nicht in anderer Form an anderer Stelle auftauchen (vgl. Info-Box 12). Das mag eine verringerte ökonomische Aktivität zur Folge haben, aber das ist in Ordnung, insoweit sich ein Individuum selber für diese Art Lebensstil entscheidet, der dann bei heutiger Technologie mehr Nachhaltigkeit ermöglicht. Und wenn das Millionen oder gar Milliarden von Menschen tun, sind wir beim Klima in einer deutlich besseren Lage als heute.

Zum Thema Suffizienz

Hilft Suffizienz dem Klima, der Umwelt, den sozial Schwächeren oder den Armen rund um den Globus? Und gibt es einen Unterschied zwischen einerseits *Zwangs-Suffizienz* durch geringes verfügbares Budget und andererseits Suffizienz als bewusst gewähltem Lebensstil? Es gibt in der Tat große Unterschiede zwischen beiden Typen von Suffizienz, und tatsächlich nutzen freiwillig veränderte Lebensstile in der Regel wenig für das Erreichen von Nachhaltigkeitszielen. Man versteht das gut, wenn man an Beispiele eines stärker suffizienten Lebensstils denkt, zum Beispiel daran, teures Mineralwasser in Flaschen durch das Wasser aus der Wasserleitung zu ersetzen, das in Deutschland eine hohe Qualität aufweist. Man spart viel Zeit und Geld, wenn man das tut, die Transportaufwendungen für Einkauf und Anlieferung des Mineralwassers entfallen, die Umweltbelastung durch Flaschen oder andere Verpackungen ebenso. Das Problem ist allerdings, dass das Geld, das sonst für das Mineralwasser ausgegeben worden wäre, jetzt noch im eigenen Portemonnaie ist. Und das gilt beim Wechsel vom Auto zum Carsharing oder dem Wechsel vom Motorrad zum Fahrrad ebenso. Es gibt aber kaum Möglichkeiten, Geld sozialverantwortlich und umwelt- und klimafreundlich auszugeben. Fast alle anderen Verwendungen des eingesparten Geldes erzeugen neue Probleme (eine Form des bekannten *Bumerang- oder Reboundeffekts* [60, 76]). Das gilt auch, wenn man das Geld zur Bank bringt oder in einem privaten Safe sammelt. Solche Aktivitäten haben indirekte Wirkungen auf die Finanzierung anderer Aktivitäten über den Bankensektor oder die Geldwertentwicklung. Das heißt, dass Geld, das man nicht selber ausgibt, immer von anderen ausgegeben wird. Hilfreich sind solche alternativen Verhaltensweisen deshalb in der Tendenz für die soziale Balance und/oder Umwelt und Klima nur, wenn die suffiziente Lebensweise gleichzeitig mindestens so teuer ist wie die bisherige nichtsuffiziente Alternative. Wenn also Leitungswasser im Lokal teurer wäre als Edelmineralwasser, vegetarisches Essen teurer wäre als übliche Mischkost mit Fleisch oder Fischanteil, der öffentliche Verkehr teurer wäre als ein eigenes Auto, dann wäre der positive Effekt von mehr Suffizienz klar, sonst ist er es nicht.

Es gibt natürlich noch eine andere Alternative. Man kann das eingesparte Geld so verwenden, wie es in diesem Buch vorgeschlagen wird. Man investiert es in Form verlorener Zuschüsse in *Kompensationsprojekte im Klimabereich in Nichtindustrieländern*. Dann ist das Geld weg, und man wird damit keine weiteren Umwelt- oder Klimabelastungen erzeugen. Über zahlreiche Co-Benefits fördert das Geld den Wohlstandsaufbau in armen Ländern und die Verbesserung der Situation der Menschen und der Natur vor Ort. Der Wohlstandsaufbau ist in diesen Ländern gemeinsames Ziel der Weltgemeinschaft (BIP-Wachstum mindestens 7 Prozent pro Jahr, vgl. SDGs 8), ist entscheidende Voraussetzung zur Stabilisierung der Weltbevölkerungsentwicklung und zur mittelfristigen Verminderung des Drucks im Bereich der Migration. Zugleich wird über die Mitfinanzierung erneuerbarer Energien in diesen Ländern und die Erzeugung erheblicher Volumina von *Negativemissionen* (zum Beispiel über Aufforstung in den Tropen oder Humusbildung und Nutzung von Bio-Kohle) dafür gesorgt, dass der Wohlstandszuwachs nicht zu erhöhten CO_2-Emissionen vor Ort führt.

Auf diese Weise gelingt Suffizienz. Der Kern ist dabei weniger der eigene veränderte Lebensstil, sondern die Bereitschaft, erhebliche eigene Mittel abzugeben für Andere in dem beschriebenen Kontext aus Klimastabilisierung und erreichten Co-Benefits. Die positiven Wirkungen der Veränderung des eigenen Lebensstils kommen hinzu. Dieser verändert sich in der Regel zwangsläufig durch den Verzicht auf eigenes Geld. Abgeben – an die Richtigen und für die richtigen Zwecke – erweist sich als der entscheidende Hebel.

Aber das ist schwierig. Vielen fällt es leichter, etwas an ihrem Lebensstil zu ändern, wenn sie dadurch einen Geldvorteil haben. Auf dieses Geld zugunsten anderer zu verzichten (verlorene Zuschüsse), das ist oft ein unüberwindbares Hindernis. Da erfindet man lieber das *»Bild vom Freikauf«*, um das eigene Geld behalten zu können.

Info-Box 12: Hilft Suffizienz – und wenn, dann wie?

Die Aussage ist hier nicht, dass das jeder tun soll oder muss. Es gibt nämlich auch ein alternatives Programm zu Nachhaltigkeit und Klimaschutz, wobei jeder zu beiden Seiten gleichzeitig beitragen kann. Das besteht darin, dass wir weltweit miteinander dafür sorgen, dass die »Global Governance« stimmt, dass deutlich mehr internationaler Transfer im Klimabereich stattfindet, dass Preise die Wahrheit sagen, dass in der Folge über die Märkte die richtigen Innovationen hervorgebracht werden, dass wir hoffentlich bald neue Energiesysteme erfinden, die überall verfügbar, relativ preiswert, umweltfreundlich und klimaneutral sind, und dass wir gemeinsam zur Verbreitung dieser Technologien beitragen. Das alles würde die Lage deutlich verändern. Dann können wir überall auf dieser Welt einen hohen Wohlstand in Verbindung mit Entwicklungs- und Nachhaltigkeitsanliegen realisieren und vielleicht sogar die Agenda 2030 umsetzen. Ohne erheblichen Geldinput aus den reichen Ländern wird dies nicht möglich sein. Und dieser Wohlstand kann auch ein Energiewohlstand im Unterschied zu Energiearmut sein.

So wie die »Not der Wälder« vor 300 Jahren durch das Finden der sogenannten »unterirdischen Wälder«, also Kohle, und, noch wichtiger, die Dampfmaschine fundamental verändert wurde [77], so können jetzt erneuerbare Energien die Situation völlig verändern. Wobei die erforderliche Klima- und Umweltfreundlichkeit nicht nur die Energieseite, sondern die gesamte Ressourcenseite abdecken muss. Ein Energiewohlstand der erhofften Art belastet dann das Klima – hoffentlich – nicht und belastet auch nicht die Umwelt. Energieverbrauch in größerem Umfang wäre dann vollkommen in Ordnung. Das wäre dann eine andere Art, eine Klimabalance herzustellen. Diesen Weg kann und sollte man auch dringend verfolgen. Dafür argumentiert dieses Buch.

4.8_WIE UNTERNEHMEN KLIMANEUTRAL/ KLIMAPOSITIV WERDEN KÖNNEN

◆◆◆ Die Klimaneutralität für Unternehmen sowie für Gebietskörperschaften, Städte, Organisationen und viele mehr ist ein begrifflich-konzeptionell schwierigeres Thema als die Klimaneutralität für Individuen. Allerdings gibt es einen interessanten Link zu beiden Themen, wenn nämlich Unternehmen sich entschließen, ihre Mitarbeiter klimaneutral zu stellen. Das wäre in jedem Fall ein interessanter Beitrag. Unternehmen könnten für sich als Positionierung, als Teil ihres »Employer Brandings«, die Position wählen, dass die gesamte Belegschaft aus klimaneutralen Mitarbeitern besteht, und damit zum Ausdruck bringen, dass das Unternehmen und die Mitarbeiter einen Beitrag dieses Typs erbracht haben. Nimmt man alle Familienmitglieder hinzu und täten das alle Arbeitgeber und Selbstständigen sowie die Sozialkassen und der Staat für die von ihrer Seite finanzierten und unterstützten Personen, wäre Deutschland fast klimaneutral.

Gerade bei größeren Unternehmen ist bezüglich der Mitarbeiter aufgrund von statistischen Ausgleichseffekten eine gute Ausgangssituation gegeben, um die Abschätzungen zum individuellen Klimafußabdruck radikal zu vereinfachen. Das ist der Ansatz von »BEaZERO«, einem Klimaneutralitätskonzept, das der Autor aktiv begleitet. Natürlich kann man dann die Mitarbeiter-Klimaneutralität von Unternehmen mit einer normalen Klimaneutralität für Unternehmen koppeln. So kann es sein, dass auf Unternehmerseite die Dienstreisen von Mitarbeitern bereits kompensiert werden, auch die klimaintensiven Flugreisen und die täglichen Dienstwege. Vieles ist dann auf Firmenseite schon kompensiert, was sonst den Mitarbeitern zuzuschreiben wäre. Das heißt, dass ein Teil der den Individuen zurechenbaren Emissionen dann ohnehin schon durch die Firma in ihrer eigenen Klimaneutralität abgedeckt wird.

Das Problem ist dann: Was versteht man unter Klimaneutralität aufseiten des Unternehmens? Dazu schaut man sich am besten die verschiedenen Ansätze und Standards an, die international zu diesem Thema vorliegen. Hier sind zunächst zwei große Bereiche zu unterscheiden. Auf der einen Seite steht der in Bezug auf Klima regulierte Teil der EU-Ökonomie, der unter dem europäischen Zertifikatssystem ETS operiert. Das betrifft etwa die Hälfte der Klimagasemissionen in der EU und so wichtige Sektoren wie die Energieerzeugung, die Eisen- und Metallproduktion sowie große sonstige industrielle Prozesse, etwa im Bereich der Chemie oder auch die Glasproduktion, die sehr energieintensiv ist. Das sind Schwergewichte in Bezug auf induzierte CO_2-Emissionen. Für den regulierten Teil der Ökonomie im europäischen ETS werden im Regulierungsbereich ausschließlich die oben beschriebenen Scope-1-Emissionen betrachtet. Scope-1-Emissionen sind die durch eigene Aktivitäten im Energiebereich unmittelbar hervorgerufenen Emissionen, für die ein Unternehmen dann als direkt zuständig deklariert wird. Das müsste man so nicht machen, ist aber eine natürliche Art der Zuordnung von Verantwortung.

Man würde sich in der Logik des EU-Klimaregimes, wenn es auf alle Unternehmen ausgedehnt würde, (nur) die Scope-1-Emissionen aller Akteure ansehen. Dabei sind generell gewisse Abgrenzungsfragen zwischen Unternehmen zu klären, etwa bei Mutter-Tochter-Beziehungen, wann und wie die Unternehmenstöchter mit in die Berechnungen für die Mutter einzubeziehen sind. Mit Blick auf die materielle Kontrolle ist dies naheliegenderweise immer dann der Fall, wenn ein Unternehmen über 50 Prozent der Anteile eines anderen Unternehmens kontrolliert. Bezüglich der betrachteten Aktivitäten wird man sich vernünftigerweise immer für den Bereich zuständig fühlen, in dem man selber (Mit-)Eigentümer und damit Verantwortlicher ist. Die Grenze zu einem nachfolgenden Prozess und damit einer anderen Verantwortung ist somit der jeweilige rechtliche Eigentumsübergang. Zu klären und zu kommunizieren ist dann auch, über welche Firmenteile man bezüglich Klimagasemissionen territorial berichtet: Sind es Aktivitäten in nur einem Land? In ganz Europa? Weltweit?

Damit ist Folgendes klar: Wenn man über ein Unternehmen und seine behauptete Klimaneutralität spricht, dann ist anzugeben, was der Verantwortungsraum der Aktivitäten dieses Unternehmens ist, bis wo dieser geografisch reicht und welche erzeugten Klimagasemissionen auf jeden Fall betrachtet werden, nämlich die schon erwähnten Scope-1-Emissionen.

In vielen Richtlinien zum Messen und Dokumentieren von Klimagasemissionen werden immer auch Scope-2-Emissionen und Scope-3-Emissionen hinzugenommen. Scope 2 bezieht sich dabei auf die anteilige Nutzung von Fremdenergie, also beispielsweise auf die Nutzung von Strom, den ein Unternehmen von einem anderen Unternehmen bezieht. Hier ist dann zu unterscheiden, ob es sich um Ökostrom oder um anderen Strom handelt. In der hier gewählten Betrachtung bedeutet die Nutzung von Ökostrom, dass für die eigene CO_2-Bilanz nur wenige Emissionen zu betrachten sind, für die man Verantwortung trägt. Noch einmal: Eine Frage ist, wieso man solche Emissionen überhaupt betrachtet – diese sind ja eigentlich dem Erzeuger zuzurechnen. Auch kann man fragen, ob nicht eigentlich der Energiemix eines Staates für jeden Akteur in diesem Staat zugrunde zu legen ist. Üblich ist aber die Einbeziehung von Scope 2 in der hier verfolgten Weise, weil das nämlich die Klassifikation im »Greenhouse Gas Protocol« (GHGP) ist, auf die sich viele Akteure verständigt haben. Das zeigt übrigens deutlich, wie wirksam Framing ist. Ist eine solche Sicht auf die Realität einmal durchgesetzt, ist es fast unmöglich, eine alternative Linie zu verfolgen, egal wie stark die Argumente sind.

Was man sofort erkennt: Scope-2-Emissionen eines Unternehmens sind Scope-1-Emissionen vorgelagerter Unternehmen (»Upstream«-Seite). Wenn man eine Betrachtung entlang der Wertschöpfungskette vornehmen würde, wie bei der Mehrwertsteuer, dann würde für ein Unternehmen der gesamte

Upstream-Bereich bis zur Grenze der eigenen Aktivitäten betrachtet werden müssen. Man könnte dann aber analog zur Vorsteuer im Mehrwertsteuerbereich die entsprechenden Klimagasbelastungen von Unternehmen auf der vorgelagerten Strecke (»Upstream«) wieder abziehen. Denn für deren Neutralisierung wären ja die Unternehmen im »Upstream«-Bereich zuständig – und sie wären dazu verpflichtet, diese Neutralisierung vorzunehmen, was heute nicht der Fall ist. Man müsste also Scope-2-Emissionen gar nicht betrachten, so wie das heute im regulierten Teil des EU-Zertifikateregimes vernünftigerweise auch der Fall ist.

Heute gibt es aber noch keine allgemeine Pflicht zur Neutralisierung. Einige Stromproduzenten liefern trotzdem emissionsfreie Energie. Manche Unternehmen bestehen auch auf Neutralität in der Zuliefererkette. Sie kaufen zum Beispiel nur noch eine klimaneutrale Logistik ein. Große Logistikanbieter wie DHL bieten solche Dienstleistungen heute an. Sie bilden ein wachsendes Marktsegment. Und die Deutsche Bahn stellt ohnehin all ihre Karteninhaber klimaneutral. Wobei die Bahn eine besondere Qualität der Argumentation anbieten kann. Sie hat ihr eigenes Stromnetz und nutzt nur Strom, der exklusiv für die Bahn erzeugt und dann tatsächlich auch in ihr eigenes Netz eingespeist wird. Generell ist zu überlegen, ob man in seinen Klimaneutralitätsbegriff Scope-2-Emissionen miteinbezieht oder nicht. Wir tun das im Weiteren, weil das im GHG-Protokoll für die Bestimmung des CO_2-Fußabdrucks so Standard ist und einfache Lösungen sinnvoll sind, weil sie keine Diskussionen erfordern und frei von Reputationsrisiken sind.

Es bleibt dann der Scope-3-Bereich übrig. Dort werden die Themen betrachtet, die nicht unmittelbar mit selbst erzeugter oder zugekaufter Energie und zugehörigen Prozessen zusammenhängen, wie Dienstreisen, der Betrieb von Kantinen und Kühlflüssigkeiten oder die Wassernutzung. Hier ist auch zu unterscheiden zwischen »Upstream« und »Downstream«, also zwischen der vor- und der nachgelagerten Kette. Zu beachten ist Folgendes: Zunächst einmal sind alle hier genannten Unterscheidungen Elemente von Reportingstandards. Der Begriff Klimaneutralität ist, wie gesagt, gesetzlich nicht geschützt, es gibt aber Versuche, auch hierfür Standards zu entwickeln. Diese Standards weisen regelmäßig verschiedene Probleme auf. Zum Beispiel ist eine häufig anzutreffende Formulierung die, dass man Komponenten im Scope-3-Bereich wie den Betrieb von Kantinen nur dann betrachtet, wenn sie nicht unwesentlich sind, also zum Beispiel mindestens ein oder 5 Prozent der Gesamtsumme der Emissionen eines Unternehmens betragen. Eine gewisse Unlogik besteht darin, dass man dazu aber die betreffende Größenordnung abschätzen muss, sonst könnte man ja nicht wissen, ob es weniger als ein oder 5 Prozent sind, die dort anfallen. Wenn eine solche Abschätzung möglich ist und geleistet wurde, kann man dann diese kleinen Beiträge aber auch gleich mitkompensieren. Das wäre vor allem dann nötig, wenn man 100 verschiedene Ein-Prozent-Bereiche geeignet zu bedenken hätte. Sie aus der Betrachtung auszuschließen wäre sachlogischer Unsinn.

Oft wird bei Scope-3-Themen auch argumentiert, dass man Bereiche weglässt, deren Zahlen man nicht mit vertretbarem Aufwand erschließen kann. Dann sind das vielleicht Ein- oder Fünf-Prozent-Bereiche, aber vielleicht auch viel wichtigere. Man weiß es nicht, da man die Zahlen nicht kennt, etwa weil Vorlieferanten die Daten bekannt geben müssten, dies aber nicht tun. Wenn das aber so ist, dann sollte man ehrlich zugeben, dass man an dieser Stelle im Wesentlichen gar nichts weiß und sich mit seinen Angaben irgendwo auf einer Willkürebene bewegt, nämlich bei gewissen Scope-3-Elementen, die man entweder betrachtet oder auch nicht, je nach Datenlage.

Da man die Zulieferer in seiner Beschaffung selbst auswählt, hat man dort einen gewissen Einfluss auf die Verhältnisse. Man kann also wie bei Scope-1- und Scope-2-Emissionen auch bei »Upstream«-Scope-3-Emissionen argumentieren, dass man über die Zurechnung der Verantwortung einen klugen, klimafreundlichen Einkauf fördern will. Bei »Downstream« ist das nicht so. Scope 3 ist tendenziell schwierig, vor allem in der nachgelagerten Lieferkette. Denn da stellt sich sofort die Frage, wofür ein Unternehmen eigentlich verantwortlich ist, wenn es beispielsweise Automobile produziert. Ist der Produzent in einem plausiblen Sinne verantwortlich dafür, dass Menschen mit diesem

Auto fahren? Ist er verantwortlich dafür, wie viele Kilometer diese Menschen durchschnittlich pro Jahr fahren und wie viel sie dabei an Benzin, Diesel oder Gas verbrauchen und damit an CO_2 emittieren? Ist der Hersteller verantwortlich dafür, wie seine Produkte später entsorgt werden, vor allem dann, wenn gebrauchte Fahrzeuge irgendwann in anderen Erdteilen noch ein zweites oder drittes Leben entfalten?

Dies ist schwierig. In einer Marktwirtschaft, in der kein Akteur einen dominanten Einfluss haben soll, ist der Einfluss des einzelnen Herstellers gering. Wenn er ein Gut nicht anbietet, tut es ein anderer. Auch das Argument eines Anreizhebels in Richtung Hersteller ist nur begrenzt wirksam. Für Unternehmen im Automobilsektor gibt es gute Gründe dafür, das Ziel zu verfolgen, dass ihre Automobile wenig Kraftstoff verbrauchen. Und diese Gründe sind lebenspraktisch sehr wirksam. Hiermit wird von Herstellerseite oft geworben. Die Steuern auf Kraftstoffe sind nämlich viel höher als der CO_2-Vermeidungspreis. Für die Kunden im Flugbereich sind ebenfalls solche Flugzeuge vorteilhaft, die wenig Kerosin verbrauchen, denn Kerosin ist in dieser Branche ein wichtiger Kostenfaktor. Es gibt deshalb starke ökonomische Anreize, Flugzeuge zu entwickeln, die energiesparend sind. Der indirekte CO_2-Effekt ist als zusätzlicher Anreiz in diesem Kontext dann relativ unbedeutend. Bei Automobilen kann man zu heutigen Preisen das Auto klimaneutral stellen, wenn man den Kraftstoffpreis um vielleicht 3 Cent pro Liter erhöht. Auf dem Benzinpreis sind aber ohnehin 65 Cent Steuern zu zahlen, da fallen 3 Cent mehr oder weniger kaum auf. Da man CO_2-Vermeidung am besten da betreibt, wo sie am wenigsten kostet, ist es dann auch nicht sinnvoll, den Benzinpreis zum Zweck des Klimaschutzes um vielleicht 20 Cent zu erhöhen. Das Geld setzt man besser woanders ein, wo mit dem Geld viel größere positive Klimaeffekte erreicht werden können als beim Automobil, zum Beispiel in internationaler Kompensation.

4.9_WAS KLIMA-ZERTIFIKATE KOSTEN

◆◆◆ Will man viele Akteure für Klimaneutralität gewinnen, sollte man Zertifikate zu fairen Preisen vermitteln, etwa gute Projekte mit »Voluntary Carbon Standard« oder »Gold Standard« und Transaktionsaufschlägen mit Augenmaß. Es ist offensichtlich, dass bei großen Mengen von Zertifikaten, die eventuell zur Neutralisierung erforderlich werden, der Preis pro Tonne eine große Rolle spielt. Insbesondere ist es dann auch eine wichtige Frage, wie der Preis für die Projektseite aussieht, die die CO_2-Emissionen einspart. Wie viel von dem Preis, der demjenigen abverlangt wird, der CO_2 kompensieren oder sich sogar klimaneutral stellen will, erreicht letztlich diejenigen Akteure, die das konkrete Projekt durchführen, das die Zertifikate zur Verfügung stellt? Also die konkrete Aufforstung in den Tropen in Afrika oder die kontinuierlich forcierte Humusbildung auf einer bestimmten landwirtschaftlichen Fläche? Denn nur dieses Geld hilft der Entwicklung vor Ort und den Menschen, die dort arbeiten, aber auch der Qualität bezüglich Biodiversität, die dort realisiert werden kann. Diese konkrete Hilfe vor Ort und damit erzielbare Co-Benefits sind für den, der sich für Klimaneutralität engagiert, oft ein starkes Motiv, dieses zu tun, und zwar über den reinen Klimaeffekt hinaus. Es ist oft auch ein Motiv, nicht nur auf billige Zertifikate zu schauen, wobei die Wirkung des Preises ein Thema bei Erstemissionen ist, also bei neuen Projekten, nicht bei schon mehrfach gehandelten Zertifikaten, denn für die ist letztlich die Marktsituation für Zertifikate bestimmend. Erstemissionen von Zertifikaten erlauben besseres Verstehen, man kann sich selber mit dem Projekt beschäftigen, man kann die Projekte oft sogar besuchen. Das kann die Motivationslage in diesem Umfeld für alle Beteiligten sehr verbessern, auch für Mitarbeiter und deren Familien.

Interessant ist der Ansatz der Viebrockhaus AG, die eng mit dem Senat der Wirtschaft und seiner »World Forest Foundation« zusammenarbeitet. Das Unternehmen verkauft und baut Energiesparhäuser aus Stein und kompensiert die Klimabelastung im Herstellungsprozess seit 2012 durch bisher 45,4 Hektar

Regenwald in Panama, wobei kalkulatorisch ein 50-Jahres-Aufwachszeitraum für den Wald unterstellt wird. Jährlich wächst der »Viebrockwald« um etwa 12 Hektar! Jeder Bauherr sichert dabei für 50 Jahre den Schutz von 150 Quadratmeter der Fläche, die nach Berechnungen von Fachleuten die beim Bau des Hauses entstehende CO_2-Emission komplett ausgleicht. Einige Bauherren konnten zwischenzeitlich bereits ihren »eigenen Wald« in Panama begutachten. Wenn das eingesetzte Geld den Menschen vor Ort im Sinne weitergehender Nachhaltigkeitsanliegen zugutekommen soll, dann bleibt man am besten bei Erstemissionen von Zertifikaten, beschäftigt sich mit dem konkreten Projekt und vermeidet die Haltung »Geiz ist geil«. Dabei darf es aber dann nicht so sein, dass die Mittel zum weit überwiegenden Anteil im Vermittlungsbereich »verloren« gehen. Man wird also fragen, wie viel von den Kosten der Zertifikate vor allem bei Erstemissionen als Transaktionskosten einerseits entlang der Handelskette für die Zertifikate und andererseits bei dem Dienstleister verbleiben, den man mit der Aufgabe betreut, dieses alles zu untersuchen und zu organisieren. Hier sind in der Tat Transaktionsaufwendungen zu bezahlen. Man muss nämlich die richtigen Projekte identifizieren, die entsprechenden Zertifikate kaufen, die Stilllegung von Zertifikaten auf entsprechenden IT-Plattformen registrieren, dem Kunden darüber eine Urkunde zustellen, alles dokumentieren und die Mitarbeiter bezahlen und Steuern entrichten. Zu fragen ist aber, ob der Transaktionszuschlag der dominierende Kostenfaktor in den Zertifikatskosten ist oder der kleinere Teil. Wünschenswert wäre, dass bei Erstemissionen deutlich mehr Geld beim Projekt ankommt als auf der Transaktionsstrecke verbleibt. Dies vor allem bei teuren Zertifikaten, die bei Erstemissionen Sinn machen können, wenn nämlich über die Klimaseite hinaus weitere Nachhaltigkeitsanliegen (Co-Benefits) adressiert werden.

Akteure, die kompensieren beziehungsweise sich sogar klimaneutral stellen wollen, sollten konsequenterweise immer Informationen von ihrem Dienstleister anfordern, und zwar insbesondere zu der Frage, ob es sich um Erstemissionen handelt oder nicht. Wenn ja, sollten sie detaillierte Informationen zu dem Projekt anfordern und diese studieren. Des Weiteren ist in diesem Fall eine Kennzahl über den Anteil der Zertifikatskosten, die vor Ort ankommen, hilfreich. Denn das, was weltweit an Entwicklung durch Maßnahmen zu Klimaneutralität ermöglicht wird, hängt insbesondere daran, wie viel von dem jeweiligen Geld dann auch in den ärmeren Ländern ankommt. Hohe Zertifikatspreise, von denen im Wesentlichen fast nichts in den Zielländern landet, helfen der globalen Entwicklung nicht. Andererseits helfen häufig auch extrem niedrige Zertifikatspreise nicht, weil dadurch möglicherweise auch nichts vor Ort bewegt werden kann.

Wer Klimaneutralität anstrebt, sollte zunächst bei sich zu Hause, vor Ort, die Klimagasemissionen senken. Das ist ein wichtiger Beitrag, der auch erfolgen muss. Vernünftigerweise sollte das aber mit Augenmaß bezüglich der Kosten geschehen. Es gilt immer, das »Pareto-Prinzip« zu beachten: Häufig kann man mit 20 Prozent der Kosten 80 Prozent der Effekte erzielen. Will man noch mehr, wird es teuer, während man damit nur wenige Effekte erzeugt. Dann ist Kompensation die bessere Lösung, vor allem wenn man beachtet, dass Kompensation kein Freikauf ist. Und wenn man das verstanden hat, wird man auch nicht wollen, dass die Politik Menschen in relativ wirkungslose Aktivitäten zwingt, sondern zumindest die Wahlmöglichkeit eröffnet, alternativ geeignete Kompensationsprojekte zur Umsetzung der SDGs zu verfolgen.

Der Autor hat mit dem Forschungsinstitut für anwendungsorientierte Wissensverarbeitung/n in Ulm (FAW/n) und mit dem Gesamtverband der Deutschen Wohnungsbauwirtschaft (GdW) untersucht, wie das im Bereich der energetischen Sanierung von Gebäuden aussieht [11, 24]. Hier ist fundamental zu unterscheiden zwischen energetischer Sanierung im natürlichen Sanierungsrhythmus der Gebäude und energetischer Sanierung gegen diesen Rhythmus. Dann ist zu fragen, ob Einsparungen der Energiekosten das Ziel der Maßnahmen darstellen oder Reduktion der CO_2-Emissionen. Und es geht darum, ob ein Eigentümer nach eigener Logik operiert oder der Staat ihn zu etwas drängt oder gar nötigt. Bei Sanierung gegen den natürlichen Rhythmus werden die eingesparten Tonnen CO_2 exorbitant teuer, das macht als Pflichtprogramm keinen Sinn. Befindet man sich im Bereich der internationalen Kompensation, gibt es zwei große Alternativen, neben zahlreichen kleineren Projektaktivitäten, die, wie dargestellt, ebenfalls Sinn ergeben: Einerseits die Verringerung von Emissionen, andererseits das Herausziehen von Emissionen aus der Atmosphäre. Ferner kann man unterscheiden zwischen einem Bereich, in dem Zertifikate für legale Verpflichtungen im Bereich Klimagasemissionen genutzt werden können, und anderen Bereichen. Die legale Seite betrifft heute vor allem das europäische Zertifikatssystem und CDMs der Vereinten Nationen. Wobei CDMs als internationale Elemente in der Folge des Paris-Vertrags durch andere Mechanismen ersetzt werden sollen, die aber noch nicht abschließend fixiert sind. Hinzu kommen dann Zertifikate im sogenannten freiwilligen Markt. Jeweils ist dann auch zu überlegen, welchen Standards die Zertifikate genügen sollen.

Bei der Verminderung von Emissionen im gesetzlichen Bereich sind die europäischen Zertifikate und die – allerdings jetzt ablaufenden – CDMs zu betrachten. Es ist also abzuwarten, was die weiteren Verhandlungen der Staaten zu diesem Thema bringen. Für das europäische Zertifikatssystem gilt Folgendes: Jeder kann etwa über Zwischenhändler europäische Zertifikate erwerben und stilllegen. Im regulierten Bereich der EU-Ökonomie finden dann entsprechend weniger Emissionen statt, sieht man von der Problematik des Carbon Leakage, also der Verlagerung von Produktionen auf der EU heraus, einmal ab [70, 94]. Über Stilllegungen kann man also den Gesamtumfang an Emissionen mindern. Über einen längeren Zeitraum betrachtet, werden durch solche Maßnahmen die Zertifikatspreise steigen. Das ist gut so. Das sorgt dafür, dass Unternehmen im ETS-regulierten Bereich mehr Interesse daran haben, bei sich Emissionen abzusenken. Und bei Neuausgabe von Emissionsrechten hilft es dann in dem Sinne, dass bei höheren Preisen dem Staat mehr Mittel zufließen, die er wiederum in Klimaaktivitäten investieren kann. Sei das nun die Forschung oder sogenannte NDC-Partnerschaften oder beispielsweise Finanzierungen im Rahmen des Weltklimafinanzausgleichs, wie er jetzt in Paris bestätigt wurde.

Interessant ist auch die Verwendung von CDMs selbst. Sie waren eines der klügsten Instrumente des Kyoto-Vertrags, wobei sie in der Folge von Paris jetzt durch andere Konstrukte ersetzt werden sollen. Akteure aus wohlhabenden Ländern konnten in Projekte in ökonomisch schwächeren Ländern investieren, die dort die Emissionen senkten, wobei nur solche Projekte infrage kamen und kommen, die Additionalität bewirken, die also ohne den Finanzzufluss aus dem Zertifikateverkauf nicht hätten finanziert und realisiert werden können. Die so eingesparten Emissionen konnten als Klimazertifikate für Interessenten angeboten werden. Diese konnten damit eigene Verpflichtungen im Rahmen des regulierten Teils der EU-Ökonomie erfüllen (ETS-Bereich) oder freiwillige Kompensation betreiben. CDMs sind in Deutschland im ETS-Bereich als sogenannte »CER« anrechenbar, und zwar bis zu 27 Prozent der eigenen Verpflichtungen. Die Nutzungsquote von CERs für deutsche Unternehmen betrug in der zweiten Handelsphase des EU-ETS 22 Prozent der Zuteilung. Nicht genutzte CERs konnten die Unternehmen ab 2013 anteilig für ihre Verpflichtungen einsetzen. Wie erwähnt, kann man die Zertifikate auch nutzen, um freiwillig zu kompensieren oder sich sogar freiwillig klimaneutral/klimapositiv zu stellen. CDM-Projekte brauchen die Zustimmung der zuständigen UN-Einrichtungen, wodurch eine Qualitätssicherung gegeben ist. Die Projekte waren in der Regel ausgerichtet auf die Absenkung von Emissionen in sich entwickelnden Ländern, beispielsweise durch die Modernisierung von Kraftwerken, den Bau von Windkraftanlagen oder die Beschaffung von Solarkochern. Das sind Projekte, die das Leben der Menschen in Entwicklungs- und Schwellenländern vor Ort verbessern (Co-Benefits) und gleichzeitig die Klimagasemissionen absenken.

Für die Zustimmung der Vereinten Nationen war und ist – wie beschrieben – der Aspekt der Additionalität von entscheidender Bedeutung. Infrage kommen also nur Projekte, die nicht sowieso stattgefunden hätten. Nur solche können CO_2-Zertifikate erzeugen. Es müssen also positive Klimaeffekte entstehen, und das durch Projekte, die ohne die internationale Finanzierung unter Nutzung des Verkaufs von Klimazertifikaten keine Chance auf Realisierung gehabt hätten. Der Zertifikatspreis, der geleistet wird, ist insofern (als »verlorener Finanzierungsbeitrag«) eine wichtige, wenn auch häufig nur ergänzende Finanzierungsquelle, um erwünschte Aktivitäten zu ermöglichen. Für viele Menschen ist die Überwachung durch die UN als Absicherung für Qualität der CDM-Projekte aber nicht ausreichend. Erwünscht ist eine zusätzliche Zertifizierung. In diesem Umfeld entstand der schon mehrfach erwähnte »Gold Standard«. Es gibt viele CDMs mit »Gold Standard«. Wenn man diese erwirbt, ist man auf der sicheren Seite. Der Autor empfiehlt bei CDMs, sich auf den »Gold Standard« zu konzentrieren. Das gilt entsprechend auch für den freien Markt, auf dem ähnliche Projekte durchgeführt werden. Die Zertifikate sind dann nicht legal nutzbar, aber sie haben über den »Gold Standard« oder andere hochwertige Standards eine ähnliche Qualität und sind geeignet für Maßnahmen der freiwilligen Klimaneutralität.

Ein besonderes Potenzial bietet der »Adaptation Fund« der UN zum Kyoto-Protokoll. Wenn die oben beschriebenen CDMs erzeugt werden, gehen automatisch 2 Prozent kostenlos an die Vereinten Nationen. Diese können diese Zertifikate verkaufen und nutzen die Mittel, um klimaschutzbezogene Projekte in ärmeren Ländern zu fördern, die besonders vom Klimawandel betroffen sind, und zwar Projekte der Anpassung an den Klimawandel und Maßnahmen gegen den Klimawandel. Zertifikate des »Adaptation Fund« sind eine Königsebene in der Welt der Zertifikate, weil die Zertifikate bereits einmal eine volle Klimawirkung und oft weitere Nachhaltigkeitswirkungen entfaltet haben, als sie generiert wurden. Indem sie dann kostenlos den Vereinten Nationen zufließen und über den Verkauf Mittel zur Unterstützung der ärmsten Staaten in der Anpassung an den Klimawandel generiert werden, erzielen sie ein zweites Mal positive Effekte: Effekte bezüglich nachhaltiger Entwicklung und bezüglich des Klimas. Die Aktivitäten haben den besonderen Schutz der Vereinten Nationen, die nicht nur die ursprünglichen CDM-Projekte betreut haben, sondern jetzt Eigentümer dieses Zwei-Prozent-Anteils im »Adaptation Fund« sind. Verwaltet werden die Mittel des Fonds heute operativ über die Weltbank als Dienstleister der UN, die die Verwaltung und Vermarktung dieser CDMs übernimmt. Damit ist auch die Weltbank als weiterer Garant für die Qualität involviert. Der Senat der Wirtschaft tauscht sich aus diesem Grund regelmäßig mit Partnern auf der Weltbankseite zum Thema aus.

Mittlerweile, also im Jahr 2018, ist der Preis für CDMs sehr tief. Er liegt im Cent-Bereich. Das liegt daran, dass dieser Zertifikatstyp im legalen Bereich nur zu 27 Prozent im europäischen Zertifikatssystem angerechnet werden kann. Die Zertifikate befinden sich damit in Konkurrenz zu dem großen Überschuss an Zertifikaten des ETS, die im Moment für 5 oder 6 Euro zu haben sind. Der qualitativ hochwertige Teil der CDMs vom Typ »Gold Standard« liegt ebenfalls bei 5 Euro. Bei den Preisen für CDMs – und auch anderer Zertifikate – ist Folgendes zu beachten: Selbst wenn der Preis heute sehr niedrig ist, war der Preis im Entstehungsprozess in der Regel hoch, zum Beispiel 30 US-Dollar. Es sind entsprechende Mittel in die Projekte vor Ort geflossen, dort für die Menschen wirksam geworden. Wenn jemand heute diese Zertifikate sehr preiswert kaufen kann, ist das ein Effekt eines nicht besonders gut funktionierenden Zertifikatemarktes, der hier wirksam wird. Man kann es auch so ausdrücken: Die Verluste haben in diesem Fall andere zu tragen, die nämlich in dem Tauschprozess der Zertifikate zwischenzeitlich – und teilweise spekulativ – involviert waren. Diese haben vielleicht auf steigende Preise gewettet, es kam dann aber anders. Insofern müssen auch sehr preiswerte CDMs aus Sicht der Betroffenen vor Ort kein Nachteil sein. Aber in der Kombination mit dem »Gold Standard« und dem »Adaptation Fund« hat man eine »Königsebene«. Das gilt insbesondere auch für den Aspekt, dass die dem »Adaptation Fund« zufließenden Mittel letztlich als Elemente eines weiteren Klimafinanzausgleichs zugunsten der ärmsten Länder wirksam werden sollen.

Empfehlenswert ist es deshalb, bei der Zusammenstellung von Zertifikatspaketen insbesondere drei Elemente miteinzubeziehen: 1. Zertifikate des Adaptation Fund, und zwar solche mit »Gold Standard«. 2. Zertifikate aus dem freien Markt, ausschließlich solche von hoher Qualität. 3. Die Stilllegung von Zertifikaten des EU-Trading-Systems. Wenn man bei Typ-2-Zertifikaten verschiedene Anwendungskategorien mischt, also etwa Windkraftprojekte auf der einen und Aufforstungsprojekte auf der anderen Seite, lässt sich ein Mischpreis erzielen, der unter 5 Euro liegt. Die sonstigen Nachhaltigkeitswirkungen zugunsten der lokalen Community sind unterschiedlich. Bei Aufforstungsprojekten sind sie in der Regel deutlich höher als bei Windkraftwerken. Die Aufforstungsprojekte, aber auch Projekte zur forcierten Humusbildung, die aber bisher kaum angeboten werden, sollten daher tendenziell eher den größeren Anteil im Portfolio ausmachen.

4.10_DER FREIWILLIGE MARKT FÜR CO_2-ZERTIFIKATE

◆◆◆ Soll der in diesem Buch vorgeschlagene »Milliarden-Joker« umgesetzt werden, muss der Zertifikatemarkt im freiwilligen Bereich in den nächsten Jahren dramatisch erweitert werden. Allein für deutsche Akteure muss fast eine Milliarde Tonnen CO_2-Zertifikate hinzukommen. Das heißt, dass in diesen neuen Märkten Tausende von Menschen auf unterschiedlichen Ebenen arbeiten und ihre Jobs finden werden – vielfach neue Jobs. Das ist nicht überraschend. Das Klimaproblem ist neben dem Bevölkerungswachstum das dominierende weltweite Thema. Ob es im Sinne des Zwei-Grad-Ziels gelöst werden kann, ist alles andere als klar. Aber wenn, dann wird es dazu vieler Aktivitäten vieler Menschen bedürfen.

Der Beginn des freiwilligen Kohlenstoffmarktes datiert etwa 20 Jahre zurück. Das Instrument der Klimakompensation wurde im Kyoto-Vertrag für den verpflichteten Kohlenstoffmarkt (»Compliance-Markt«) etabliert. Hierin werden weit überwiegend Emissionen von Unternehmen in Industrieländern durch den Kauf von zertifizierten Emissionsreduktionen aus Projekten in Entwicklungs- oder Schwellenländern ohne Emissionsreduktionsziel unter dem Kyoto-Protokoll ausgeglichen. Die Basis dafür ist der sogenannte CDM-Mechanismus, ein besonders intelligentes Instrument des Kyoto-Protokolls zur

Förderung der Zusammenarbeit zwischen Industrieländern und Nichtindustrieländern (vgl. Info-Box 13).

Der CDM des Kyoto-Protokolls

Der CDM ist ein besonders kluger Mechanismus des Kyoto-Protokolls. Akteure aus reichen Ländern können ihre Verpflichtungen im Emissionsbereich teilweise dadurch erfüllen, dass sie Klimaschutzprojekte in sich entwickelnden Ländern finanzieren, die dort Emissionen reduzieren. Dabei ist zu beachten, dass die sich entwickelnden Länder nicht verpflichtet sind, ihre Emissionen abzusenken. Trotzdem fördert der CDM Kooperationsprojekte zur Absenkung von Emissionen im gemeinsamen Interesse. Aus UN-Sicht ist dabei die Additionalität der jeweiligen Projekte wichtig. Das heißt, dass die Projekte nicht stattfinden würden, wenn es die Zusatzfinanzierung über die neu erschlossenen CO_2-Minderungszertifikate nicht gäbe. Der ursprünglich bis 2012 reichende Kyoto-Vertrag wurde mittlerweile bis 2020 verlängert. Nach Paris ist die Zukunft des CDM aber unklar. Die Staatengemeinschaft arbeitet an neuen Mechanismen (vgl. dazu [29]). Eine solide Einschätzung der zukünftigen Mechanismen ist zurzeit nicht möglich.

Info-Box 13: CDM – ein kluger Mechanismus im Kyoto-Protokoll

Das Angebot an Projekten ist kontinuierlich gewachsen, ebenso Projekttypen und Anzahl an Marktteilnehmern und Kunden. Der freiwillige Kohlenstoffmarkt ist ein großer Erfolg, auch wenn die gehandelten Volumina an zertifizierten Emissionsreduktionen und gehandelten CO_2-Zertifikaten im Vergleich zum verpflichtenden Markt klein sind, denn immerhin ist das Volumen seit den Anfangszeiten stark angewachsen. Zwei Typen von Emissionsreduktionsprojekten dominierten in 2016: erneuerbare Energien wie Windkraft, Biomasse und Fotovoltaik sowie Landnutzungs- und Waldprojekte. Bei letzteren unterscheidet man die Vermeidung von Abholzung (REED) von Aufforstungsprojekten und solchen Projekten, die auf der Nutzung nachhaltigen Forstmanagements beruhen [84]. Während Landnutzungs- und Forstprojekte im Rahmen des »Clean Development Mechanism« (CDM) nicht oder nur sehr beschränkt umgesetzt werden, werden sie im Rahmen der freiwilligen Klimagaskompensation heute stark nachgefragt. Klimakompensation wird heute in einer ganzen Reihe von Sektoren als Instrument des Klimaschutzes eingesetzt. Hervorzuheben sind die Energiewirtschaft, der Transportsektor sowie der Finanzbereich. Wichtige Motivationsfaktoren sind der allgemeine Wunsch, Verantwortung für den Klimaschutz zu übernehmen, Markenimage und Reputationsmanagement sowie Marktdifferenzierungsziele.

Interessant sind auch erfolgreiche freiwillige Initiativen des Klimaschutzes zur Schließung des »Ambitionierten Gaps« bezüglich des Zwei-Grad-Ziels, zum Beispiel »NAZCA – Non State Sector Zone for Climate Action«, »Science Based Targets« – die Initiative für wissenschaftsbasierte Klimaziele, »RE 100« und »Task Force on Climate-related Financial Disclosures«. Einen Schwerpunkt bildet die Diskussion der Zukunft des freiwilligen Marktes in der Folge des Wechsels aus der Kyoto-Struktur in eine Welt, in der praktisch alle Staaten freiwillig Maßnahmen zum Klimaschutz realisieren. Hier geht es insbesondere darum, Doppelzählungen zu vermeiden.

Der Ausgangspunkt

Nehmen wir an, eine Unternehmung, eine Organisation, ein großes Event oder Privatpersonen möchten CO_2-Emissionen kompensieren. Sie wollen in der Regel ihre negativen Klimaeffekte verringern und wissen, dass diese im letzten Jahr bei x Tonnen lagen beziehungsweise x Tonnen die geschätzten Emissionen des laufenden Jahres sind. Jetzt sollen y Tonnen kompensiert werden. Ist y < x, wird (nur) ein Teil der Emissionen kompensiert; y = x bedeutet für letztes beziehungsweise dieses Jahr Klimaneutralität; y > x Klimapositivität. Für eine Kommunikation mit Dritten über Maßnahmen in Richtung Klimaneutralität ist eine belastbare Bestimmung der eigenen Emissionen im letzten Jahr oder alternativ auf Schätzbasis für das laufende Jahr erforderlich. Diesem Vorgehen haftet eine gewisse Willkür an, was sachlich aber nicht vermeidbar ist. Auch ist das heute übliche »Framing« problematisch. Beim

Stand der heutigen Praxis wird man, wie oben dargestellt, den CO_2-Fußabdruck gemäß »Greenhouse Gas Protocol« zugrunde legen. Man kann Scope-1- und Scope-2-Belastungen zusammenzählen – obwohl eigentlich Scope 1 ausreichen würde – und zudem gewisse Teile von Scope 3 betrachten. Das alles definiert zusammengenommen einen Ansatz zur Bestimmung der eigenen CO_2-Emissionen: ein CO_2-Bilanzierungskonzept. Man schränkt sich bei Scope 3 klug ein, die Emissionen werden nach oben über Aufrundung abgeschätzt. Bei Firmen empfiehlt es sich, in diesen Prozess Berater einzubeziehen und sich das Ergebnis zertifizieren zu lassen. Dafür gibt es viele Anbieter, unter anderem den TÜV. Im Ergebnis kennt man seine Emissionen und hat eine professionelle Bestätigung über das Volumen, das heißt über die Größe von x. Man wird dann überlegen, wie viel man davon kompensieren will und wie man seine Politik zu diesem Thema über die nächsten Jahre fortentwickeln möchte.

Wie viel soll man kompensieren?

Wichtig ist zunächst, dass es um das vergangene beziehungsweise das laufende Jahr geht. Unter Umständen wird man den Vorgang in eine Strategie für die nächsten Jahre einbetten. Klar ist, dass die erfolgten Emissionen nicht mehr ad hoc über Einsparungen wie zum Beispiel den Bezug von mehr grünem Strom rückgängig gemacht werden können. So etwas braucht Zeit. Die Emissionen sind hingegen bereits erfolgt, oder sie werden in den nächsten Monaten erfolgen. Sie lassen sich also nicht wegzaubern. Man wird also eine bilanzielle Lösung wählen und den erzeugten x Tonnen CO_2 bilanzielle Einsparungen in der Höhe y gegenüberstellen.

Wie kann man kompensieren?

Da es sich um einen bilanziellen Zugang handelt, kann man dafür sorgen, dass an anderer Stelle auf der Welt weniger Emissionen stattfinden, zum Beispiel indem man Zertifikate des europäischen Trading System stilllegt, CDM-Zertifikate kauft, in Entwicklungsländern den Bau erneuerbarer Energieerzeugung finanziert oder die Verbreitung von Solarkochern zur Vermeidung von Kochen mit eingesammeltem Holz unterstützt. In den meisten Fällen sind dafür Projekte erforderlich, die häufig in Nichtindustrieländern angesiedelt sind. Es sind dies echte Investitionen in wichtige, komplexe Projekte, die häufig in Nichtindustrieländern liegen, beispielsweise wenn es um Aufforstungen geht. Solche Projekte sind eine »Königsebene« für die Entwicklung in solchen Ländern. Sie erzeugen gleichzeitig vielfältige Co-Benefits bezüglich der Nachhaltigkeitsziele der Agenda 2030.

Wie schon beschrieben, spricht die Addis-Abeba-Konferenz zur Entwicklungsfinanzierung (»Billions to Trillions«) von erforderlichen wirtschaftlichen Aktivitäten im Umfang von mehreren Billionen US-Dollar (zum Beispiel 4000 Milliarden US-Dollar) pro Jahr für die nächsten Jahre und Jahrzehnte, um die »Sustainable Development Goals« und das Paris-Abkommen umzusetzen [1]. Diese thematisieren aktuell auch die OECD, aber auch der Senat der Wirtschaft und der Club of Rome in ihren Überlegungen zu einem Marshallplan mit Afrika [19, 85, 86]. Der Schlüssel dafür sind Projekte, die Wertschöpfung leisten und Arbeitsplätze schaffen. Teils werden das Projekte mit Klimabezug sein, teils ohne. In jedem Fall geht es in den weit überwiegenden Fällen um hartes Business – es muss sich rechnen. Entwicklungsfinanzierung durch wohlhabende Staaten kann in Einzelfällen über flankierende Bürgschaften und Kredite helfen, um so Co-Benefits zu erreichen. Aber die Business-Seite steht im Vordergrund. Haben solche Aktivitäten positive Wirkungen im Klimabereich, erlauben sie in der Regel die Erzeugung von Klimazertifikaten in dem Umfang, wie CO_2-Emissionen auf diesem Weg vermieden werden. Man kann solche Zertifikate als Projektentwickler selber nutzen, man kann sie aber auch an andere Interessenten verkaufen. Für eine Tonne bilanziell vermiedener CO_2-Emissionen werden heute zwischen 50 Cent und 30 Euro bezahlt, je nach Typ und Qualität. Die Käufer tragen über den Kauf der Zertifikate zu den Umsetzungsprojekten (über verlorene Zuschüsse) bei. Das ist von der Abwicklung her vergleichsweise einfach und verlangt nur wenig Managementkapazität, was für viele Akteure oft entscheidend ist. Ihr

Kerngeschäft ist ein anderes – Klimagaskompensation ist eine nebenher betriebene Aktivität.

Natürlich kann man Zertifikate auch selber nutzen. Dann sind sie ein kalkulatorischer Vorteil für die eigenen Aktivitäten. Sind es »CDM«-Zertifikate, können sie teilweise zur Erfüllung von legalen Verpflichtungen genutzt werden, etwa von Firmen, die unter dem europäischen Zertifikatssystem operieren. Sind es Projekte, die grüne Energie erzeugen, erhält man keine Zertifikate. Wenn man aber diese Energie nutzt, verbessert das entsprechend die eigene CO_2-Bilanz, verringert damit die eigenen Emissionsvolumina auf der Verursacherseite. Man kann die Energie auch als grüne Energie an andere verkaufen. Dann kann man keine Zertifikate dafür generieren, wird aber in der Regel auch dafür bezahlt, dass der Käufer auf diese Weise seine eigene CO_2-Bilanz auf der Verursacherseite entsprechend verbessert. Dies betrifft dann Scope-1- und Scope-2-Aktivitäten bezüglich des eigenen Klimafußabdrucks.

Wie und wo kauft man Zertifikate?

Für Interessierte und Käufer gibt es einen Markt für Zertifikate mit verschiedenen größeren Börsenplätzen, und es gibt, neben den Projektentwicklern, auch Vermittler in diesem Markt. Dieser Akteurskreis kauft von den Projektentwicklern Zertifikate und verkauft sie weiter. Unter Umständen werden viele Zertifikate gekauft, wenn der Preis gerade günstig ist, mitunter sogar Vorräte für einige Jahre. Das reduziert die Volatilität der Zertifikatspreise, was tendenziell für die meisten Akteure im Markt positiv wirkt. Natürlich kann auch jeder Unternehmer oder jede Privatperson das selber tun, also auf Vorrat kaufen, wenn die formalen Voraussetzungen bestehen, etwa die Anmeldung bei Registern. Die Zertifikate bleiben so lange im Markt, bis ein Endkunde sie in einem Jahr zum Erreichen behaupteter bilanzieller Effekte nutzt (stilllegt). Dann gehen sie in ein Register benutzter (stillgelegter) Zertifikate und sind nicht mehr im Markt. Aufgrund erfolgter Anstrengungen der letzten Jahre sind die (Qualitäts-)Zertifikate eindeutig nummeriert und in Registern aufgelistet. Hier erfolgen dann auch die Streichungen, die ihrerseits festgehalten werden. Der Kunde erhält darüber Bestätigungen. Hier sind auch die Vereinten Nationen aktiv.

Eine Person oder eine Firma können praktisch Entwickler und Nutzer in einem sein. Es können aber auch viele Akteure zwischengeschaltet sein, und bisweilen dauert es, bis ein Zertifikat vom Markt verschwindet. Wichtig ist dabei: Die Spekulation hat in den letzten Jahren einiges an Bewegung verursacht. Die jährlich gehandelten Volumina liegen deutlich über den stillgelegten Volumina. Teilweise sind die Preise dabei auch erheblich gefallen. Akteure im Markt haben viel Geld verloren. Dahinter steht die Tatsache, dass die Unternehmen im EU-Bereich unerwartet viele Effizienzpotenziale nutzen konnten, auch haben Krisen wie die Finanzkrise 2008/2009 die ökonomischen Aktivitäten und damit auch die CO_2-Emissionen erheblich reduziert. Plötzlich gab es Zertifikate im Überfluss. Der Markt ist weitgehend zusammengebrochen. So gibt es heute preiswert im UN-Rahmen erzeugte »CDM«-Zertifikate für unter einen Euro aus ursprünglich sehr teuren und sinnvollen Projekten. Manchen gefallen solche Zertifikate aber aus Reputationsgründen nicht. Die Zertifikate sollen etwas kosten, 10 Euro zum Beispiel, aber auch wieder nicht zu viel. Durch die Mischung von Zertifikatstypen und durch Kombilösungen lässt sich hier mit Fantasie und Intelligenz vieles machen. Im Markt findet man maßgeschneiderte Lösungen aller Art.

Welche Themen werden mit welchen Volumina von Zertifikaten adressiert?

Hamrick und Gallant [34] listen Zertifikatstypen für 2016 und 2017 auf, unterschieden nach »nicht verkauft, aber im Markt«, »nicht verkauft und noch nicht im Markt« und »in der Pipeline«. Die sieben unterschiedlichen betrachteten Kategorien sind: Erneuerbare Energie; Wälder und Landnutzung; Methan; Effizienz und Wechsel von Kraftstoffen; Haushaltsgeräte; Gase; und weitere. Der Gesamtumfang an Zertifikaten liegt bei weniger als 20 Millionen Tonnen CO_2-Äquivalent (CO_2e).

Wie groß sind die Volumina?

Hamrick und Gallant [34] beschreiben für die Jahre bis 2016 die kumulierten Handelswerte von freiwilligen Zertifikaten mit Referenz zu wesentlichen Handelsbörsen in US-Dollar. Aufaddiert geht es um etwa 5 Milliarden US-Dollar. Bei den verkauften Volumina und der Anzahl der Transaktionen wird zwischen Erstemissionen, Weiterverkaufen und Anzahl der Transaktionen unterschieden. Über die Jahre bewegten sich die Transaktionsvolumina zwischen 12 und 135 Millionen Tonnen CO_2-Äquivalent. Zwischen 2010 und 2018 lag der Markt oberhalb von 100 Millionen Tonnen CO_2-Äquivalent. Seitdem ist der Markt geschrumpft. In 2016 wurde kumulativ erstmalig die Milliarden-Grenze an insgesamt gehandelten freiwilligen Zertifikaten überschritten. Allerdings ist zu beachten, dass der größere Teil davon den Handel betrifft, nur der kleinere Teil die Stilllegung.

Wie wird Qualität gesichert?

Wer über seine Maßnahmen gegenüber Dritten berichten will, wird die Qualität der jeweils betriebenen Projekte oder gekauften Zertifikate in der Regel durch eine Zertifizierung absichern wollen. Dafür gibt es eine ganze Reihe anerkannter Standards mit verschiedenen Schwerpunkten: CO_2, Wald, Biodiversität, soziale Fragen, Menschenrechte. Im Einzelfall werden dabei Qualitäten auch über die Kombination von Zertifikaten abgesichert. Hamrick und Gallant[36] geben einen guten Überblick über die Szene. In der Einleitung charakterisieren sie die Situation wie folgt: »Bei Offsets wird die Wirkung gemessen und typischerweise von dritter Seite verifiziert/bestätigt. In den Compliance-Märkten, wie zum Beispiel dem EU-Trading-System, in dem bestimmte Akteure Offsetting wegen rechtlicher Verpflichtung vorweisen müssen, legen staatliche Stellen oder Behörden fest, welche Regeln gelten, welche Offsets erlaubt sind und welche Nachweisqualität gefordert wird. Im freiwilligen Markt ist das anders, hier werden die Regeln üblicherweise durch eine Handvoll von freiwilligen Standard-Setzern gesetzt.« Der Text diskutiert in diesem Kontext die Qualität von Zertifikaten und auch die Wahrnehmung im Markt. Interessant ist, dass die Qualität im freiwilligen Markt als im Mittel nicht schlechter eingeschätzt wird als diejenige im »Compliance«-Markt. Auch wird im freiwilligen Markt die Rolle eines »Scouts« gesehen, der neue Lösungen findet, die später in den »Compliance«-Markt integriert werden.

Wo finden die Projekte statt?

Da die Europäische Union ihr ETS hat, also viele Firmen Zertifikate im Compliance-Bereich vorweisen müssen, passiert bezüglich Projekten im freiwilligen Markt in Europa weniger. Große Volumina finden sich in Australien und in den USA. In 2016 wurden entsprechende Projekte in insgesamt 65 Ländern bearbeitet. Dies deckt alle wichtigen Regionen der Welt ab. Die Mehrheit der Offsets werden in Asien verkauft (21,5 Mt CO_2e), mit Schwerpunkten in Indien (10 Mt CO_2e), Korea (3,4 Mt CO_2e) und China (3,3 Mt CO_2e). Die Projekttypen haben Schwerpunkte nach Regionen. Offsets aus Asien und Nicht-EU-europäischen Staaten (Georgien, Russland, Türkei) betrafen meist erneuerbare Energie, Offsets aus Lateinamerika, Caribbean und Afrika betrafen Wald und Landnutzung. In den USA und Kanada war Methan das dominierende Thema.

Was sind die wichtigsten Standards?

In 2016 wurden 99 Prozent der angebotenen Offsets durch Dritte zertifiziert. Hamrick und Gallant zufolge sind die wichtigsten Standards der »Verified Carbon Standard« (VCS), der im Jahr 2016 für 33 Mt CO_2e Zertifikate herausgab, damit sind 58 Prozent der Offset-Transaktionen dieses Jahres abgedeckt. 7,7 Mt CO_2e davon waren gleichzeitig durch den »Climate, Community and Biodiversity« (CCB) Standard zertifiziert, der auf soziale und ökologische Co-Benefits im Bereich landbasierter Projekte konzentriert ist, aber keine Emissionszertifikate ausgibt. Der »Gold Standard« brachte es auf 17 Prozent, »Clean Development Mechanism« auf 8 Prozent, »Climate Action Reserve« lag bei 8 Prozent und »American Carbon Registry« (ACR) bei 3 Prozent. Die durchschnittlichen Offset-Volumina differieren erheblich nach Standard. Es gibt kleine, spezielle Standards, die Schwerpunkte in bestimmten Regionen haben. Für den inhaltlich naheliegenden Holzbereich gibt es mehrere Standards. Hier ist das Zertifizierungssystem für nachhaltige Forstwirtschaft des Forest Stewardship Council (FSC) besonders zu erwähnen.

Die Rolle der »Pipeline«

Es sind aktuell erhebliche Volumina an Zertifikaten im Markt verfügbar, zurzeit über 50 Mt CO_2e. Teils werden diese schon zum Kauf angeboten, teils sind sie noch im Prozess der Zertifizierung, werden deshalb noch nicht verkauft, sondern sind in der »Pipeline«. Berichtet wird, dass die Nachfrage aktuell zurückhaltend ist beziehungsweise zu sehr auf niedrige Preise geschaut wird. Dann werden weniger Zertifikate verkauft und auch weniger Zertifikate neu erzeugt, weil letztlich von den Einnahmen her neue Projekte nicht entwickelt werden können.

Warum beteiligen sich die Partner? Gassner gibt in dem neuen Band zur »Klimaneutralen Landesverwaltung Hessen« [107] Hinweise [29]. Interessant ist insbesondere die Erörterung der zu erwartenden Veränderungen in den freiwilligen Märkten in der Fortschreibung des Kyoto-Vertrags im Kontext des Paris-Vertrags. Was wird aus Instrumenten wie »CDM« und »Joint Implementation« werden? Was heißt es für Offsetting, wenn Länder freiwillige Versprechen abgegeben haben, letztlich alle Länder? Was ist mit Doppelzählungen? Berichtet wird auch über die Motive für unternehmerisches Klimaschutzengagement.

Wie stellt sich die Situation in Deutschland dar?

In einer aufschlussreichen Studie des Umweltbundesamtes für den deutschen CO_2-Kompensationsmarkt [95], die von den Beratungsunternehmen adelphi und sustainable erarbeitet wurde, wird die Marktsituation zu Klimazertifikaten im Jahr 2013 beschrieben, anknüpfend an eine ähnliche Vorläuferstudie aus dem Jahr 2010. Der nachfolgende Text ist weitgehend aus der Studie [95] übernommen beziehungsweise adaptiert.

Motive für unternehmerisches Klimaschutzengagement

Motiv	Prozent
Verantwortungsbewusstsein	33 %
Reputation/Markenimage	22 %
Marktdifferenzierung	13 %
Arbeitnehmerengagement	9 %
Umweltbewusstsein	7 %
Pre-Compliance	6 %
Internalisierung von CO_2-Kosten	4 %
Risikovermeidung	2 %
Andere	2 %

Motive für unternehmerisches Klimaschutzengagement. (Gassner [29])

Zunächst stellt die Studie für Deutschland fest, dass immer mehr Menschen wollen, dass für von ihnen verursachte klimaschädliche Emissionen an anderer Stelle entsprechende Treibhausgase vermieden werden. Populäres Beispiel sind Kompensationen für Flugreisen, die Reisebüros und Fluggesellschaften ihren Kunden schon bei der Buchung anbieten. Und immer mehr Unternehmen bieten grüne, »klimaneutrale« Produkte an oder stellen ihre gesamte Geschäftstätigkeit klimaneutral. Seit Jahren wachsen die Zahl der Anbieter von Kompensationsdienstleistungen und das Angebot klimaneutraler Produkte in Deutschland stetig. Trotzdem standen der Marktanalyse zu wenig Primärdaten zur Verfügung. Voraussetzung für die Analyse war daher eine Erhebung von Daten mittels zweier anonymisierter Umfragen. Das Ergebnis zeigt: Der Markt für freiwillige Kompensation von Treibhausgasen erweist sich als krisenfest. Während der Verpflichtungsmarkt sich zum Teil schwierigen Marktbedingungen ausgesetzt sieht, hat sich der Markt für freiwillige Kompensationen in den letzten Jahren dynamisch entwickelt und ausdifferenziert. Freiwillige Treibhauskompensationen können als weiteres Klimaschutzinstrument maßgeblich zur effizienten Vermeidung von Emissionen beitragen, ohne dass dies gegenüber dem Verpflichtungsmarkt notwendigerweise mit Qualitätseinbußen einhergehen muss.

Konkret bedeutet das:

◆ *Der Markt wächst:* Mit der zitierten Umfrage wurden etwa 80 Prozent des Marktangebotes für freiwillige Kompensationen in Deutschland abgedeckt. Demnach wurden 2013 in Deutschland rund 4,4 Millionen Tonnen CO_2e an freiwilligen Emissionszertifikaten stillgelegt. Gegenüber 2012 ist das ein Wachstum von 33 Prozent.

◆ *Hohe Qualität auch bei kleinen Preisen:* Das Preisniveau für diese freiwilligen Kompensationen schwankt erheblich – abhängig vor allem vom genutzten Qualitätsstandard: Die Spanne reicht von 40 Cent bis zu 50 Euro pro Tonne CO_2. CERs[37] und VCS[38] erweisen sich als besonders günstig, aber auch ausgewiesen hochqualitative Zertifikate (zum Beispiel ausgestattet mit Zusatzstandards) sind schon für etwa 5 Euro pro Tonne CO_2 verfügbar.

◆ *Qualitätsstandard sind auch weiterhin die »Wächter« für Klimaschutz und Nachhaltigkeit:* Auf hohe Qualität ist dringend zu achten.

◆ *Nachfrager mögen es golden ...:* Unter den Standards wird seitens der Nachfrager der »Gold Standard« als am hochwertigsten eingeschätzt. Es folgen CER- und VCS-Zertifikate mit Zusatzstandards wie »Climate, Community and Biodiversity«-Standard oder »Social Carbon«. Zusammen sind diese für etwa die Hälfte des Stilllegungsvolumens verantwortlich.

◆ *... aber sie kaufen nicht notwendigerweise das Produkt mit der höchsten Qualitätszuschreibung:* Mit fast 40 Prozent Marktanteil stellen reine VCS-Zertifikate den bedeutendsten Standard auf dem Markt dar, auch wenn er von den Nachfragern geringfügig schlechter bewertet wird als »Gold Standard«, CERs und VCS-Zertifikate mit Zusatzstandards.

◆ *Freiwillig muss nicht hinter Verpflichtung zurückstehen:* Projekte auf dem freiwilligen Markt folgen nicht zwangsläufig geringeren Anforderungen als solche für den Verpflichtungsmarkt.

Angebotsseitig lässt sich festhalten:

◆ *Anbietertypen:* Die meisten Anbieter agieren als Projektentwickler, das bedeutet, dass sie Emissionsgutschriften aus eigenen Projekten verkaufen. Einige Anbieter sind auch im Weiterverkauf, vermittelnd oder beratend als Intermediäre tätig.

◆ *Gemeinnützigkeit der Anbieter:* Gemeinnützige Anbieter hatten 2013 einen Marktanteil am stillgelegten Volumen von 15 Prozent.

◆ *Beschaffungsweg:* Viele Anbieter erwerben ihre Emissionsgutschriften sowohl auf dem Primär- als auch auf dem Sekundärmarkt.

Bezüglich der Nachfrage zeigt sich:

◆ *Nachfrager-Gruppen:* Unternehmen sind für etwa 80 Prozent der Nachfrage nach Zertifikaten verantwortlich und damit mit Abstand die wichtigste Gruppe. Kleine und mittlere wie auch große Unternehmen sind für den Markt ähnlich bedeutsam, sektoral haben Unternehmen aus dem Energiesektor den größten Anteil.

◆ *Kompensationsmotive:* Klima- und Umweltschutz sowie soziale unternehmerische Verantwortung sind die wichtigsten Beweggründe für eine Kompensation.

◆ *Kompensationshürden:* Die Teilnehmer der Umfrage, die nicht kompensieren, begründen dies am häufigsten finanziell, gefolgt von dem »unbedeutenden eigenen Kompensationsvolumen«.

◆ *Kompensationszweck:* Am häufigsten werden Flugreisen kompensiert. Die Gruppe der Unternehmen kompensiert am häufigsten einzelne Produkte oder aber systematisch den gesamten Unternehmens-Fußabdruck.

◆ *DAX-30-Unternehmen:* Diese Unternehmen engagieren sich stärker bei Kompensationsmaßnahmen als noch 2010. Zwei DAX-30-Unternehmen – die Allianz und die Deutsche Bank – geben an, ihre Geschäftstätigkeit klimaneutral zu stellen.[39]

◆ *Kaufkriterien:* Bei der Kaufentscheidung fließt nach den Umwelt- und Klimawirkungen der Preis als zweitwichtigstes Kriterium mit ein. Auch Nachhaltigkeitsaspekte einschließlich sozialer und wirtschaftlicher Zusatznutzen im Herkunftsland nehmen einen hohen Stellenwert ein.

Zu den Projektkriterien ist festzuhalten:

◆ *Projektportfolio:* Die meisten Zertifikate stammen aus Asien und dem Pazifikraum und damit aus einer Region, die bei den Nachfragerpräferenzen hinter Afrika und dem Nahen Osten nur auf Platz 3 rangiert. Fast 80 Prozent der Projekte kommen aus dem Bereich der erneuerbaren Energien. Es folgen Forst- und Landwirtschaft mit 15 Prozent.

◆ *Herkunftsland:* Fast 50 Prozent der Nachfrager geben Deutschland als erste Präferenz für das Herkunftsland der Zertifikate an. Diesem Anteil stehen aufgrund eines Unterangebots an Projekten aus Deutschland nur knapp 10 Prozent der tatsächlichen Stilllegungen gegenüber.

◆ *Projekttyp:* Projekte aus dem Bereich nachhaltige Energien stehen auch bei den Nachfragern an erster Stelle, allerdings sprechen sich nur 42 Prozent der Nachfrager für erneuerbare Energien als favorisierten Projekttyp aus und 35 Prozent für Energieeffizienz (derzeit nur 5 Prozent des Volumens).

Qualitätsstandard

Die Nachfrager bewerten den freiwilligen Markt sehr differenziert: Verbreitete Standards mit hohen Anforderungen werden so gut wie beziehungsweise besser als CERs bewertet. Niedrigere Bewertungen entfallen auf einfache Standards. Die Nutzbarkeit von CERs, die ja aus erfolgreich durchgeführten CDM-Projekten resultieren, für den freiwilligen Markt ist noch nicht hinlänglich bekannt.[40]

Ausgewählte Schlussfolgerungen:

◆ Qualitativ hochwertige Kompensation ist heute auch für preissensible Kunden eine Option. Verbesserungspotenzial gibt es offenkundig weiterhin hinsichtlich der Transparenz der Kosten unterschiedlicher Kompensationsoptionen.

- Als Produkt sind kurz- und mittelfristig Kombinationen vielversprechend, bei denen CERs mit Zusatzleistungen freiwilliger Standards aufgewertet werden, auch weil CERs mittlerweile sehr preisgünstig erhältlich sind. »Gold Standard«-CERs erhalten die beste Bewertung der Nachfrager und verbinden gewissermaßen das Beste aus beiden Welten: hohe Bekanntheit und hohen Zusatznutzen.
- Es ergibt sich ein erhebliches theoretisches Potenzial für Deutschland als Herkunftsland von Kompensationsprojekten, das aber aufgrund höherer Projektkosten und bestehender Reduktionsverpflichtungen Deutschlands – und daraus folgenden Problemen bei der Zusätzlichkeit (Additionalität) – nicht einfach zu heben ist.
- Folgende Feststellung aus der Studie ist besonders interessant: Besteht eine kritische Masse von DAX-30-Unternehmen, die Kompensation nutzen, können auch weitere DAX-30-Unternehmen und in der Folge die Wirtschaft insgesamt dazu ermutigt werden, sich mit Kompensation auseinanderzusetzen und darüber zu berichten.

Der letzte Punkt ist besonders wichtig. Es gilt jetzt, mit großen Informations- und Motivationskampagnen, wie sie noch für 2018 das Bundesministerium für wirtschaftliche Zusammenarbeit und Entwicklung (BMZ) plant, viele Akteure für dieses Thema und seine enorme Bedeutung zur Erreichung des Zwei-Grad-Ziels zu motivieren. Kann man die Mehrzahl der DAX-Unternehmen gewinnen, ergibt sich bei internationalen Kooperationsprojekten eine ganz neue Lage. Dies wegen der großen Ausstrahlung der Konzerne in die Gesellschaft, insbesondere die Wirtschaft.

Was ist jetzt erforderlich?

Der Druck muss massiv zunehmen. Politik und Nichtregierungsorganisationen müssen zum Thema Kompensation in Breite kommunizieren, Erwartungen formulieren – an wirtschaftlich gut situierte Unternehmen, Organisationen, Communitys (zum Beispiel Städte) und Individuen (die sogenannten »Top Emitters«). Wolters und Becker (vgl. [106]), machen das überzeugend klar – sie argumentieren unter anderem für Formen staatlicher Zertifizierung zur Qualitätssicherung. Das ist ein wesentlicher Punkt. Weiterhin sind große Kommunikationsleistungen erforderlich, um an dieser Stelle den notwendigen Durchbruch zu schaffen, vernünftige steuerliche Regelungen (Betriebsausgabenstatus für Kosten für Offsets) und neue Lösungen, zum Beispiel die massive Nutzung von Bio-Kohle als neue Kategorie für Zertifikate zur CO_2-Kompensation. Die entsprechenden Märkte müssen entwickelt werden. Klimaneutralität muss diskutiert werden. Es muss eine Würdigung durch Ehrenpreise und Forderungen vieler Stakeholder geben. Und die Abqualifikation von freiwilligen Kompensationsbeiträgen als »Freikauf«, »Ablasshandel« oder »Greenwashing« muss aufhören. Hier ist viel zu tun. Den »Milliarden-Joker« zu ziehen heißt, große neue Märkte zu kreieren, die es schließlich erlauben werden, das Zwei-Grad-Ziel zu erreichen und bei den »Sustainable Development Goals« voranzukommen. Das ist im Klimabereich eine der großen Aufgaben, die vor uns liegen.

TEIL 5

BESONDERS GEFORDERT: PRIVATE AKTEURE, INSBESONDERE »TOP EMITTERS«

Vor allem der wohlhabende Teil der Weltbevölkerung und die entsprechenden Unternehmen und Organisationen sind als Hauptverursacher der drohenden Klimakatastrophe gefragt, zu deren Vermeidung einen entscheidenden Beitrag zu leisten, ganz im Sinne des Verursacherprinzips. Der Privatsektor kann die »Paris-Lücke« von etwa 500 Milliarden Tonnen CO_2 bis 2050 schließen – und womöglich noch deutlich mehr Emissionen kompensieren. Diese Akteure sollten das insbesondere über globale Kompensationsprojekte in Nichtindustrieländern tun. Entweder als Initiator (Project-Owner) entsprechender Projekte (mit denen potenziell viel Geld verdient werden kann) oder als Kompensator, das heißt durch Stilllegung von Klimazertifikaten aus entsprechenden hochwertigen Projekten (auf Basis »verlorener Zuschüsse zu Kompensationsprojekten«). Im zweiten Fall darf man das eingesparte Geld nicht als eine finanzielle Investition begreifen, die mit einer herkömmlichen Rendite belohnt wird. Der Lohn ist die erfolgte Stilllegung. Dazu sollten Personen erkennen, dass es gute persönliche Gründe gibt, das Nötige zu tun. Im Gegenzug müssen bestimmte Teile der Öffentlichkeit aufhören, diese Leistung als »Freikauf«, »Ablasshandel« oder »Greenwashing« abzuqualifizieren, denn: Würden wir uns alle nur viel mehr und viel öfter »freikaufen«, so ließe sich der Klimawandel deutlich bremsen, und es käme zu notwendigen finanziellen Transfers in sich entwickelnde Länder, die Kapital benötigen, um damit die Umsetzung der SDGs, also von Bildung, Forschung und den Aufbau einer sozial-ökologischen Marktwirtschaft, zu finanzieren. Es fällt deshalb schwer, die häufige Abqualifizierung von freiwilligen Kompensationsmaßnahmen nachzuvollziehen. Hier werden teilweise eigene Interessen verfolgt, teils hat man sich in »bequemen Denkgebäuden« eingerichtet und möchte nicht gestört werden.

Die »Top Emitters« sind in diesem Kontext von besonderem Interesse. Es sind Menschen, die besonders massiv zum Klimaproblem beitragen. In der Regel sind es reiche Menschen weltweit, die durch ihren Lebensstil ohne weiteres 100, 250 oder 1000 Tonnen CO_2 pro Jahr emittieren – im Gegensatz zu durchschnittlich aktiven Menschen, deren Ausstoß in Deutschland bei rund 10 Tonnen CO_2 pro Jahr liegt. Berechnungen der Autoren Piketty und Chancel zeigen, dass die Ungleichheit der CO_2-Emissionen stark an die Verhältnisse von Einkommen erinnern, wenn auch nicht ganz so extrem: 10 Prozent der »Top Emitters« sind für 45 Prozent der globalen Emissionen verantwortlich. Sie leben auf allen Kontinenten, ein Drittel in Entwicklungsländern – das ist eine besonders wichtige Erkenntnis. Denn sie zeigt, dass die Klimafrage längst nicht mehr ein reines Nord-Süd-Thema ist. Die Gruppe der ein Prozent »Top Emitters« ist allein schon für 14 Prozent der gesamten Klimagasemissionen verantwortlich.

Wichtig ist, dass eine Kompensation dieser Emissionen vergleichsweise preiswert möglich ist, gerade im Vergleich zu den Vermögen und Einkommen der Wohlhabenden. Würden die 75 Millionen reichsten Menschen weltweit – das entspricht dem obersten ein Prozent – für sämtliche benötigten Volumen an »verlorenen« Finanzzuschüssen aufkommen, träfe es sie mit lediglich 2000 bis 4000 Euro pro Kopf und Jahr, später vielleicht mit 6000 Euro pro Jahr. Das sind Summen, die in diesem Umfeld nicht ins Gewicht fallen – dieser Personengruppe gehört zwischen einem Drittel und der Hälfte aller Vermögenstitel weltweit im Wert von etwa 200 Billionen US-Dollar. Und mit Finanzbeiträgen zum Klimaschutz und zur Umsetzung der SDGs schützt diese Gruppe nicht nur ihre Vermögen vor einem drohenden massiven Werteverlust durch den Klimawandel, sondern auch ihren eigenen Lebensstil vor potenziell massiven Eingriffen der Politik im Falle eines immer stärker spürbaren Klimawandels mit potenziell dramatischen Folgen.

5.1_PRIVATE AKTEURE SIND JETZT GEFORDERT

◆◆◆   Viele Beobachter und Klimaaktivisten glauben, die Lösung des Welt-
klimaproblems besteht darin, den Druck auf die Staaten immer weiter zu erhöhen, ihre in Paris gegebenen Zusagen zu verschärfen. Die Ambitionslücke
von Paris muss nach dieser Sicht also von den Staaten geschlossen werden.
Andere Akteure gibt es offenbar nicht. Sie folgen damit einer Sicht, die seit
20 Jahren gebetsmühlenartig verfolgt wird, die aber mittlerweile durch die
Realität überholt wurde: dass nämlich die Staaten der Welt das Klimaproblem
durch Absprachen untereinander und Ordnungspolitik vollständig regulativ
lösen können und müssen. Aus vielerlei Gründen ist dieser Weg heute nicht
mehr tragfähig, weil uns nämlich die Zeit davonläuft. Die Staatengemeinschaft
hat zu lange viel zu wenig unternommen – und macht bei dem Wenigen auch
noch vieles falsch, zum Beispiel in einer völlig an den Notwendigkeiten vorbei-
gehenden Fixierung auf Maßnahmen vor Ort statt in internationaler Kooperation. Auch sind die Interessen und Gerechtigkeitsvorstellungen der Staaten
in diesen Fragen zu unterschiedlich. Zudem bleibt die Politik launisch, wie
die Präsidentschaftswahl in den USA 2016 zeigte.

Es müssen deshalb andere Akteure aktiv werden – und die Situation ist
reif für ein starkes Engagement des Privatsektors. Es müssen jetzt diejenigen
handeln, die dies aus Gründen der Gerechtigkeit tun sollten. Das sind in der
Regel auch diejenigen, die dies am leichtesten tun können, und zugleich diejenigen, die am stärksten zur Belastung des Klimasystems beitragen. Hier greift
dann auch das Verursacherprinzip, das besagt, dass diejenigen primär gefor-

dert sind, ein Problem zu lösen, die es verursacht haben. Zugleich sind es in diesem Fall auch noch diejenigen, die am stärksten profitieren, wenn die Klimakatastrophe vermieden werden kann, weil dann nämlich ihr Eigentum geschützt wird und gleichzeitig ihr Lebensstil nicht durch massive gesellschaftliche Gegenreaktionen bedroht wird.

Konkret heißt das: Aktiv werden müssen leistungsfähige nichtstaatliche Akteure, von reichen Territorien und Gebietskörperschaften unterhalb der Staatenebene über reiche Städte und Kommunen bis hin zu Unternehmen, Organisationen und Privatpersonen, soweit ihre Einsichten das erlauben und ihre finanzielle Situation entsprechend ist. Wichtig ist vor allem die Förderung globaler Kompensationsprojekte auf Basis »verlorener« Finanzzuschüsse. Und das gesellschaftliche Umfeld sollte sie auffordern, motivieren und entsprechende (private) Leistungen dann auch würdigen und annehmen und nicht als »Freikauf«, »Ablasshandel« oder »Greenwashing« diffamieren – was eine sehr unkluge Position wäre. Letztlich ist das auch ein Weg, zu mehr Suffizienz im

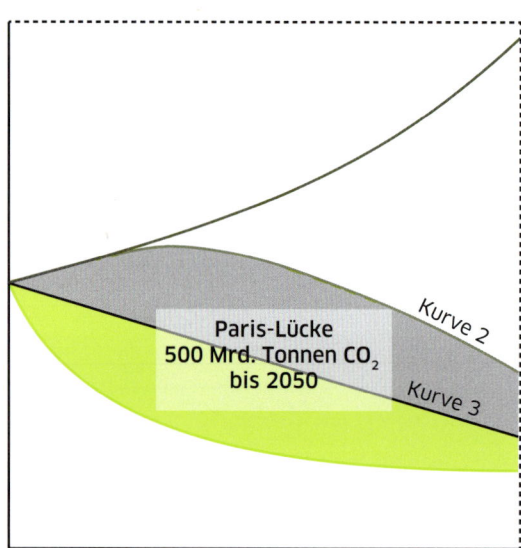

Basis-Abbildung stilisiert

214

Lebensstil von Menschen zu kommen, und zwar über den (freiwilligen) Verzicht auf Teile der eigenen Finanzmittel (vgl. hierzu Info-Box 12). Der Bezug ist dabei die Basis-Abbildung, nämlich die grau-grüne Paris-Lücke.

Der genaue Verlauf der Kurven 2 und 3 in der Basis-Abbildung ist aufgrund des Gesagten heute noch nicht entschieden und insbesondere pfadabhängig bezüglich der Entwicklungen der nächsten Jahre und Jahrzehnte. Das wird sich alles ergeben, und die Unsicherheit über diese Entwicklung ist einer der Gründe für die Zurückhaltung der Politik, sich in diesem Bereich allzu weitgehend zu verpflichten. Anders ausgedrückt: An dieser Stelle wird deutlich, warum die Politik prinzipiell nicht den Raum der wohlstandsneutral abdrosselbaren CO_2-Emissionen (Fläche oberhalb der Kurve 3) ausschöpfen kann, nämlich wegen der Volatilität und Nichtprognostizierbarkeit der Verhältnisse. Das ist aber kein prinzipielles Problem, sobald der Privatsektor mit seiner Flexibilität und Finanzkraft einspringt. In kluger Wechselwirkung mit der Politik kann der graue Bereich in geeigneter Dimensionierung bei adäquater, flexibler Regulierung ausgeschöpft werden. Die Politik wird dabei dafür sorgen, dass immer noch so viel CO_2-Emissionen erlaubt bleiben, dass der ökonomische Prozess nicht übermäßig durch Knappheit belastet wird.

Der genaue Verlauf von Kurve 3 in der Basis-Abbildung hat primär Auswirkungen auf die Dimensionierung erforderlicher alternativer Maßnahmen, insbesondere des nichtstaatlichen Sektors, im Rahmen von Klimaneutralitätsaktivitäten dieser Akteure, also insbesondere für den erforderlichen Umfang der Erzeugung von Negativemissionen. Bezüglich der Unsicherheiten geht es hier, inklusive möglicher Positionierungen der USA, um vielleicht 50 bis 100 Milliarden Tonnen CO_2 mehr oder weniger bis 2050, additiv zu den oben genannten 500 Milliarden Tonnen. Auf diese Größenordnung kommt es aber für den Privatsektor nicht an. Entscheidend für die Chance auf ein breites Engagement des Privatsektors ist vielmehr die Etablierung einer mittelfristig gedeckelten Obergrenze der Gesamtemissionen, auch wenn diese Grenze für das Zwei-Grad-Ziel noch deutlich zu hoch liegt. So wie das mit dem Paris-Vertrag gelungen ist. Das ist ein entscheidender Beitrag. Es muss also nicht die »richtige« Obergrenze zur Zielerreichung sein – fast jede Obergrenze ist in Ordnung, wenn sie nur fixiert ist, um aus Sicht des Privatsektors zu vermeiden, dass man mit freiwilligen Maßnahmen in ein Fass ohne Boden investiert und damit nur das Feld für Mitnahmeeffekte bei Trittbrettfahrern verbessert.

Darüber hinaus ist es also, wie dargestellt, für den Privatsektor insbesondere nicht wesentlich, wo genau die Kurve 3 verläuft, denn der Verlauf bestimmt nur das Verhältnis der verschiedenen Optionen für den Privatsektor im Bereich der Kompensationsmaßnahmen zur Erreichung von Klimaneutralität. Konkret lautet die Frage: Wie viel Stilllegungen von Emissionsrechten erlauben die Staaten – und inwieweit sind sie bereit, den Emissionsumfang auf ihrem Territorium gegen Finanzzuflüsse abzudrosseln? Als Alternative für den Privatsektor stehen unter anderem vielfältige biologische Sequestrierungsmaßnahmen (Negativemissionen) zur Verfügung. Diese lassen sich im Umfang noch erheblich ausdehnen.

Projekte in sich entwickelnden Ländern zur Finanzierung des Übergangs in erneuerbare Energien sind ein weiterer Ansatz für den Privatsektor. Perspektivisch kommt wohl zukünftig auch die direkte technische Entnahme von CO_2 aus der Atmosphäre als Option hinzu [12, 64]. Hier könnte der Privatsektor zur Erreichung von individueller Klimaneutralität auch Kosten übernehmen, um entsprechende Technologien im Markt wettbewerbsfähig zu machen. Dazu würde man CO_2-Gutschriften für die Stilllegung zukünftig so entzogener CO_2-Volumina aus der Atmosphäre anbieten. Die Regierungen werden für Stilllegungen von Zertifikaten oder den Abkauf weiterer Reduktionsrechte so lange offen sein, als der Preis für offizielle Zertifikate oder die Belastung der Wirtschaft durch Regulierung im Klimabereich nicht zu hoch werden. Eine flexible Haltung an dieser Stelle, wenn sie denn einmal etabliert ist, wird auch der Politik das Leben erleichtern. Die Hoffnung ist, dass wir so von der heute zu beobachtenden Fixierung auf völlig überteuerte Klimaschutzmaßnahmen im nationalen Umfeld mit teils eigentumsvernichtenden Eingriffen wegkommen, die Tendenzen hin zur Klimaplanwirtschaft stoppen und wieder stärker die Kräfte der (ökologisch-sozial regulierten) Märkte aktivieren werden.

Es ist jetzt vieles möglich unter Nutzung des Konsenses von Paris, unter Einbindung freiwilliger Klimaneutralitätsanstrengungen des Privatsektors, aber auch öffentlicher Einrichtungen und nachgeordneter Behörden, wie das in Teilen die Bundesregierung vorlebt und wie dies insbesondere auch die Vereinten Nationen propagieren, und mit mehr Offenheit für internationale Kooperation. Mit Blick auf die in Paris über freiwillige Zusagen der Staaten induzierte dynamische Obergrenze für globale CO_2-Emissionen können nichtstaatliche Akteure jetzt ihre Beiträge leisten und diese geeignet dimensionieren.

Besonders wichtig ist parallel hierzu die substanzielle finanzielle Unterstützung der ärmsten Staaten der Welt durch die reichen Länder im Rahmen eines Klimafinanzausgleichs. Dieser jetzt angekündigte Schritt ist schon lange überfällig. Es ist enttäuschend und dumm, wie geizig die reiche Welt an dieser Stelle war und ist. Am liebsten hätte man Beiträge der armen Länder zum Nulltarif. Jetzt gibt es die erfolgten Zusagen. Dieser Teil des Vertrages von Paris sollte vollumfänglich erfüllt und im Volumen weiter erhöht werden, auch wenn hinsichtlich der Vertragserfüllung Zweifel angebracht sind. Diese resultieren zum Beispiel aus dem angekündigten Austritt der USA aus dem Paris-Vertrag. Aber die Fragen gehen weit darüber hinaus. Denn auch hier wird wieder gepokert. Zu beachten ist aber jenseits aller Gerechtigkeitsüberlegungen unbedingt, dass viele Nichtindustrieländer ihre freiwilligen Zusagen gemäß Paris-Vertrag abhängig von angemessenen Geldflüssen im Bereich des Klimafinanzausgleichs gemacht haben. Das sollte die Motivation der reichen Länder zur Vertragstreue in diesem Bereich erhöhen.

Freiwillige Klimaneutralität eröffnet übrigens auch an dieser Stelle eine zusätzliche Chance, in diesem Fall für die Staaten. Sie könnten sich weitere CO_2-Absenkungen auf ihrem Territorium – also verbesserte Versprechungen – in geeigneter Weise vom Privatsektor zum Zwecke freiwilliger Klimaneutralitätsanliegen dieses Sektors im Rahmen geeigneter Verträge »abkaufen« lassen und mit den so erschlossenen Finanzmitteln ihre Verpflichtungen im Bereich des Klimafinanzausgleichs erfüllen. Dies gilt für die reichen Länder. Die übrigen Länder können auf demselben Weg mehr Mittel vom Typ Klimafinanzausgleich erschließen, wenn sie bereit sind, ihre Versprechen nachzuschärfen. All dies ist auf einer flexiblen Basis von Jahr zu Jahr machbar, wodurch die Entscheidung deutlich erleichtert wird. Gleichzeitig ermöglichen die Finanzzuflüsse Maßnahmen, die eine weitere Absenkung der eigenen CO_2-Emissionen auch in der Sache ermöglichen können – nämlich durch Einsatz besserer Technik und besserer Formen der Organisation.

5.2_WER SIND DIE »TOP EMITTERS«?

◆◆◆ Eine wesentliche Gruppe für die Bewältigung der Klimafrage sind die sogenannten »Top Emitters« – eine supranationale Personengruppe, die dringend zum Mitmachen bei der Lösung der Klimaprobleme aktiviert werden muss. Die Bedeutung dieser Gruppe (vgl. die nachfolgende »Sektkelch-Abbildung«) ist ähnlich hoch wie die der Staaten. In der Literatur beschäftigen sich insbesondere zwei Arbeiten mit dem Thema [14, 15]. »Top Emitters« sind Personen mit hohem Wohlstand, einem elaborierten Lebensstil und einem großen Aktivitätsspektrum, die teils 50, 100, 500 und sogar 1000 Tonnen CO_2 pro Jahr emittieren. Entsprechende Personen gibt es in allen Teilen der Welt, also in armen wie in reichen Ländern. Zugespitzt formuliert: Da der deutsche Hartz-IV-Empfänger nicht zu seinen Lasten die induzierten Klimaeffekte eines indischen Milliardärs kompensieren kann, ist die Politik an dieser Stelle nicht handlungsfähig. Der Versuch, das Klimaproblem als Nord-Süd-Thema zu verstehen, erfasst diesen Teil des Problems nicht.

Die Politik und Nichtregierungsorganisationen sollten alles tun, die reichen Segmente der Weltbevölkerung und ihre vielfältigen Partner, Dienstleister und Umfelder zu motivieren, sich freiwillig und zu eigenen Lasten klimaneutral zu stellen und die dafür notwendige Finanzierung aufzubringen. Der Sektor der »Top Emitters« soll der Politik weitere Verschärfungen des Paris-Vertrags

Für die globale Erwärmung sind hauptsächlich die Reichen verantwortlich

Einkommensgruppen und ihr Anteil an den globalen CO_2-Emissionen

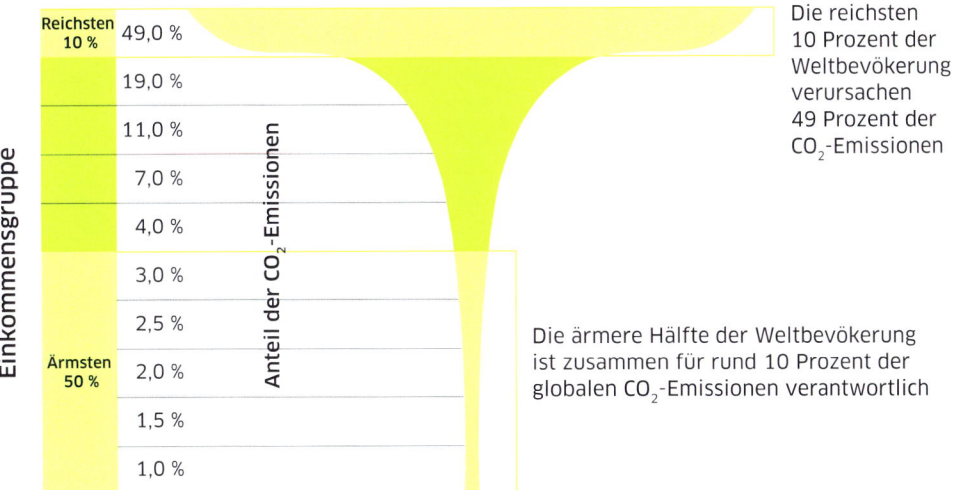

»Sektkelch«: Müssen wir uns zwischen Zukunft und Kindern entscheiden?
(Maren Urner und Felix Austen [96])

abkaufen, in Fällen wie dem Angebot Ecuadors (vgl. Kap. 3.4) aktiv werden und vor allem die zweite Gerechtigkeitsseite der Klimagasthematik adressieren, also neben der Nord-Süd-Thematik die Thematik besonders wohlhabender und der übrigen Bürger. Hier geht es in einem neuen Denkrahmen in einer bilanziellen Betrachtung der CO_2-Situation in der Atmosphäre auch darum, der Atmosphäre CO_2 wieder in großem Umfang zu entziehen, bevorzugt durch biologische Sequestrierung. Für Deutschland (und Europa) sprechen wir in diesem Kontext vom »Milliarden-Joker«. Er könnte ab 2025 Deutschland – und ab 2030 Europa – mehr als klimaneutral machen und ein Beispiel für die Welt sein. Und das zu überschaubaren Kosten.

Wie verteilen sich nun die weltweiten Emissionen im Hinblick auf arme und reiche Menschen? Wie oben schon angedeutet, liegen etwa 10 Prozent der aktuellen jährlichen weltweiten Emissionen von 36 Milliarden Tonnen CO_2 im Energiebereich bei der ärmeren Hälfte der Weltbevölkerung. Das sind etwa 4 Milliarden Tonnen, gut eine Tonne pro Kopf. Etwas mehr als die Hälfte aller Emissionen, das sind etwa 20 Milliarden Tonnen, vereinen etwa 10 Prozent der Weltbevölkerung auf sich, die insgesamt oberhalb von 8 Tonnen pro Kopf liegen. Für 40 Prozent der Weltbevölkerung bleibt ein Volumen von 12 Milliarden Tonnen, etwa 3 Tonnen pro Kopf und Jahr. Die etwa 800 Millionen Personen im Premiumsegment erzeugen gut 6 Milliarden Tonnen Sockelbeitrag (gerechnet mit 8 Tonnen pro Kopf und Jahr) und 14 Milliarden Tonnen Emissionen oberhalb dieser Kappungsgrenze. Ließen sich diese Emissionen wegzaubern, wären wir mit dem Paris-Vertrag in einer bilanziellen Betrachtung im Wesentlichen am Ziel.

Wie viele »Top Emitters« gibt es pro Land? Hierbei sind folgende Punkte zu beachten: 1. Bevölkerungsgröße; 2. Bruttoinlandsprodukt pro Kopf; 3. Balance der Einkommensverteilung (beschrieben zum Beispiel über den GINI-Koeffizienten); 4. Emissionen pro Kopf; 5. CO_2-Effizienz (CO_2-Emissionen pro Einheit BIP). Bezüglich der betrachteten Territorien USA (A), Europa (B), China (C) und dem Rest der Welt (D) und der fünf gennanten Punkte gilt Folgendes:

1. Die Bevölkerungsgröße steigt von A bis D, also A < B < C < D.

2. Das BIP pro Kopf nimmt hingegen ab, also A > B > C > D.

3. Die Balance der Einkommen in den USA ist etwas niedriger als in Europa als Ganzes. Die anderen Regionen sind weniger ausgeglichen. Es gilt: B > A > C > D.

4. Die Emissionen pro Kopf sinken von A bis D, wobei die Situation in Europa und China vergleichbar ist, also A > B = C > D.

5. Je reicher eine Region ist, desto besser ist ihre CO_2-Effizienz, wobei Europas Effizienz höher ist als die der USA, also B < A < C < D.

Daraus ergibt sich Folgendes:

A: Die USA operieren auf der kleinsten Bevölkerungsbasis. Sie haben das größte BIP pro Kopf und die deutlich höchsten CO_2-Emissionen pro Kopf. Die soziale Balance ist etwas geringer als in Europa und höher als in China oder dem Rest der Welt. Die CO_2-Effizienz Europas ist günstiger als die der USA, die wiederum günstiger ist als die in China und dem Rest der Welt. Das alles deutet auf eine große Zahl von »Top Emitters« in den USA hin.

B: Europa hat viel mehr Menschen als die USA. Die soziale Balance ist etwas höher. Das durchschnittliche Einkommen ist niedriger. Die Emissionen pro Kopf sind deutlich niedriger, zusätzlich ist die Ökoeffizienz höher, das senkt die Emissionen relativ ab. Relativ zur Bevölkerungsgröße, und wohl auch absolut, wird deshalb die Gesamtzahl der »Top Emitters« kleiner sein als in den USA.

C: China hat viel mehr Menschen als Europa und erst recht die USA. Das erhöht potenziell die Zahl der »Top Emitters«. Das BIP pro Kopf ist viel niedriger. Das verringert in der Tendenz die Zahl der »Top Emitters«. Die Balance der Einkommensverteilung ist ungleicher, das erhöht tendenziell die Zahl der »Top Emitters«. Die CO_2-Effizienz ist deutlich niedriger als in den USA, erst recht als in Europa. Das erhöht tendenziell die Zahl der »Top Emitters«.

D: Der Rest der Welt hat viel mehr Menschen als selbst China. Das erhöht in der Tendenz die Zahl der »Top Emitters«. Das BIP pro Kopf ist viel niedriger, auch im Verhältnis zu China, das reduziert in der Tendenz die Zahl der »Top Emitters«. Die Balance der Einkommensverteilung ist ungleicher als in China, was in der Tendenz die Zahl der »Top Emitters« erhöht. Die Emissionen pro Kopf sind niedriger, das verringert tendenziell die Zahl der »Top Emitters«. Die niedrigere CO_2-Effizienz im Verhältnis zu China erhöht tendenziell die Anzahl der »Top Emitters«.

Zu der Debatte um die Bedeutung der »Top Emitters« hat sich im Jahr 2015 der französische Wirtschaftswissenschaftler Thomas Piketty – zusammen mit Lucas Chancel [15] – geäußert und ihr damit eine neue Signifikanz gegeben, da Piketty seit seiner bahnbrechenden Publikation *Das Kapital im 21. Jahrhundert* [69] im Besonderen für das Thema der extremen Ungleichverteilung von Einkommen und Vermögen steht. Er hat mit anderen, zum Beispiel dem kürzlich verstorbenen Sir Atkinson [2], die »World Wealth and Income Database« geschaffen. Vor diesem Hintergrund analysieren Chancel und Piketty die Ungleichverhältnisse bei CO_2-Emissionen. Das liegt nahe, da ein Lebensstil des Wohlstands fast zwangsläufig hohe CO_2-Emissionen zur Folge hat. Wie ist nun ihr Befund? Er erinnert stark an die Ungleichheit bei Einkommen, wenn auch nicht ganz so extrem. Weil man nämlich die Anhäufung von Geld immer weiter und fast beliebig steigern kann, die individuellen Klimagasemissionen jedoch nicht. Denn letztere verlangen persönliche Aktivitäten in der Welt, zum Beispiel in Form von Reisen, und für diese gibt es nach oben Grenzen in Zeit und Raum für jeden einzelnen Menschen, egal wie reich er ist.

Interessant ist, dass dennoch manche Entwicklungen bezüglich der Verteilungsfragen bei Klimagasemissionen denen ähneln, die auch von den Einkommen her bekannt sind. Von Kyoto 1989 bis Paris 2015 haben zum Beispiel gemäß Piketty und Chancel die globalen Ungleichheiten in Bezug auf CO_2-Emissionen abgenommen, da Menschen in Ländern wie China wohlhabender wurden, während bei vielen Menschen in den Industriestaaten die Einkommen stagnierten oder sogar abnahmen. Dadurch haben sich die individuellen Emissionsvolumina weltweit angenähert. Innerhalb der Staaten hat hingegen die Ungleichheit bezüglich der CO_2-Emissionen zugenommen. Dies auch deshalb, weil sich in fast allen Staaten die Einkommensschere weiter geöffnet hat.

Die Emissionsungleichheit bleibt weiter hoch. 10 Prozent der Menschen, die sogenannten »Top Emitters«, sind heute für 45 Prozent der globalen Emissionen verantwortlich. Diese »Top-10-Emitter« leben auf allen Kontinenten, ein Drittel in Entwicklungsländern. Die nächsten 40 Prozent der Bevölkerung sind für 42 Prozent der Emissionen verantwortlich. Für die unteren 50 Prozent der individuellen Emissionsniveaus bleiben damit 13 Prozent der globalen Emissionen. Dabei kommt die Gruppe der ein Prozent »Top Emitters« auf insgesamt 14 Prozent, die Gruppe der untersten 10 Prozent auf insgesamt ein Prozent der Gesamtklimagasemissionen. Der mittlere Pro-Kopf-Unterschied zwischen beiden Extremgruppen beträgt Faktor 140.

Interessant sind auch die folgenden Aussagen aus Pikettys und Chancels Studie:

1. Heute macht die Ungleichheit innerhalb von Staaten bezüglich der CO_2-Emissionen etwa die Hälfte der Unterschiede bei den Pro-Kopf-Emissionen weltweit aus. Unterschiede zwischen den Staaten, das bisherige Hauptanliegen der internationalen Klimapolitik, sind für die anderen 50 Prozent verantwortlich. Es ist deshalb entscheidend, sich jetzt (auch) auf hohe individuelle Emittenten zu konzentrieren statt nur auf Staaten mit hohen (Pro-Kopf-) Emissionen. Anders ausgedrückt: Es muss jetzt in allen Staaten etwas passieren und sei es zumindest bei den »Top Emitters« – und die gibt es überall auf der Welt. Im Wesentlichen sind das die Menschen mit hohen Einkommen und/oder hohen Vermögen und einem entsprechenden Lebensstil.

2. Chancel und Piketty rechnen mit 45 Gigatonnen CO_2-Emissionen in 2014, das vorliegende Buch mit 34 Gigatonnen CO_2. Das liegt daran, dass die Aussagen im Buch sich (nur) auf den Energiesektor beziehen, Chancel und Piketty hingegen auch andere Klimagasemissionen betrachten, wobei deren Anteil international bei etwa 20 Prozent liegt. Das generelle Bild ändert sich bei diesem Wechsel der Betrachtungsweise nicht substanziell.

3. In historischer Perspektive, addiert seit dem Beginn der industriellen Revolution, stehen Westeuropa, Nordamerika und Australien mittlerweile (nur noch) für weniger als 50 Prozent der globalen historischen CO_2-Emissionen. China ist für 12 Prozent aller anthropogenen Emissionen, die je erzeugt wur-

den, verantwortlich. Addiert liegen die Entwicklungs- und Schwellenländer heute bei etwa einem Drittel aller Emissionen seit der Industrialisierung.

4 Man muss zwischen produktionsbasierten, territorialen Emissionen und konsumbezogenen Emissionen unterscheiden. 25 Prozent der chinesischen Emissionen gehen in die Export-Import-Differenz. Für Deutschland, als Exportweltmeister, gilt Ähnliches. Die produktionsbasierten territorialen Emissionen pro Jahr liegen in Deutschland bei etwa 900 Millionen Tonnen, die konsumbezogenen Emissionen bei 800 Millionen Tonnen.

5 Was heißt eigentlich »verantwortlich für CO_2-Emissionen«? Konzentriert man sich im Sinne eines »Carbon-Accounting« auf die großen internationalen Unternehmen, die viel CO_2-Emissionspotenzial in Form fossiler Energieträger aus der Erde holen oder emittieren, so gilt Folgendes: Seit 1845 haben (nur) 86 solche Firmen (Öl- und Gas-Produzenten, Kohle, Zement) die Basis für 70 Prozent dieser Emissionen aus der Erde geholt. Kann man da ansetzen? Dies führt direkt zum Thema der Dekarbonisierung und zu der Frage, welche Schwierigkeiten dabei auftreten, wenn dieses Ziel politisch verfolgt werden soll (vgl. Kap. 3.6).

Welche Vorschläge zu weiteren Vorgehensweisen erörtern Piketty und Chancel? Ihnen geht es um gesetzliche Abgaben der »Top Emitters« zur Finanzierung des internationalen Finanzausgleichs. Sie untersuchen in diesem Zusammenhang, wie verschiedene Kostenzuordnungsschemata für hohe Emissionen zu Zahlungserfordernissen in verschiedenen Teilen der Welt führen würden, zum Beispiel zur Finanzierung eines internationalen Klimafinanzausgleichs. Dabei geht es unter anderem darum, wie der versprochene Klimaausgleichsfonds, der ab 2020 zunächst 100 Milliarden US-Dollar pro Jahr umfassen soll, finanziert werden soll. Unter anderem berichten Piketty und Chancel folgende Ergebnisse: Zieht man alle Individuen heran, die mehr emittieren als den Weltdurchschnitt (6,2 Tonnen pro Jahr), und wird eine Abgabe gefordert, die proportional ist zum Emissionsvolumen oberhalb von 6,2 Tonnen pro Jahr, müssten Nordamerikaner 36 Prozent der Kosten tragen, Europäer und andere OECD-Staaten 32,4 Prozent, Chinesen 15,1 Prozent und Menschen in den übrigen Ländern 16,9 Prozent.

Zieht man stattdessen nur die »Top-10-Emitter« heran (mehr als 14,26 Tonnen pro Jahr) und verlangt proportionale Zahlungen für die Überschreitung dieses Betrags, fallen 46,2 Prozent auf Nordamerika, 26,4 Prozent auf die Europäer und andere OECD-Staaten, 11,6 Prozent auf die Menschen in China und 15,9 Prozent auf den Rest der Welt.

Zieht man stattdessen nur die »Top-1-Emitter« heran (mehr als 56,42 Tonnen pro Jahr) und verlangt proportionale Zahlungen für die Überschreitung dieses Beitrags, fallen 57,3 Prozent der Kosten in Nordamerika, 24,7 Prozent in Europa und in den übrigen OECD-Staaten, 15,7 Prozent für Menschen in China und 12,3 Prozent im Rest der Welt an.

Das reichste ein Prozent der US-Amerikaner, Luxemburger, Singapurer und Menschen aus Saudi-Arabien und Kanada sind – als Gruppe betrachtet – laut Piketty und Chancel weltweit die höchsten Emittenten mit jährlichen Emissionen oberhalb von 200 Tonnen CO_2. Ganz unten liegen die untersten Einkommensgruppen von Honduras, Mosambik, Ruanda und Malaysia mit jährlichen Emissionen von ungefähr 0,1 Tonnen CO_2 pro Jahr. Das Verhältnis ist 1 : 2000. Anzahlmäßig fallen im Top-Bereich vor allem die US-Amerikaner ins Gewicht. Es geht um etwa 3,16 Millionen Menschen mit durchschnittlichem Jahreseinkommen von 542 453 Euro und durchschnittlich 320 Tonnen CO_2-Emissionen pro Jahr. Das ist insgesamt mehr als eine Milliarde Tonnen CO_2-Emissionen pro Jahr, damit deutlich mehr als die gesamten deutschen Emissionen pro Jahr.

Der Autor schätzt, dass die Emissionen der »Top Emitters« sogar noch höher liegen als von Piketty und Chancel errechnet. Es laufen am FAW/n in Ulm Forschungsarbeiten, um diese Frage zu klären. Wo können diese ansetzen? Die *Frankfurter Allgemeine Sonntagszeitung* berichtete,[41] dass ein weltbekannter Klimaaktivist allein mit einer seiner Villen mit 20 Zimmern und

1000 Quadratmeter Wohnfläche 20-mal so viel Energie verbraucht wie eine Durchschnittsfamilie mit ihrem Haus. Hinzu kommt die aufwendige Beheizung von Pools, was allein schon den Stromverbrauch von mehreren US-Durchschnittshaushalten ausmachen kann. Man ist hier bei mehreren Villen und Pools rasch bei 500 Tonnen CO_2 und mehr pro Jahr.

Interessant sind auch noch die folgenden Hinweise aus Pikettys und Chancels Arbeit: Europa trägt 9 Prozent (3,6 Gigatonnen) zu den heutigen weltweiten Emissionen und 20 Prozent zu den akkumulierten Emissionen seit Beginn der industriellen Revolution bei. Schwellenländer sind mittlerweile (vor allem wegen der Beiträge Chinas) für mehr als ein Drittel der akkumulieren Emissionen verantwortlich. Nordamerika kommt auf 16 Prozent der weltweiten Emissionen (7,6 Gigatonnen), China auf fast 25 Prozent der Weltemissionen (11 Gigatonnen). China emittiert heute mehr Klimagase als Nordamerika, Europa und Russland zusammen.

Ein Hinweis zur Finanzierung: Es gibt den Einwand, dass die Zuversicht, die vermögenden Menschen würden sich das Anliegen einer freiwilligen Klimaneutralität zu eigen machen, unrealistisch ist. Schließlich würde dieselbe Klientel vieles unternehmen, um Geld auf Kosten der Allgemeinheit in Steueroasen zu parken und so zu mehren. Die Antwort auf diese Kritik lautet: Steueroasen haben einen ganz anderen Charakter als freiwillige Klimaneutralität. Im Einzelfall geht es bei der Steueroptimierung um viele Millionen Euro, Jahr für Jahr, teils auf rechtlich zulässigem Wege, teils auch anders. Demgegenüber sind die Kosten für Klimaneutralität für die »Top Emitters« gering. Wir reden hier in den meisten Fällen über weniger als 10 000 Euro pro Jahr. Diese kleinen Summen fallen in diesem Umfeld kaum auf. Sie haben außerdem eine hohe positive Öffentlichkeitswirkung. Hinzu kommt, dass eine Klimakatastrophe gerade den finanziellen Besitz dieser Gruppe bedroht – und zwar massiv. Denn diese Gruppe hält große Teile des Eigentums weltweit. Vieles davon würde mit einer Klimakatastrophe enorm an Wert verlieren. Ferner wird bei einem Weg in Richtung Klimakatastrophe der Lebensstil dieser Gruppe massiv angegriffen. Es drohen Gebote und Verbote. Die individuelle Lebensqualität könnte sich massiv verschlechtern. Deshalb muss das Interesse in dieser Gruppe sehr hoch sein, eine solche Katastrophe zu vermeiden. Wichtig ist allerdings, die Zusammenhänge zu verdeutlichen, die Notwendigkeiten öffentlich zu thematisieren und die Umsetzung wohlwollend zu begleiten.

5.3_KANN DER PRIVATSEKTOR DIE KOSTEN TRAGEN?

◆◆◆ Das notwendige Engagement des Privatsektors für die Kompensation und Klimaneutralität liegt, wie dargestellt, geschätzt bei 150 bis 300 Milliarden Euro pro Jahr. In zehn Jahren könnten es wegen des erforderlichen schrittweisen Programmaufbaus auch 500 Milliarden Euro und mehr pro Jahr sein – potenziell also deutlich mehr als die aktuellen Mittel auf staatlicher Seite für Entwicklungszusammenarbeit (»ODA«-Mittel) und die versprochenen Mittel für den Klimafinanzausgleich zusammengenommen. Dabei wird es sich insbesondere oftmals um »verlorene« Finanzzuschüsse zu globalen Kompensationsprojekten handeln. All das ist immer noch weit von den Trillions (zu deutsch: Billionen) entfernt, die in *From Billions to Trillions* [1] gefordert werden, aber der Privatsektor könnte uns ein Stück weiter an die Billion heranbringen. Nichtstaatlichen Akteuren wird damit im Kontext des Paris-Vertrags eine hohe Verantwortung zugewiesen, zugleich aber auch die Chance eröffnet, sich über eine generelle »Greening-Ausrichtung« hinaus entweder als Project-Owner globaler Kompensationsprojekte oder in der Form der Stilllegung von Emissionsrechten (»No-use-Emissionen«) und der Erzeugung von Negativemissionen (»Minusemissionen«) geeignet zu positionieren, um dadurch zur Vermeidung einer Klimakatastrophe und zur Umsetzung der SDGs beizutragen und gleichzeitig erhebliche Reputationsgewinne zu realisieren sowie das eigene Eigentum und die eigene, privilegierte Wohlstands- und Lebensstilsituation abzusichern.

Die Aktivierung des Privatsektors, insbesondere für die Aufbringung erheblicher Volumina an »verlorenen« Finanzzuschüssen, sollte auch durch Aktivitäten der UN vorangebracht werden – die in Analogie zum »Global Compact« auf einen »Global Neutral« abzielen sollten. Die ökonomische Wirkung eines vollumfänglich erfolgreichen »Global Neutral« bei den Vereinten Nationen in der angedeuteten Größenordnung (das heißt bei jährlicher mittlerer bilanzieller Vermeidung von etwa 15 Milliarden Tonnen CO_2-Emissionen gegenüber dem Status quo bis 2050) entspricht bei geschätzten Durchschnittskosten pro bilanziell vermiedener Tonne CO_2-Äquivalent von 10 bis 20 Euro der Aktivierung von 150 bis 300 Milliarden Euro pro Jahr. Dies wären jährlich freiwillige zusätzliche 150 bis 300 Milliarden Euro, zukünftig vielleicht auch 500 Milliarden Euro und mehr von nichtstaatlichen Akteuren, im Besonderen des Privatsektors. Dieser Betrag würde größtenteils direkt oder indirekt über das Premium-Konsumentensegment der Welt aufgebracht werden und ist von der Größenordnung her für diese Gruppe unproblematisch. Tatsächlich gibt es heute schon bemerkenswerte Beiträge dieser Art für freiwillige Klimaneutralität. Legt man das benötigte Volumen an »verlorenen« Finanzzuschüssen auf das eine Prozent der Menschen mit den höchsten Einkommen und Vermögen auf dem Globus um, was etwa 75 Millionen Menschen entspricht, dann trifft es diese mit etwa 2000 bis 4000 Euro, später vielleicht auch mit 6000 Euro pro Jahr. Dies sind auch weit überwiegend die Menschen mit den höchsten individuell verursachten Klimagasemissionen, teilweise 200 Tonnen und mehr pro Jahr, die sogenannten »Top Emitters«. Diese Gruppe ist ein wesentlicher Treiber der Klimaproblematik. Es sprechen einige Indizien dafür, dass diese Gruppe mit ihrem Lebensstil direkt und indirekt für mindestens ein Viertel der weltweiten Klimagasemissionen im Energiebereich verantwortlich ist, also für rund 10 Milliarden Tonnen CO_2 pro Jahr. Pro Person und Jahr entspricht das etwa 130 Tonnen CO_2. Da sich die Kosten letztlich über deutlich mehr Menschen verteilen werden und da insbesondere Städte, Kommunen, Unternehmen und Organisationen einen großen Teil der Kosten tragen werden, sind die persönlich zu finanzierenden Volumina geringer, auch wenn die Beiträge andererseits teilweise doch wieder indirekt von der genannten Personengruppe getragen werden müssen, etwa bei der CO_2-Neutralisierung großer Medien- und Sportevents, wie das heute schon üblich ist.

Zur Erinnerung: Dieser Personengruppe gehört zwischen einem Drittel und der Hälfte aller Vermögenstitel auf dieser Welt, etwa 200 000 Milliarden US-Dollar, das heißt 200 Billionen US-Dollar. Die jährlichen Renditerückflüsse auf diese gewaltigen Vermögen sind enorm, es geht um viele tausend Milliarden US-Dollar pro Jahr. Der Lebensstil dieser Gruppe, in der Regel ein aufwendiger, teils luxuriöser, teils sogar glamouröser Lebensstil, ist in Gefahr, wenn es zu einer Klimakatastrophe kommen sollte und die Natur immer häufiger zuschlägt. Deshalb ist es eine Frage eines aufgeklärten Egoismus (»Insightful Selfishness«) für diese Gruppe, die entsprechenden Finanzvolumen direkt oder indirekt aufzubringen. Das gilt unter anderem mit Blick auf das Verursacherprinzip. Diese Gruppe hat aber auch ein hohes Eigeninteresse in der Sache. Sie kann nämlich Opfer empfindlicher Einschränkungen hinsichtlich des erlaubten Lebensstils und des öffentlich vorzeigbaren Wohlstands werden. Sie kann außerdem sehr viel von ihrem Eigentum durch massive Wertverluste als Folge eines aus dem Ruder laufenden Klimawandels verlieren. Niemand hat ein so hohes natürliches Interesse an der Vermeidung einer Klimakatastrophe wie die Mitglieder dieser Gruppe.

5.4_DIE GROSSEN HEBEL: HIER SOLLTE MAN ANSETZEN

◆◆◆ Klimagasemissionen müssen teurer werden, darüber sind sich alle Beobachter einig. Aus ökonomischer Sicht wäre also der Ansatz naheliegend, dass man derartige Emissionen ordnungspolitisch verteuert und dadurch für verringerte Emissionen sorgt. Die Strategie hat allerdings Grenzen, denn sie sollte nicht primär auf den Schultern sozial schwacher Bürger ausgetragen werden. Sonst müssten diese das Klimaproblem durch individuelle Verarmung lösen. Es gibt viele kluge Vorschläge, so etwas zu vermeiden, indem zum Beispiel zwar die Staaten (hohe) Steuern auf CO_2-Emissionen einsammeln, aber dann das ganze Finanzvolumen dieser Steuern wieder an die Bürger zurückgeben, dies aber in pro Kopf gleicher Weise, also Strafsteuern zur Reduktion von CO_2-Emissionen gleichmäßig an alle Bürger zurückerstattet werden. Das erleichtert dem ärmeren Teil der Bevölkerung den Erhalt seines Lebensstandards. Dieser reduziert seine (ohnehin geringen) CO_2-Volumina vielleicht etwas, wird aber über die Steuerrückerstattung dafür finanziell »honoriert«. Alternativ, und aus Sicht dieses Buches besonders wirkungsvoll, kann man die Mittel auch in sich entwickelnden Ländern im Klimabereich einsetzen. Dies würde viel bewirken, der reiche Teil würde den Großteil der Kosten für diese internationalen Kompensationsmaßnahmen tragen – und viele Bürger würden hoffentlich das Gefühl haben, dass mit ihren zusätzlichen, mit Klimaargumenten begründeten neuen Steuern etwas Vernünftiges, in der Sache Zielführendes passiert. Nicht nur für das Klima, sondern auch in Form vielfältiger Co-Benefits für Entwicklung, indirekt auch zur Stabilisierung der Weltbevölkerungsgröße und zur Reduzierung des Drucks im Bereich Migration. Wie kann man vorgehen?

1. CO_2-Emissionen teuer machen

Es gibt zwei große Systeme, die Staaten verwenden können, um CO_2-Emissionen teuer zu machen: entweder über ein »Cap and Trade«-System, wie das heute in der EU geschieht. Oder über Steuern. Wobei der gleichzeitige Einsatz beider Instrumente wenig zielführend ist. Ein weiterer Ansatz sind technische Vorgaben, die einzuhalten sind. Dabei ist allerdings Augenmaß erforderlich, wie die aufgedeckten Manipulationen in der Automobilindustrie zeigen. Das heißt, die Industrie tut sich schwer, zu von Bürgern akzeptierten Kosten immer weitergehende technische Verbesserungen zu erreichen. Deshalb wird an den Messwerten angesetzt, bis hin zu Manipulationen, die aber von der Politik nur halbherzig verfolgt werden, weil die Bürger auch nicht so richtig an das Thema heranwollen. Die Bürger wollen bezahlbare und attraktive Automobile, sie spielen eine große Rolle für die Lebensqualität der Menschen, und der entsprechende Industriesektor hat für unsere Ökonomie höchste Bedeutung – viele Arbeitsplätze hängen daran. Deutschland ist Weltmarktführer im Bereich der Premiumautomobile. Es gibt im Detail viele regulative Möglichkeiten. Entscheidend ist, was das alles kostet und welcher Aufwand dafür erforderlich ist.

Sehr einfach wäre es, direkt bei der Förderung von Öl, Gas oder Kohle anzusetzen oder aber beim Handel dieser Produkte. Wobei letztlich erlaubte Fördervolumina für die Förderstaaten festzulegen wären. Die Politik verfolgt diesen Weg nicht. Starke Staaten sind nicht bereit, sich in diesem Bereich etwas vorschreiben zu lassen. Die EU hat stattdessen ein Zertifikatssystem für energieintensive Bereiche der EU-Wirtschaft eingeführt. Dabei hat sie aber zu viele Zertifikate generiert und diese auch zu großzügig und immer wieder kostenfrei an die Betroffenen verteilt. Diese haben damit teilweise noch Geld verdient, weil sie durch geeignete Maßnahmen, etwas das Einsammeln von »low hanging fruits«, ihre Emissionen schnell und zu geringen Kosten absenken und deshalb viele der kostenfrei zugeteilten Emissionsberechtigungen (ETS-Zertifikate) an andere Akteure verkaufen konnten.

Deshalb sind im Moment die Zertifikate für Klimagasemissionen viel zu zahlreich und damit viel zu preiswert. Letztlich sind zu viele Zertifikate zu allzu günstigen Konditionen ausgegeben worden, vor allem wenn man die internationalen Substitutionsmöglichkeiten bei Zertifikaten mit in Betracht zieht, wie insbesondere auch die Möglichkeit der Auslagerung von Emissionen, etwa über die Verlagerung von Produktionen außerhalb von EU-Mitgliedsstaaten. Das mindert die Klimawirksamkeit des EU-Zertifikatssystems, obwohl die EU an dieser Stelle mit Kostenvergünstigungen für betroffene Unternehmen gegensteuert. In einer Gesamtbewertung ist auch festzustellen, dass die EU auf ihre sicher nicht perfekte Weise dennoch bisher immer ihre angekündigten Ziele im Klimabereich erreicht hat. Man kann die Situation deshalb besser so charakterisieren, dass die EU sich im Klimabereich zu wenig ehrgeizige

Ziele gesetzt hat und möglicherweise auch die Kostenverteilung hätte fairer sein können. Die viel zu niedrigen Zertifikatspreise verunmöglichen mittlerweile auch sehr weitgehend die internationalen Ansätze gemäß des »Clean Development Mechanism« (CDM) des Kyoto-Protokolls – einem klugen Mechanismus, über den reiche Akteure ihren Verpflichtungen nachkommen können und Klimaschutzprojekte in sich entwickelnden Ländern finanzieren; die Zukunft des CDM ist über 2020 hinaus unsicher. Diese Zertifikate können von betroffenen Unternehmen in der EU zur Abdeckung eines Teils ihrer legalen Verpflichtungen verwendet werden. Sie resultieren aus Projekten in Nichtindustrieländern, die die CO_2-Emissionen vor Ort nachweislich reduzieren. Diese Reduktion wird unter UN-Aufsicht verbindlich festgestellt. Die eingesparten Emissionen können als Emissionsrechte genutzt und verkauft werden und erlauben es, in der EU solchen Unternehmen, die unter dem europäischen »Cap and Trade«-System operieren müssen, einen Teil ihrer gesetzlichen Pflichten bezüglich Nachweis von Emissionsberechtigungen auf diese Weise abzudecken. Leider sind die Preise für die meisten Zertifikate heute viel zu niedrig, um Klimawirksamkeit zu entfalten. Bei EU-Zertifikaten liegen sie heute bei etwa 6 Euro pro Tonne, bei CDMs ohne besondere Qualifikationen (wie etwa »Gold Standards«) teilweise im Cent-Bereich.

Das europäische »Cap and Trade«-System hat leider teilweise auch kontraintuitive Effekte, die vielen Klimaschützern nicht bekannt zu sein scheinen und die ohne Zweifel extrem unangenehm wirken, wofür der treffende Begriff des grünen Paradoxes verwendet wird [87]. Worum geht es? Wenn Menschen zum Schutz des Klimas in Europa erneuerbare Energiesysteme etablieren, dann verbinden sie damit meistens die Vorstellung, dass anschließend in Deutschland und Europa weniger CO_2 emittiert wird. Das ist aufgrund der Ausgestaltung des europäischen »Cap and Trade«-Systems im Klimabereich (ETS-System) nicht der Fall. Wenn wir heute in Deutschland zum Beispiel ein Kohlekraftwerk stilllegen, das seinen Betrieb bis dahin aufgrund von CO_2-Zertifikaten aufrechterhalten durfte, und durch Windräder ersetzen, werden die entsprechenden Zertifikate auf dem Markt zusätzlich verfügbar. Dies wird zukünftig verhindert werden, ist aber momentan noch der Fall. Werden nun weitere Zertifikate frei, sinkt der ohnehin niedrigere Preis weiter. Dies erlaubt zum Beispiel anderen Kohlekraftwerken in Europa, die von der Effizienz her an der Untergrenze zur Profitabilität arbeiten und in der Regel – relativ betrachtet – sehr viele Emissionen erzeugen, ihren Betrieb dennoch fortzusetzen, weil die Zertifikatspreise fallen. Bezüglich der Gesamtemissionen aus dem Energiesektor in Europa ändert also die neue, grüne Installation nichts. Die Emissionen sind genauso hoch wie vorher. Das erlaubte Potenzial der Emissionen wird in dem Fall ausgeschöpft, wie es der Logik eines »Cap and Trade«-Systems entspricht. Das heißt also, dass das eingesparte CO_2 aus den stillgelegten Kohlekraftwerken stattdessen an anderer Stelle emittiert wird. Man kann auch sagen, dass die entsprechenden Vorreiteraktivitäten, etwa auf deutscher Seite, dazu führen, dass man an anderer Stelle in Europa so weitermachen kann wie bisher.

2. Freiwillige Stilllegung durch den Privatsektor als Ansatz für Klimaneutralität

Wenn Maßnahmen in Richtung eines grünen Lebensstils oder grünerer Formen der Wertschöpfung unter Kostenaspekten nicht mehr verschärft werden können oder sollen, weil sie zu teuer sind, braucht man Alternativen. In diesem Fall können Firmen und Privatpersonen Emissionsrechte in großem Stil erwerben, um sie aus dem Verkehr zu ziehen und also nicht zu benutzen. Hierfür gibt es in Deutschland beim Umweltbundesamt ein Stilllegungskonto innerhalb des »Stilllegungsregisters«. Mit dieser Methode können sie die rechtlich erforderlichen Berechtigungen teilweise vernichten, die für bestimmte Segmente der EU-Ökonomie Voraussetzung dafür sind, tätig sein zu können. Es werden dann in diesem Bereich weniger Klimagasemissionen stattfinden. Der Preis der verbleibenden Emissionsrechte würde parallel dazu steigen.

Das wäre gut, solange der Preis nicht zu hoch steigt, er also die Ökonomie und die erwünschten Wachstumspotenziale nicht massiv belastet. Dann würde die Politik weitere Stilllegungen verbieten müssen. Aber so weit sind wir noch lange nicht. Wir können in Europa noch viele Zertifikate als Beitrag zur individuellen Klimaneutralität stilllegen. In Staaten außerhalb Europas, die keine »Cap and Trade«-Struktur haben, könnte man alternativ mit dem Versuch beginnen, Millionen von Tonnen nach Paris verbliebener CO_2-Emissionsrechte abzukaufen, um sie stillzulegen. Man würde also etwa Kenia dafür bezahlen, seine freiwilligen Zusagen zu verschärfen. Die Staaten brauchen Geld für Maßnahmen zur Anpassung an den Klimawandel in ihrem Land, zur Förderung neuer Technologien, für den Umbau der Industrie sowie den Bau von Häusern und der benötigten Infrastrukturen. Das ist eine gute Ausgangssituation. Das könnte funktionieren. Und die Politik kann das Vorgehen so lange erlauben, wie die jeweilige nationale Ökonomie nicht unter der Verknappung von Zertifikaten oder der Begrenztheit der noch verbliebenen Emissionsvolumina leidet. Hier kann auch von Jahr zu Jahr unterschiedlich reagiert werden. Die Volatilität der Verhältnisse, die es den Staaten verunmöglicht, sich in dieser Hinsicht über Jahrzehnte in weltweiten Klimaverträgen zu binden, kann wegen der Flexibilität des Privatsektors von Jahr zu Jahr in Partnerschaft adressiert werden. Wirtschaftskrisen, die natürlich gesellschaftlich schmerzhaft sind, werden dann viele Stilllegungsmöglichkeiten eröffnen. Zeiten hoher Wirtschaftsdynamik würden dazu führen, dass der Privatsektor sich für Neutralisierungsbeiträge stärker auf biologische Sequestrierung verlagern würde.

3. Negativemissionen als Ansatz, finanziert über freiwillige Anstrengungen

Dieser alternative Weg zur Klimaneutralität schaut auf die andere Seite der Belastungsbilanz in der Atmosphäre mit Klimagasen. Es geht ja bezüglich Klimagasemissionen in der Atmosphäre nicht nur darum, den Zufluss von CO_2 und anderer Klimagase in die Atmosphäre abzudrosseln. Gerade in dieser Hinsicht sind uns kurzfristig enge Grenzen gesetzt, wenn Wohlstandseinbußen vermieden werden sollen, weshalb Zeitgewinn ein so wichtiges Thema ist. Man kann der Atmosphäre aber alternativ auch CO_2 entziehen (sogenannte Negativ- oder Minusemissionen). CO_2 wird dann im besten Fall sogar ökonomisch produktiv wirksam. CO_2 ist dann kein Feind der Zivilisation, sondern geradezu ein Input zu mehr Wohlstand und Klimaschutz. Unter dem Thema CO_2-Ausscheidung, also die technische Sequestrierung, wird daran in großem Stil geforscht und gearbeitet. Und es gibt erste Erfolge, aber auch viele gescheiterte Projekte. Die Zukunft wird zeigen, ob sich die Energie- beziehungsweise Klimathematik von dieser Seite her wird bewältigen lassen. Interessant ist jedenfalls, dass mancher sachkundige Autor für die Zukunft Engpässe an CO_2 beziehungsweise Kohlenstoff als das eigentliche Zukunftsproblem unserer Zivilisation ansieht [64, 65, 66].

Heute, solange ausreichend gute technische Alternativen noch fehlen, gelingt Bindung von CO_2-Emissionen am besten durch sogenannte biologische Sequestrierung. Dieser Aktivitätsbereich umfasst drei Maßnahmenfelder: Erstens den Erhalt von Wäldern, insbesondere der tropischen Regenwälder, die gefährdet sind, beziehungsweise weltweite Aufforstung, vor allem auf degradierten Böden in den Tropen, auch zur Stabilisierung der verbliebenen Regenwälder. Deren Austrocknung ist einer der gefährlichsten potenziellen »Tipping-Points« des Klimasystems [58]. Die Aufforstung von Nutzwäldern in Nachbarschaft der Regenwälder stabilisiert die Feuchtigkeitssituation in den Regenwäldern. In all diesen Sektoren wären »verlorene« Finanzierungszuschüsse für entsprechende Aktivitäten besonders hilfreich. Zweitens: Forcierte Humusbildung in der Land- und Viehwirtschaft, insbesondere auch unter massivem Einsatz von Bio-Kohle, und schließlich – drittens – den Erhalt und die Restaurierung von Feuchtgebieten. Zu letztem zählen auch Moore. Hinzu kommen als besonders wichtiges Thema Mangrovenwälder. Auch der Reisanbau, der mit hohen Methanemissionen verbunden ist, liefert interessante Ansatzpunkte.

Von Erfolgen in allen drei Bereichen würde die Welt vielfach profitieren. Beiträge in diesen Bereichen wären sogar dann positiv zu werten, wenn es gar kein Klimaproblem gäbe. Denn sie fördern massiv und permanent die Umsetzung der »Sustainable Development Goals« (SDGs). Damit haben sie im Sinne von Co-Benefits auch ein großes Potenzial, das weitere Wachstum der

Weltbevölkerung bei 10 Milliarden Menschen zu begrenzen. Man kann an dieser Stelle nichts falsch machen. Man sollte dies alles sogar dann tun, wenn es kein Klimaproblem gäbe.

4. Freiwillige Förderung von Projekten mit Klimawirkung

Hier bieten sich für den Privatsektor viele weitere Optionen an, am besten die Förderung einschlägiger Projekte von hohem Standard: Elektrokocher statt Holzverbrennung, Fotovoltaikanlagen auf Dächern in den Entwicklungs- und Schwellenländern, Modernisierung von Energiesystemen in diesen Ländern und vieles mehr. Erneut sind »verlorene« Finanzierungszuschüsse zur Beförderung entsprechender Aktivitäten von einschlägigen Klimaschutzprojekten vor Ort durch sogenannte »Project-Owners« besonders wichtig.

5.5_FREIWILLIGE KLIMANEUTRALITÄT IST KEIN FREIKAUF

◆◆◆ Die Probleme, die der Klimawandel verursacht, sind gravierend. Sie betreffen vor allem die ohnehin heißen Teile der Erde. Zusätzlich leben dort häufig sehr viele Menschen, die zudem in der Regel nur mit wenig Geld ausgestattet sind. Zugleich nehmen gerade dort die Bevölkerungszahlen weiter zu. In diesen Ländern haben die Menschen fast nichts zum Klimawandel beigetragen. Es sei daran erinnert, dass die ärmere Hälfte der Weltbevölkerung nur für rund 10 Prozent der globalen CO_2-Emissionen verantwortlich ist, in historischer Betrachtung sogar noch für viel weniger. Vor den Folgen können sie sich wegen der Armut oft nicht schützen, eine Anpassung an den Wandel ist vor Ort schwierig, teilweise unmöglich. Die wachsende Bevölkerung verschärft die Lage weiter. Und der internationale Finanzsektor reagiert mit weiteren Zusatzzinsen auf die riskante Lage, die sich vor Ort aufbaut. Kredite zu erhalten wird deshalb in den besonders betroffenen Ländern dauernd teurer. Das ist ungerecht und schockierend – aber so funktionieren aktuell die Märkte, und daran zeigt sich, dass es einen hohen ökologisch-sozialen Regelungsbedarf gibt.

Der indische Subkontinent bewegt sich, wie bereits dargestellt, bis Ende des Jahrhunderts in Richtung auf 2 Milliarden Menschen, Afrika potenziell auf über 4 Milliarden. Wenn der Klimawandel in diesen Gebieten die Wasserversorgung und die Ernährung der Menschen weiter verschlechtert, steuert die Welt auf eine humanitäre Katastrophe unvorstellbaren Ausmaßes zu. Viel spricht dafür, dass sich das schon vorher in politische und militärische Konflikte übersetzen wird, wenn also bei Rückgang der Wasservorräte die flussaufwärts liegenden Anrainer die reduzierten Volumina für sich verbrauchen und für die anderen dann kaum etwas übrig bleibt. Das kann massive Konflikte zwischen China, Indien, Pakistan und Bangladesch betreffen, aber ebenso zwischen Äthiopien, dem Sudan und insbesondere Ägypten, um nur einige Beispiele zu nennen [53]. Natürlich werden uns in Europa die Probleme schon lange vorher in Form von Kapitalmarktbewegungen, zunehmender Volatilität im Bereich der Nahrungsmittelpreise, Wanderungsbewegungen und eventuell Terror und Not erreichen. Klimaflüchtlinge gibt es schon heute. Und in Europa haben wir gerade erlebt, dass schon vergleichsweise wenige Migranten unser politisches System destabilisieren können. Die mit dem eventuellen ökologischen Kollaps verbundenen Probleme werden uns in der reichen Welt also schon lange vor 2100 erreichen.

Wichtig ist: Der Klimawandel wird durch unsere Emissionen in der reichen Welt verschärft, auch wenn uns die übrige Welt mittlerweile in den Gesamtemissionen überholt hat. Die Menschheit emittiert zurzeit pro Jahr etwa 36 bis 37 Milliarden Tonnen CO_2 im Energiesektor, hinzu kommen weitere Klimagase anderen Typs, zum Beispiel Methan in der Landwirtschaft und als Nebenprodukt der Öl- und Gasförderung. Die reichen Länder haben nach wie vor in einer Pro-Kopf-Betrachtung den bei weitem höchsten Anteil an den Emissionen, vor allem auch in einer historischen Perspektive, auch wenn

China massiv aufgeholt und Europa mittlerweile in den Pro-Kopf-Emissionen überholt hat. Für die Entwicklungs- und Schwellenländer ist klar, wer der Schuldige ist, wenn es im Klimabereich zu kritischen Situationen kommen sollte. Dies wird so auf jeder Weltklimakonferenz artikuliert.

In Deutschland liegen die aktuellen Emissionen bei etwa 900 Millionen Tonnen, bei Einbeziehung der Import-Exportbilanz im Klimagasbereich sogar noch um 100 Millionen Tonnen niedriger. Dies ist also in absoluter Betrachtung ein vergleichsweise kleines Volumen. Vor kurzem war es noch so, dass der Zuwachs an CO_2-Emissionen in anderen Teilen der Welt in einem Zeitraum von zwei bis drei Jahren höher war als die gesamten deutschen Emissionen. Das bedeutet nicht, dass wir hier vor Ort nichts tun müssten, um die Emissionen abzusenken, es bedeutet aber, dass die wesentlichen Prozesse, die kurz- und mittelfristig zu gestalten sind, wenn eine Klimakatastrophe verhindert werden soll, in anderen Teilen der Welt stattfinden müssen. Dort fehlen aber häufig die finanziellen Mittel. Diese sind in den reichen Ländern konzentriert, nicht in den ärmeren Teilen der Welt. Wollen wir das Klimasystem stabilisieren, müssen wir uns deshalb von deutscher Seite her international engagieren, und zwar bevorzugt über »verlorene« Finanzierungszuschüsse, um zur Bewältigung der bestehenden weltweiten Probleme beizutragen, vor allem in ärmeren Ländern. Und das mindestens so sehr, wie wir CO_2-Emissionsreduktionen zu Hause erreichen müssen. Das gilt zumindest dann, wenn es uns primär darum geht, eine Klimakatastrophe zu vermeiden, und nur sekundär darum, unser Gewissen oder unsere Wohlstandserwartungen durch Maßnahmen vor Ort zu bedienen. Soll das weltweite Klima stabilisiert werden, können wir uns die besten Interventionspunkte nicht aussuchen. Sie ergeben sich vielmehr mit naturwissenschaftlicher Konsequenz. Und diese besagt, dass die wirkungsvollsten Interventionspunkte in den sich entwickelnden Ländern liegen.

Leider ist das vielen in Deutschland nicht bewusst. Gerade viele Vertreter einer grünen Sicht auf das Thema lehnen internationale Kompensationsmaßnahmen ab, selbst wenn sie freiwillig und additiv erfolgen und im Kern in »verlorenen« Finanzierungszuschüssen für entsprechende Projekte bestehen – aber eben im Ausland, nicht in Deutschland. Wie dargestellt, benutzen sie in diesem Kontext gerne die Kampfbegriffe des Freikaufs und Greenwashings, schlimmer noch des Ablasshandels. Oft ist das wohl schieres Nichtverstehen. Manchmal aber auch etwas anderes. Mancher will alles verfügbare Geld – auch im freiwilligen Bereich – hier investiert sehen, damit es im Land bleibt. Viele verdienen auch gut daran. Das ist dann ein Geschäftsmodell. Andere wollen unbedingt beweisen, dass wir auf einem für die Zukunft angestrebten niedrigen globalen Durchschnittsniveau an Energieverbrauch gut leben können. Sie glauben, wir würden dann als Vorbild für ärmere Länder wirken. Angesichts der Tatsache, dass die deutschen Pro-Kopf-Emissionen doppelt so hoch sind wie diejenigen Frankreichs, und angesichts der Mindestzeiträume für substanzielle Fortschritte hin zu überzeugenden Vorbildlösungen und dann hin zur erfolgreichen Übernahme dieser Lösungen durch andere, inklusive der Lösung der Finanzierungsfragen, ist das alles weltfremd. Hätten wir so viel Zeit, wäre die Lage viel entspannter.

Wenn wir in Deutschland in den nächsten Jahrzehnten eine weitere Billion oder mehr bei uns zum Schutz des Klimas ausgeben, ist das unsere eigene Entscheidung, und wir können das gegebenenfalls auch finanzieren. Wichtiger wäre es allerdings, dieselbe Summe an die sich entwickelnden Länder zu transferieren, um diesen zu ermöglichen, bei sich einen erheblichen CO_2-Emissionszuwachs zu vermeiden. Es ist zu befürchten, dass wir diese internationalen Transfers nicht aufbringen werden, schon gar nicht additiv zu entsprechenden klimabezogenen Aufwendungen vor Ort. Es gilt aber: Die weltweiten Klimaziele sind auch dann zu erreichen, wenn Deutschland seine in Rede stehenden CO_2-Absenkungen nicht vollständig vornimmt. Hingegen ist das Zwei-Grad-Ziel nicht erreichbar, wenn die ärmeren Länder von uns nicht massiv darin unterstützt werden, hohe CO_2-Zuwächse vor Ort zu vermeiden, wie sie nach Paris-Vertrag zulässig sind. Wer behauptet, dass seine Vorschläge dazu beitragen können, das Zwei-Grad-Ziel zu erreichen, sollte diesen Punkt beachten, wenn er glaubwürdig sein will. Anders ausgedrückt: Wer in seinen Überle-

gungen keine massiven finanziellen Transfers im Klimabereich an Nichtindustrieländer vorsieht, hat keinen glaubwürdigen Vorschlag zur Lösung des
Klimaproblems vorzuweisen.

5.6_WER KÖNNTE ETWAS GEGEN FREIWILLIGE CO$_2$-KOMPENSATION HABEN?

◆◆◆ Man trifft immer wieder auf Menschen, vor allem bei Nichtregierungsorganisationen, die die Kompensation zur Erreichung von Klimaneutralität
deutlich kritisieren. Das ist merkwürdig, gerade auch, weil das Klimasekre-
tariat der UN massiv dafür wirbt und die Bundesregierung und die zugehörigen Bundesoberbehörden in diese Richtung aktiv geworden sind – sie
kompensieren seit 2014 die Treibhausgasemissionen ihrer Dienstreisen. Die
Deutsche Gesellschaft für Internationale Zusammenarbeit (GIZ) kauft für
die an ihren Standorten produzierten Treibhausgasemissionen Zertifikate und
legt sie still, ebenso die KfW-Bankengruppe. In der Sache kann man gar nicht
gegen Aktivitäten der Kompensation argumentieren, die freiwillig und zusätzlich erfolgen und zum Klimaschutz beitragen. Man kann dagegen umso
weniger nachvollziehbar argumentieren, wenn diese auch noch Co-Benefits
für die wirtschaftliche Entwicklung in diesen Ländern und bei der Umsetzung der »Sustainable Development Goals« zur Folge haben.

Wie Andreas Ziegler in seiner Studie »Wissenschaftliche Untersuchung:
Umstrittene CO$_2$-Kompensationen schützen das Klima« (vgl. Anhang) deutlich macht, agieren Personen, die ihre CO$_2$-Emissionen international kompensieren, in der Regel auch sonst beim Umwelt- und Klimaschutz sehr sensibel
und verantwortungsvoll. Sie tun also vieles für die Umwelt, zusätzlich kompensieren sie aber auch die von ihnen verursachten Klimagasemissionen. Kompensation rundet also die Gesamtheit ihrer Beiträge ab. Warum wird dennoch
gegen internationale Kompensation argumentiert? Es scheint eine gewisse

Sorge zu bestehen, dass freiwillige Kompensationen zur Klimaneutralität zur Folge haben, zukünftig Maßnahmen vor Ort nicht mehr ganz so verbissen weiterzuverfolgen, wie das heute teils in fast schon planwirtschaftlicher Manier vorgeschlagen und politisch verfolgt wird. Stattdessen könnte man auch bei Aktivitäten auf gesetzlicher Seite oder im Bereich der politischen Administration vermehrt auf internationale Kompensation setzen, was den Übergang zu einem neuen Denkrahmen (»Frame«) darstellen würde. Solange jemand – im aktuellen »Frame« – argumentieren kann »Du erzeugst Klimagasemissionen, du bist schuldig, wir müssen jetzt handeln«, lässt sich vielleicht ein Druck oder eine Motivation leichter aufbauen. Wobei thematisch Interessierte dann gerne die Menge der Lösungen in ihrem Sinne einschränken, das heißt häufig eine Konzentration fast ausschließlich auf Aktivitäten vor Ort und am liebsten auch noch Vorgaben für Umsetzungsmaßnahmen durchzusetzen versuchen.

Wenn der oder die Betreffende aber mit der Feststellung »Ich bin bereits klimaneutral« kontern kann, wird das Argumentieren schwieriger. In dieser Situation wird es dann auch schwieriger für die Politik, zur Förderung von Klimaschutz Maßnahmen zu erzwingen, die offenbar für viel Geld nur wenig für den Klimaschutz bringen und die deshalb von vielen Bürgern abgelehnt werden, wie die extrem teure energetische Sanierung von Wohnungen, die für das eingesetzte Geld oft nur wenig für den Klimaschutz bringt. Wenn Bürger sagen können »Ich nutze klimaneutrales Heizöl, wegen Klimathemen muss ich meine Heizung nicht austauschen«, wird es im politischen Bereich für bestimmte, heute mit missionarisch vorgetragener Inbrunst oder von bestimmten Interessenten favorisierte Vorschläge und das damit bisher durchgesetzte »Framing« schwierig.

Natürlich wird man in einem noch weiteren Kontext irgendwann dahin kommen zu überlegen, ob man sich in der Verfolgung der deutschen Klimaziele wirklich auf den nationalen Kontext beschränken will oder sollte. Das mag in Klimaverträgen so ausgehandelt sein – vielleicht von internationaler Seite im Kreis der Verhandler als Teil des von ihnen verfolgten Framings –, aber diese Verträge kann man ja ändern, vor allem wenn es um die Fortschreibung des Paris-Vertrags geht. Hier ist besonders interessant, was in der Schweiz aktuell diskutiert wird. Offsetting – auch im internationalen Bereich – soll dabei Teil des offiziellen Programms der Schweiz zum Umgang mit den Klimazielen werden. Die Pro-Kopf-Emissionen der Bürger liegen heute bereits bei nur 5 Tonnen CO_2, weil der Strommix aus Atom- und Wasserkraft bereits fast CO_2-neutral ist und das Land kaum Schwerindustrie hat. Hier sind weitere Einsparungen schwierig und teuer. Weitere Senkungen sollen nun durch den Kauf von CO_2-Zertifikaten aus dem Ausland erreicht werden. Für die deutsche Politik sind das interessante Anregungen.[42] Vielleicht ist es irgendwann das Beste, dass die deutsche Regierung Geld einsetzt, um sich entwickelnde Länder über Finanzierung zu motivieren, ihre Klimagasemissionen freiwillig nicht weiter zu erhöhen und den ihnen noch »erlaubten« Zuwachs freiwillig rasch zu reduzieren, statt wenig effektive Maßnahmen für viel Geld in Deutschland zu verfolgen.

Gegen Freiwilliges, Zusätzliches kann man eigentlich gar nicht argumentieren. Aber wenn Akteure in Deutschland Sorgen haben, dass dies irgendwann indirekt vielleicht auf die offizielle Politik und deren Strategien und das dort verfolgte Framing zurückwirken wird, sieht das anders aus. Zu viel Plausibilität eines verstärkten Engagements anderswo auf der Welt wird deshalb wohl von vielen vor Ort in Deutschland Engagierten als problematisch angesehen. Da ist es nach dem Motto »Wehret den Anfängen« schon durchaus denkbar, dass man hier früh dagegenhält, auch wenn es dafür keine sachlich-inhaltliche Basis gibt.

TEIL 6

BEISPIELE UND ANREGUNGEN

6.1_AKTEURE UND UNTERNEHMEN, DIE VORANGEHEN

◆◆◆ Die freiwillige Klimaneutralität und globale Kompensationsprojekte werden im öffentlichen Diskurs zur Erreichung des erweiterten Zwei-Grad-Ziels kaum erwähnt. Obwohl die frühere Generalsekretärin des Sekretariats der Klimarahmenkonvention der Vereinten Nationen, Christiana Figueres, sich persönlich klimaneutral stellt, die neue Generalsekretärin das Thema weiter forciert, die Bundesregierung dasselbe für die Flüge und Dienstfahrzeuge für ihre Angehörigen und Mitarbeiter tut und jüngst das deutsche Unternehmen SAP seine Klimaneutralitätsstrategie bis 2025 veröffentlicht hat, wird das Thema kaum aufgegriffen. Die beiden christlichen Kirchen haben eine vorbildliche Initiative zum Thema ins Leben gerufen: die »Klima-Kollekte«. Sie weisen auf die vielen Co-Benefits entsprechender Maßnahmen hin, und Bundesminister Gerd Müller, zuständig für die internationale Entwicklungszusammenarbeit und die internationale Umsetzung der Klimapolitik Deutschlands mit Partner-ländern, tut das ebenso. Dennoch fristet das Thema ein Schattendasein. Des-halb folgen im Weiteren Beispiele von Unternehmen und Initiativen, die sich in diesem Bereich engagieren, häufig in einer Zusammenarbeit mit dem Autor. Sie zeigen, dass sich viele Unternehmen und Privatpersonen bereits seit Jah-ren klimaneutral stellen. Das gibt Hoffnung.

Plant-for-the-Planet

Ein naheliegender Ansatz zur Verbesserung des Verständnisses zu Fragen des internationalen Klimaschutzes und globaler Fairness besteht darin, Menschen dazu zu motivieren, Bäume zu pflanzen. Das ist auch eine eindrückliche Erfahrung für Kinder. Es handelt sich zunächst nicht um das Thema Klimaneutralität, genügend viel Aufforstung führt aber irgendwann auch zur Klimaneutralität. Der Autor hat sich deshalb schon immer stark in diesem Umfeld engagiert. Plant-for-the-Planet (vgl. www.plant-for-the-planet.org) ist eine sehr wirkungsvolle Kinder- und Jugendinitiative, deren Ziel es ist, bei Kindern und Erwachsenen ein Bewusstsein für globale Gerechtigkeit und den Klimawandel zu schaffen und letzteren aktiv durch Baumpflanzaktionen zu bekämpfen. Gepflanzte Bäume werden dabei auch zu einem Symbol für Klimagerechtigkeit.

Die Initiative wurde 2007 von dem damals neunjährigen Schüler Felix Finkbeiner aus Pähl ins Leben gerufen. Dabei wurde er klug von seinem Vater Frithjof Finkbeiner unterstützt, mit dem der Autor seit Jahrzehnten eng zusammenarbeitet, zum Beispiel bei Rotary und der »Global Marshall Plan«-Initiative. Felix Finkbeiner hat mit seinen Aktivitäten die Welt verändert und tut das als heute Erwachsener weiter mit großem Erfolg. Für seine Verdienste wurde ihm schon in so jungen Jahren durch Bundespräsident Frank-Walter Steinmeier das Bundesverdienstkreuz überreicht.

Den ausschlaggebenden Impuls für die Idee erhielt Felix nach eigener Aussage, als er sich für ein Referat zum Thema Klimawandel vorbereitete. Dabei las er über die kenianische Friedensnobelpreisträgerin Wangari Maathai, die mit ihrer Bewegung »The Green Belt Movement« in 30 Jahren rund 30 Millionen Bäume in Afrika pflanzte und zur »UN Billion Tree Campaign« aufrief. Am Ende seines Referats entwarf Felix die Vision, dass Kinder in jedem Land eine Million Bäume pflanzen könnten. Zum Start der Initiative wurde der erste Baum am 28. März 2007 an Felix' Schule gepflanzt. Schüler in Bayern und in ganz Deutschland griffen die Idee auf, und im April folgten weitere Pflanzungen. Nach einem Jahr waren 150 000 Bäume gepflanzt. 2008 wurde Felix bei der internationalen UNEP-TUNZA-Kinderkonferenz in den Kindervorstand gewählt. Mittlerweile beteiligen sich bereits Kinder aus 93 Ländern an dem Programm. Als Felix vor den Vereinten Nationen sprach, gab er das Ziel aus, weltweit 1000 Milliarden Bäume zu pflanzen, wovon bis jetzt nach Mitteilung von Plant-for-the-Planet bereits 15 Milliarden Bäume gepflanzt und 16,6 Milliarden Bäume versprochen sind (Stand: August 2018). Eine neue Dimension erhielt die Bewegung am 7. Dezember 2011. Im Rahmen der UN-Klimakonferenz in Durban übertrug das UN-Umweltprogramm UNEP die Verantwortung für die »Billion Tree Campaign« an Plant-for-the-Planet. In Plant-for-the-Planet-Akademien (1200 Akademien in 67 Ländern, Stand: August 2018) bilden Kinder andere Kinder zu Botschaftern für Klimagerechtigkeit aus. Durch Gruppenarbeiten und Vorträge lernen die Kinder alles Wichtige rund um Klimagerechtigkeit und üben auch, wie man einen Vortrag vorbereitet, um andere für seine Ideen und Visionen zu gewinnen. Als Botschafter für Klimagerechtigkeit tragen die Kinder dann die Idee des Bäumepflanzens und die Vision von Klimagerechtigkeit in ihre Schulen und zu ihren Freunden und Bekannten. Für die Entwicklung von Kindern empfiehlt der Autor die Teilnahmen an diesen Akademien. Zum Erreichen ihrer Ziele werden die Kinder von Partnern unterstützt, unter anderem dem Club of Rome Deutschland, der Global Marshall Plan Foundation, Develey, Ritter Sport, SAP und vielen Lebensmittelhändler. Letztere haben die fair gehandelte, klimaneutrale Schokolade im Sortiment, mit deren Verkauf Plant-for-the-Planet neue Bäume pflanzt. Neben der Mobilisierung forstet Plant-for-the-Planet auf der mexikanischen Yucatán-Halbinsel selbst auf und verfolgt dabei klare Prinzipien: Alle Bäume, die gepflanzt werden, werden auch gepflegt. Die Überlebensrate neu gepflanzter Bäume liegt nach einigen Jahren deutlich über 90 Prozent. Zudem legt die Initiative hohe Wachstumsraten in der Aufforstung vor. Das reflektiert die Dringlichkeit des Themas. 2018 sollen 3 Millionen neue Bäume gepflanzt werden, für 2019 sind 4 Millionen und für 2020 sind 5 Millionen neu gepflanzte Bäume geplant. Die in der »Trillion Tree Declaration« zugrunde liegenden wissenschaftlichen Studien zeigen, dass es zurzeit etwa 3041 Milliarden Bäume weltweit gibt. 1000 weitere Milliarden können noch zusätzlich gepflanzt werden, ohne in eine problematische Konkurrenz mit der Nahrungsmittelproduktion zu kommen. Die »Billion Tree Campaign« (vgl. www.plant-for-the-planet.org) sei besonders hervorgehoben und zeigt das große Potenzial dieses Ansatzes, auch zur Bildung von Partnerschaften.

World Forest Foundation (und Klima Allianz)[43]

Die Welt Wald Klima Initiative – World Forest Foundation – wurde 2011 durch den Senat der Wirtschaft unter Mitwirkung des Autors gegründet, um den in diesem Buch beschriebenen Ansatz zur Klimapolitik nach Kopenhagen umzusetzen. Sie wird mittlerweile als ein Projekt des Senats der Wirtschaft geführt. Unterstützt von vielen nationalen und internationalen Unternehmen, sowie wichtigen politischen und gesellschaftlichen Akteuren, setzt sich die Initiative für Aufforstungs- und Waldschutzprojekte, aber auch für das Thema der Humusanreicherung in der Landwirtschaft auf der ganzen Welt ein. Ausgangspunkt der Aktivitäten war im September 2011 die internationale Konferenz »Bonn Challenge on Forest, Climate Change and Biodiversity«. Auf Einladung von Bundesumweltminister Norbert Röttgen hat auch der Autor als Präsident des Senats der Wirtschaft e. V. an der Bonn Challenge teilgenommen und daran mitgearbeitet, die Pläne für ein Weltaufforstungsprogramm auf UN-Ebene bis 2050 auf 500 bis 1000 Millionen Hektar durch das innovative Element freiwilliger Aktivitäten in diese Richtung aufseiten der Unternehmen und des Privatsektors im Allgemeinen zu ergänzen.

Zwei Praxisbeispiele verdeutlichen, wie das funktioniert. So entstehen in der Region Jsmailia in Ägypten mindestens 260 Hektar wirtschaftlich nutzbarer Wald. Entwickelt und wissenschaftlich begleitet wird das Projekt durch die TU München und die Ain-Shams-Universität Kairo. Mitten in einem Wüstengebiet baut die deutsche Forest Finance Group biodiverse Agroforst- und Waldflächen an. Sie nutzt dazu ein Bewässerungssystem auf der Basis der Abwässer der umliegenden Siedlungen und Städte. Diese Abwässer enthalten Nährstoffe für die Pflanzen und werden so sinnvoll und schonend für die Umwelt eingesetzt. Als wirtschaftliche Perspektive können Ölpflanzen wie

Rizinus und Palmarten nach kurzem Wachstum zur Gewinnung von Bioenergie genutzt werden. Längerfristig ist auch das Holz zur wirtschaftlichen Nutzung wichtig; derzeit wird für 2 Milliarden US-Dollar jährlich Holz nach Ägypten importiert. So können Arbeitsplätze geschaffen werden und die Waldflächen auch als Klimaregulator dienen.

Ein zweites Projekt ist der »Senatswald«, ein Projekt der Haiti-Initiative des Senats Ehrenpräsidenten International, sowie von Friedensnobelpreisträger Muhammad Yunus, Sir Richard Branson und dem ehemaligen US-Präsidenten Bill Clinton. Die Initiative will soziale und ökologische Probleme mithilfe nachhaltiger und produktiver Wälder lösen. Zu den vier Hauptzielen zählen, Wald zu schaffen, den Landwirten nachhaltige Lebensgrundlagen zu bieten, langfristig Haitis Abhängigkeit von Nahrungsmittelimporten zu senken und alternative Brennstoffquellen zu identifizieren, um die Verwendung von Kohle zu reduzieren. Partner erwerben 1000 Hektar Agrarforst und lassen diese bewirtschaften – sie kompensieren damit über zehn Jahre mindestens 100 000 Tonnen CO_2 und schaffen mehr als 100 langfristige Arbeitsplätze.

Die Fokus Zukunft GmbH & Co. KG

Die Fokus Zukunft GmbH & Co. KG ist ein Beratungsunternehmen für Nachhaltigkeit (www.fokus-zukunft.com) mit besonderem Schwerpunkt im Bereich Klimaschutz. Für weitere Informationen vgl. die nachfolgende Info-Box 14:

Klimaneutrale Produkte – ein wesentlicher Beitrag zum Klimaschutz

Insbesondere im konsumnahen Bereich steigen die Ansprüche an Unternehmen, sich ökologisch und sozial vorbildlich zu verhalten. Nicht nur weil es der Gesetzgeber verlangt, sondern weil es zunehmend auch die Konsumenten einfordern. Deshalb legt zum Beispiel der Lebensmitteleinzelhandel verstärkt Wert auf nachhaltige Lieferanten und stellt zunehmend das eigene Filialnetz klimaneutral (zum Beispiel Aldi Süd, Hofer, Sutterlüty).

Klimaneutralität ist – auch im Lebensmittelbereich – ein einfacher, bezahlbarer und gesellschaftlich anerkannter Schritt in die richtige Richtung. Auch da circa 20 Prozent der gesamten weltweiten Treibhausgasemissionen dem Ernährungsbereich zugeordnet werden.

Aber auch im Energiehandel, im Transportsektor und in der Textilbranche steigt das Interesse an klimaneutralen Produkten und Dienstleistungen.

Immer mehr Unternehmen entscheiden sich dafür, ihre CO_2-Bilanz über die Grenzen des eigenen Werkstores hinaus berechnen zu lassen, und beziehen dabei auch die Emissionen aller Vorprodukte und der Logistik mit ein. Daraus ergeben sich nicht nur erhebliche Chancen der Absatzsteigerung, es werden auch mehr Einsparpotenziale an Treibhausgasen entlang der gesamten Wertschöpfungskette eines Unternehmens erkannt. Die Folge: Der Bedarf an Klimaschutzzertifikaten steigt. Das ist extrem wichtig, um die Ziele des Pariser Klimavertrages erreichen zu können und zugleich die Nachhaltigkeitsziele der Vereinten Nationen (SDGs) zu unterstützen. Zudem ist eine deutliche Nachfragesteigerung nach internationalen Klimaschutzzertifikaten erforderlich, um den Preisverfall der vergangenen Jahre durch mangelnde Nachfrage zu stoppen. Gelingt dies nicht, steigt die Gefahr, dass zum Beispiel in einem Entwicklungsland statt einer erneuerbaren Energieanlage wieder ein Kohlekraftwerk gebaut wird.

Der Weg zum klimaneutralen Produkt

Zunächst gilt es, argumentativ die wesentlichen und zugleich unrichtigen Vorurteile gegenüber klimaneutralen Produkten zu beseitigen: »Ablasshandel!«, »Das Geld kommt doch nie an« oder auch »Zu teuer und zu kompliziert.« Das alles kann schnell und einfach widerlegt werden.

Im Anschluss erfolgt ein klar strukturierter Prozess:

Erfassen – Reduzieren – Kompensieren.

Zunächst werden nach dem Greenhouse Gas Protocol Corporate Standard (GHG Protocol) die Basisdaten eines Unternehmens erfasst und mit international anerkannten Emissionsfaktoren bewertet, bevor ein Bericht mit Minderungspotenzialen erstellt wird.

Das Credo heißt dabei: Nur was gemessen wird, wird auch getan. So wird der Fokus auf das Wesentliche gelegt.

Nachfolgend eine beispielhafte Aufstellung von möglichen Maßnahmen im Bereich Bierproduktion:

- Regionale Produkte (Braugerste und Hopfen)
- Einsatz von Recyclingmaterialien im Bereich Verpackung und Gewichtsredu-zierung
- Konzentration auf Mehrwegflaschen
- Nutzung von Reststoffen zur Energieerzeugung
- Energieeffizienz und Einsatz von Strom aus erneuerbarer Energie
- Abfallvermeidung
- Reduzierung des Wasserverbrauchs
- Verkürzung der Transportwege, Verringerung des Dieselverbrauchs …

Hat sich das Unternehmen entschlossen, seine Emissionen durch den Kauf von Klimaschutzzertifikaten auszugleichen, steigt das Interesse, die Verantwortung auf die Vorlieferanten zu verlagern und damit erhebliche weitere positive Entwick-lungen anzustoßen.

Beispielhaft seien der Einsatz von klimaneutralem Heizöl, Erdgas und Diesel ge-nannt. Das reduziert den eigenen ökologischen Fußabdruck erheblich. Aber auch der Einsatz von klimaneutraler Textilreinigung, klimaneutralen Reinigungsmitteln, klimaneutralen Dienstleistern und das klimaneutrale Drucken von Werbemitteln tragen zur branchenübergreifenden Verbreitung der Übernahme von Verantwor-tung für den Klimawandel bei.

Nach der Beschaffung der Klimaschutzzertifikate beginnen die Marketingmaß-nahmen.

Häufig steigt damit auch das Interesse, die Zertifikate vielfältig, zum Beispiel für klimaneutrale Veranstaltungen, Mitarbeiter, bis hin zum Kantinenessen, einzuset-zen.

Hier einige Beispiele klimaneutraler Produkte aus unserem Kundenkreis:

Marmelade, Honig, Milchprodukte, Bier, Wein, Fruchtsäfte, Maisstangen, Kernöl, Wurst- und Fleischprodukte, Textilien, Heizöl, Erdgas, Schmierstoffe, AdBlue, Flüs-siggas, Tankstellen, Waschstraßen, Reisen, Busse, Lastwagen, Fahrzeuge, Druck-produkte und Zeitschriften.

Info-Box 14: Das Programm der Fokus Zukunft GmbH & Co. KG

Klimaneutrale Landesverwaltung Hessen[44]

Das Projekt »CO_2-neutrale Landesverwaltung« wurde 2009 durch die Nachhaltigkeitskonferenz der hessischen Landesregierung beschlossen; der Autor ist seit Beginn an Mitglied der Konferenz. Ziel der Initiative ist eine CO_2-neutrale Landesverwaltung bis 2030. Die operative Umsetzung der Maßnahmen übernimmt das Projektbüro in der Stabsstelle »CO_2-neutrale Landesverwaltung«. Als Energieeffizienzpartner sind alle Ressorts in die Projektmaßnahmen eingebunden. Dies betrifft: 1400 Dienststellen und rund 140 000 Mitarbeiterinnen und Mitarbeiter des Landes Hessen. Um eine offene Plattform zur Förderung des konstruktiven Austauschs über Konzepte, Strategien und den Einsatz innovativer Technologien auf dem Weg zur CO_2-Neutralität zu schaffen, ist das Projekt mit einer zunehmenden Zahl von Partnern aus Wirtschaft und Gesellschaft in einer Netzwerkpartnerschaft verbunden. Es wirkt damit weit über die Landesverwaltung hinaus. Dieses Netzwerk soll künftig auch auf internationaler Ebene die Kernthemen des Projekts behandeln.

Die Methode der Zielerreichung ist eine Doppelstrategie. In der »Topdown«-Umsetzung werden die oberen Führungsebenen der Landesverwaltung angesprochen, Beschlüsse gefasst und diese durch Erlasse und Verordnungen verankert. In Abstimmung mit den jeweiligen Ressorts werden Vorschriften und Regelwerke verfasst sowie im technischen Bereich des Hochbaus oder beim Einkauf und bei Dienstwagen CO_2-Standards vorgegeben. Gleichzeitig findet im »Bottom-up«-Prozess eine Entwicklung statt, die vor allem auch die Mitarbeiterinnen und Mitarbeiter der Landesverwaltung einbezieht, zum Beispiel mit der Entwicklung von Leitfäden und Fortbildungsmaßnahmen oder mit der Durchführung von Energiesparwettbewerben. In die wissenschaftliche Begleitung des Projekts waren von Anfang an der Autor dieses Buches und das von ihm geleitete FAW/n in Ulm eingebunden.

Die CO_2-Bilanz der hessischen Landesverwaltung ist mehr als erfreulich. Sie zeigt, was in kurzer Zeit möglich ist: Bis zum Jahr 2012 konnte der CO_2-Ausstoß um knapp 46 Prozent verringert werden. Im Vergleich zur Eröffnungsbilanz des Jahres 2008, bei der insgesamt 476 223 Tonnen CO_2-Äquivalent berechnet wurden, schließt die CO_2-Bilanz für 2009 mit rund 385 000 Tonnen CO_2-Äquivalent ab. Die Gesamtemissionen für 2010 betragen knapp 295 000 Tonnen CO_2-Äquivalent. Eine weitere Reduzierung auf etwa 265 000 Tonnen konnte im Jahr 2011 erreicht werden. 2012 wurde ein CO_2-Ausstoß von nur noch 254 000 Tonnen verzeichnet, in 2014 liegt der Wert bei 242 225 Tonnen. Ausführliche Hinweise zu den Partnern, den Erfolgen und den weiteren Planungen finden sich in zwei Büchern zum Thema, die vom hessischen Finanzministerium unter Beteiligung des Autors herausgegeben wurden [43, 107].

Klimaneutralitätsbündnis 2025[45]

Eine Reihe von Unternehmen aus dem österreichischen Bundesland Vorarlberg befasst sich seit 2012 mit dem Thema Klimaneutralität, und zwar in der Folge von Vorträgen und Seminaren durch und mit dem Autor und einer Zusammenarbeit mit dem Senat der Wirtschaft in Österreich. Zehn namhafte Unternehmen haben Anfang 2015 das Klimaneutralitätsbündnis 2025 gegründet, aufbauend auf drei Jahren konzeptioneller Vorarbeit, begleitet durch das FAW/n in Ulm. Das Ziel der Initiative lautet, bis spätestens 2025 alle Aktivitäten der beteiligten Unternehmen klimaneutral zu stellen. Das Bündnis steht allen interessierten Unternehmen offen – denn je mehr teilnehmen, desto kraftvoller wird die Initiative, und desto stärker profitieren alle vom gegenseitigen Austausch. Seit Ende 2015 ist diese Offenheit dadurch gegeben, dass die Initiative professionell durch den Vorarlberger Energieversorger illwerke vkw gemanagt wird und allen Unternehmen in Europa offensteht. Ausgangszielsetzung war es, als Vorarlberger Wirtschaft aus Verantwortungsbewusstsein heraus die Energieautonomie-Strategie des Landes und damit auch den globalen Klimaschutz zu unterstützen. Zwischenzeitlich haben sich mehr als 110 Unternehmen und Organisationen zusammengeschlossen.[46]

Was leistet das Bündnis? Es begleitet Partner in fünf Schritten zur Klimaneutralität: Im ersten Schritt werden die CO_2-Emissionen der jeweiligen Unternehmen ermittelt, wobei bereits erste Einspar- und Verbesserungspotenziale erkannt werden können. Im zweiten Schritt soll in erster Linie reduziert werden, um den CO_2-Fußabdruck zu minimieren. Das bedeutet: Durch eine Erhöhung der Energieeffizienz, Verhaltensänderungen und verstärkten Einsatz grüner Energie sollen vermeidbare CO_2-Emissionen laufend verringert werden. Im dritten Schritt geht es ums Kompensieren. Erst nach einer Reduktion werden nicht vermeidbare Emissionen mithilfe von CO_2-Zertifikaten ausgeglichen. Im Bündnis wird dafür ein Portfolio an Projekten mit höchsten Standards zusammengestellt sowie der Kauf und die Stilllegung dieser Zertifikate zentral abgewickelt. Im vierten Schritt wird zertifiziert. Die Berechnung des Fußabdrucks über das Bündnis kann bei einer Zertifizierung nach ISO 14064 angerechnet werden. Somit ist ein großer Schritt in Richtung Zertifikat bereits erfolgt. Im fünften Schritt wird kommuniziert. Auf einer neuen Online-Plattform finden sich allgemeine Informationen zum Klimaneutralitätsbündnis 2025. Zusätzlich wird dort über die beteiligten Unternehmen, deren umgesetzte Maßnahmen und Erfolge berichtet. Des Weiteren wird das Klimaneutralitätsbündnis in die Social-Media-Aktivitäten und die Medienkooperationen der vkw eingebunden.

Netzwerk Lebenswert Wirtschaften

Aus dem Klimaneutralitätsbündnis Vorarlberg heraus hat sich auch ein Netzwerk von Unternehmen gebildet, das eine mit Nachhaltigkeit kompatible Art des Wirtschaftens verfolgt, zu der auch freiwillige Klimaneutralität gehört. Das Netzwerk hat seine Aktivitäten mittlerweile nach Tirol und Südtirol ausgedehnt und sich zur Förderung der allgemeinen Menschenrechte, des Allgemeinwohls, der Ressourceneffizienz, ökologischer Nachhaltigkeit, Wirtschaftlichkeit, guter Arbeit für alle Personen im Betrieb (Leistung aus Leidenschaft), sozialer Verantwortung sowie der Entwicklung von Lebenskultur verpflichtet. Die Gemeinschaft steht für einen verantwortungsvollen Umgang mit Profit und richtet sich gegen rein gewinnmaximierende und spekulative Wirtschaftsstrukturen, die ohne Grenzen und Rückkopplung Menschen zu Objekten machen und unsere Welt und unseren Lebensraum bedrohen.

Der Verein ist souverän, gemeinnützig, parteipolitisch unabhängig und sozialraumorientiert und operiert in der Alpenregion, grenzüberschreitend in Südtirol, Nordtirol, Salzburg, Vorarlberg, Liechtenstein und der Ostschweiz. Angesprochen werden unternehmerisch denkende Persönlichkeiten, Einrichtungen und Institutionen, die bereit sind, sich gegenseitig zu unterstützen, voneinander zu lernen und Verantwortung für unsere Gesellschaft zu übernehmen. Sie bilden eine Wertegemeinschaft, die bestrebt ist, diese Werte erkennbar und überzeugend zu leben.

BEaZERO

Das kluge BEaZERO-Neutralisierungs- und Kompensationskonzept und das BEaZERO-Modell (vgl. https://www.greenblau.com/beazero-modellX) liefern klar definierte Anforderungen zur Erreichung von Klimaneutralität einerseits für Unternehmen, andererseits für Privatpersonen. BEaZERO ist ein eigenständiges Klimaneutralitätskonzept, das der Autor wegen seiner Einfachheit und Konsequenz gerne unterstützt. Ziel war und ist es, Interessenten eine schnelle, einfache und preislich faire Lösung für ein Engagement im Klimaschutz zu bieten. Im Detail sieht dies wie folgt aus:

1. Unternehmen kompensieren alle Scope-1- und Scope-2-Emissionen sowie aus Scope 3 folgende Emissionen: An- und Abfahrt der Mitarbeiter zum Unternehmen, alle Geschäftsreisen, Druckerpapierverbrauch, Wasserverbrauch, Restmüll. 2. Privatpersonen kompensieren pauschal 20 Prozent mehr CO_2-Emissionen, als durchschnittlich je Person in Deutschland verbraucht werden. Dazu werden insgesamt 12 Tonnen CO_2 je Privatperson oder Mitarbeiter kompensiert. Bei gegebener stochastischer Unabhängigkeit des Emissionsumfangs aller Personen ergeben sich in diesem Modell keine Unterkompensationen, sondern insgesamt deutliche Überkompensationen. Auslöser für die Gründung von BEaZERO war die Mitwirkung von Georg Radermacher in dem Projekt »Klimaneutralitätsbündnis 2025 Vorarlberg«. Georg Radermacher hat in diesem Kontext seine Masterarbeit im Fach International Business an der Universität Salzburg erstellt. Auf den Erfahrungen

aufbauend, hat er BEaZERO entwickelt. Inzwischen ist BEaZERO in zwei neuen Konzepten aufgegangen. Die Plattform GreenBlau.com bietet weiterhin Klimaneutralität für Unternehmen, Organisationen, Dienstleistungen und Immobilien an, während die Plattform Klimapositiv.me Klimaneutralität für Privatpersonen und Vielreisende anbietet. Die Trennung der beiden Bereiche wurde Anfang 2017 vollzogen.

GreenBlau.com

Auf dieser Plattform bietet Georg Radermacher Geschäftskunden eine erste kostenlose Berechnung ihrer CO_2-Emissionen in den Bereichen Scope 1 und Scope 2 an. Optional können Unternehmen zum Pauschalpreis auch eine TÜV-geprüfte Berechnung (inkl. Scope-3-Teilbereiche) erhalten. Kompensiert werden die CO_2-Emissionen entweder mit Zertifikaten der United Nations oder des »Gold Standard«. Auf Anfrage können Unternehmen eine Originalurkunde der United Nations bekommen.

Klimapositiv.me

Auf dieser Plattform können Privatpersonen und Vielreisende mit wenigen Klicks ihre (durchschnittlichen) CO_2-Emissionen aus dem Privatleben und aus der Mobilität klimapositiv stellen. Klimapositiv deshalb, weil immer mehr CO_2 kompensiert wird, als im Rahmen der jeweiligen Aktivitäten verursacht wurde. Das ist ein echter Beitrag zum Klimaschutz.

Ritter Sport

Ritter Sport ist nicht nur eine großartige Schokoladenfirma, Inhaber Alfred T. Ritter ist auch ein Pionier in allen Fragen der Nachhaltigkeit, Mitglied des Club of Rome und einer der Erstunterzeichner der »Trillion Tree Declaration«. Sein Motto lautet: »Only a sustainably operating company can be a future-fit company«. Für sein Engagement für Nachhaltigkeit wurde er vielfach ausgezeichnet. Ritter Sport arbeitet schon lange daran klimaneutral zu werden, und wird diese bis 2022 erreichen. Ritter Sport engagiert sich für die

Plant-for-the-Planet-Initiative und betreibt Aufforstung in großem Stil. In den letzten Jahren wurden durch das Unternehmen etwa 1,5 Millionen Bäume, teilweise in Zusammenarbeit mit Plant-for-the-Planet, neu gepflanzt – zwischen 2014 und 2016 waren es 250 000 Bäume in Mexiko. Beim Start der »Trillion Tree Campaign« erweiterte Alfred T. Ritter seine Zusage gegenüber Plant-for-the-Planet um 750 000 weitere Bäume bis 2028. Diese werden weit überwiegend in Zusammenarbeit mit Kakao-Kooperativen in Nicaragua und Westafrika gepflanzt werden. Bis 2022 wird das Unternehmen auch einen substanziellen Teil der benötigten Kakaomasse selber produzieren – und das unter Beachtung von vielfältigen Nachhaltigkeitskriterien. In Nicaragua ist so seit 2012 mit »El Cacao« die wohl größte Kakaoplantage der Welt entstanden, und zwar auf einer Fläche von 25 Quadratkilometern, das entspricht 3200 Fußballfeldern. Rund die Hälfte der Fläche ist für den Kakaoanbau vorgesehen, auf den restlichen Flächen bleibt die Natur in Schutzgebieten erhalten. Etwa 350 Menschen arbeiten auf El Cacao. Bis zum Jahr 2023 soll der Vollertrag von rund 2500 Tonnen Rohkakao erreicht sein. Das entspricht dann 20 bis 30 Prozent der Kakaomasse, die Ritter Sport benötigt. Der Schokoladenhersteller engagiert sich seit 1990 in Nicaragua und arbeitet dort insbesondere mit rund 3500 Kleinbauern zusammen, die in 23 Kooperativen organisiert sind.

Primo Espresso

Primo Espresso ist Filialist für Kaffeebars und Bistrokonzepte in großen Institutionen, vornehmlich größeren Unternehmen, aber auch Universitäten und Behörden. Inhaber sind Robert Berner und sein Bruder Richard Berner, die sich schon lange für freiwillige Klimaneutralität engagieren. Der größte Kunde von Primo Espresso ist derzeit Volkswagen mit 15 Filialen in Wolfsburg. Weitere wichtige Kunden sind Microsoft, verschiedene Banken und Versicherungen. Derzeit betreibt Primo 40 Filialen bundesweit und verursacht dabei Emissionen in Höhe von gut 1000 Tonnen CO_2 jährlich. Seit dem Geschäftsjahr 2013 kompensiert Primo seine Emissionen inklusive der gesamten Lieferkette zu 100 Prozent. Bisher wurden die Geschäftsjahre 2013 bis 2016 kompensiert und hierbei bisher etwa 28 000 Bäume gepflanzt. Projektpartner ist Forest Finance in Bonn, der mit dem Unternehmen den CO_2-Footprint erstellt und der auch Partner für die Kompensation in Projekten in Bolivien und jetzt Äthiopien ist. Der CO_2-Footprint für 2017 ist in Arbeit. Von den Mitarbeitern wird das Engagement voll unterstützt, sagen die Inhaber – die Orientierung wird als wertvoll und motivierend für die Mitarbeit bei Primo wahrgenommen.

Aik Immobilien

Die Düsseldorfer aik Immobilien-Investmentgesellschaft mbH hat 2016 für ihre Immobilien-Spezialfonds, in deren Bestand derzeit rund 185 Immobilien verwaltet werden, eine eigene Nachhaltigkeitsstrategie entwickelt und dieses Engagement in 2017 fortgesetzt. Im Rahmen des Projekts hat aik den Energieeinkauf für alle deutschen Immobilien flächendeckend gebündelt und zentrale Abnahmeverträge geschlossen und die Stromversorgung der Allgemeinflächen auf Ökostrom aus regenerativen Energiequellen umgestellt. Um auch den Gasverbrauch klimaneutral zu stellen, verpflichtete die aik den Gasversorger zum Erwerb projektbasierter CO_2-Zertifikate mit »Gold Standard«. Über die Umstellung der direkten Lieferverträge hinaus war es Ziel der aik, das gesamte europäische Immobilienportfolio klimaneutral zu stellen. Hierzu wurden die nach Umstellung der Verträge verbleibenden klimaschädlichen Emissionen der einzelnen Immobilien ermittelt und in einer CO_2-Bilanz festgehalten. Erhebungsbedingt blieben die individuellen Stromverbräuche der Mieter hiervon unberücksichtigt. Die in der CO_2-Bilanz ermittelten Emissionen werden durch den Erwerb von CO_2-Zertifikaten in voller Höhe kompensiert. In die Klimaneutralitätsaktivitäten der aik Immobilien-Investmentgesellschaft mbH war und ist GreenBlau.com eingebunden. Im Ergebnis des Projektes stellt die aik ihre elf Immobilienfonds klimaneutral.

Weitere Beispiele

Auch andere Unternehmen gehen mit gutem Beispiel voran. Die Allianz Versicherung neutralisiert seit 2012 jährlich etwa 300 000 Tonnen CO_2.[47] – bei der Deutschen Bank sind es seit 2013 jährlich 850 000 Tonnen CO_2.[48] COOP, eine der großen Einzelhandelsketten Europas mit Sitz in der Schweiz, hat ihre Klimaneutralität für das Jahr 2023 angekündigt und bewegt sich schrittweise auf dieses Ziel zu. DPD/GeoPost, der größte französische Logistikanbieter, operiert klimaneutral. Alle Pakete werden klimaneutral transportiert, und zwar ohne finanziellen Aufschlag für die Kunden.[49] Wird ein Paket mit DHL »Go Green« versendet, ist es innerhalb Deutschlands ohne Aufpreis für die Kunden klimaneutral. Für den Versand in andere Länder kann es gegen einen geringen Aufpreis ebenfalls klimaneutral verschickt werden.[50] Der Lebensmittelhändler mit dem weltweit größten Sortiment an regionalen Produkten, Sutterlüty, ist Gründungsmitglied des Klimaneutralitätsbündnisses 2025 und seit 2016 zu 100 Prozent klimaneutral.[51] Aldi Süd stellt sich als erster großer Lebensmitteleinzelhändler in Deutschland seit dem 1. Januar 2017 klimaneutral.[52] SAP, das größte deutsche Softwareunternehmen, unterstreicht die eigenen Maßnahmen zum Klimaschutz durch die Ankündigung der eigenen Klimaneutralität bis 2025.[53] Als erster Berufsverband kompensiert der Bundesverband der Schornsteinfeger seit 2012 die CO_2-Emissionen seiner Dienstfahrzeuge. Sie werden durch Aufforstungsprojekte in Panama, aber auch in Äthiopien oder Bolivien ausgeglichen. Das Ulmer Industrieunternehmen Zwick/Roell kompensiert seit 2014 seine Treibhausgasemissionen durch den Kauf von Klimaschutzzertifikaten. So wurden im Jahr 2015 5500 Tonnen an CO_2-Emissionen ausgeglichen. Hierbei sind die direkten und indirekten Emissionen von Zwick in Ulm (Bezug von Erdgas und Heizöl, Betrieb firmeneigener Pkw, Stromverbrauch) sowie bestimmte indirekte Emissionen aus den Unternehmensprozessen wie Geschäftsreisen per Bahn/Flugzeug, Anfahrt der Mitarbeiter und Catering enthalten.

Im Kontext des Klimapakts für die Möbelindustrie stellten zehn Mitgliedsunternehmen der Deutschen Gütegemeinschaft Möbel ihre Kernprozesse klimaneutral.[54] Darüber hinaus kompensierte das Unternehmen Decker die CO_2-Emissionen seiner Führungskräfte und auch die der Familien. Dasselbe gilt für die Verbandszentrale und ihre Mitarbeiter. Als erstes Unternehmen bringt AVIA CO_2-neutrales Heizöl ohne Preisaufschlag für die Kunden auf den Markt. 22 mittelständische Unternehmen der AVIA-Gruppe liefern ihren Kunden seit Februar 2017 klimaneutrales Heizöl. Um dies zu erreichen, wurde in Entwicklungsländern in Projekte zur CO_2-Minderung investiert. Die Unternehmer verstehen diese Investition als Einstieg in einen weitreichenden Transformationsprozess der Mineralölbranche. AVIA unterstützt in vier Ländern unterschiedliche Klimaschutzprojekte, um die CO_2-Emissionen aus der Heizölnutzung zu kompensieren.[55]

In der Neuauflage des Buches zur klimaneutralen Landesverwaltung Hessens [107] finden sich zwei interessante Beispiele. Jürgen Schmidt und Michael Wagner berichten für ihr Unternehmen, die Viessmann Wehe GmbH & Co. KG, wie sie in ihren Geräten aus Überschussstrom mittels Elektrolyse Wasserstoff erzeugen und diesen in einem biologischen Verfahren unter Verwendung von CO_2 in synthetisches Methan verwandeln. Dies ergibt eine klimaneutrale »Power-to-Gas«-Lösung. Für die Unternehmensgruppe Nassauische Heimstätte/Wohnstadt berichten die Autoren Dr. Thomas Hain, Felix Lüter und Dr. Sebastian Reich, dass das Unternehmen in Frankfurt, Wiesbaden, Hanau, Dreieich und Langen klimaneutrales Erdgas für fast 13 000 zentral beheizte Wohnungseinheiten einsetzt. Den Allgemeinstrom für ihre Immobilien bezieht die Unternehmensgruppe zu fast 100 Prozent in der Form von Ökostrom.

Besonders interessant ist aus Sicht des Autors das Angebot der Kirchen. Die Klima-Kollekte gGmbH ist der Kompensationsfonds christlicher Kirchen, über den jeder Mensch, jede Organisation und jede Gemeinde unvermeidliche Emissionen aus Energie, Mobilität, Papier und Druckerzeugnissen kompensieren kann. Die Ausgleichzahlungen werden in emissionsmindernde und zugleich armutsreduzierende Projekte in Entwicklungs- und Schwellenländern investiert und helfen dort, den Ausstoß von klimaschädlichen Gasen zu verringern und die Lebenssituation der Menschen zu verbessern.

Stimmen zur Klima-Kollekte

Dr. Martin Strauch, Geschäftsführer des Deutschen Katholikentages

Jede/r kann etwas gegen den Klimawandel tun
Der Katholikentag war 2014 zum dritten Mal in Folge klimaneutral – und auch 2016 kompensieren wir die unvermeidbaren Emissionen wieder über die Klima-Kollekte: Ich halte es für wichtig zu zeigen, dass jede und jeder freiwillig etwas gegen den Klimawandel tun kann: erst Emissionen vermeiden, dann reduzieren, dann kompensieren.

Alois Glück, bis 2015 Präsident des Zentralkomitees der deutschen Katholiken

Einen Kompensationsbeitrag zu leisten ist kein reiner Selbstzweck. Wir sind durch zunehmende Klimaveränderungen mit Menschen in ärmeren Ländern in einer Schicksalsgemeinschaft verbunden. Über die Klima-Kollekte können wir alle einen Beitrag zur Bewahrung der Schöpfung leisten – in einem sinnvollen ökumenischen Verbund vereinen die Projekte von anerkannten kirchlichen Trägern konkreten Klimaschutz mit Armutsbekämpfung.

Botschafterinnen der Klima-Kollekte gGmbH

Bärbel Höhn (MdB) ist Abgeordnete im Deutschen Bundestag und Botschafterin der Klima-Kollekte

Wege zur Klimagerechtigkeit
Die Klimakrise, verursacht von den Industrieländern durch Emissionen von CO_2 und klimaschädlichen Gasen, trifft diejenigen am stärksten, die keine Schuld an der Veränderung des Weltklimas tragen: die Menschen in den ärmsten Ländern unserer Erde. Um allen Menschen ein Leben in Würde und gerechter Teilhabe zu ermöglichen, ist es unsere Aufgabe, mit den Ländern des globalen Südens nach Wegen aus der Armut zu suchen. Dazu gehört auch der Ausgleich von CO_2-Emissionen durch Projekte mit Ländern des Südens. Wo sich der Ausstoß von CO_2-Emissionen nicht vermeiden oder reduzieren lässt, ist der Ausgleich eine gute Möglichkeit für mehr Klimagerechtigkeit.

Karin Kortmann, Vizepräsidentin des Zentralkomitees der deutschen Katholiken (ZdK), Leiterin der Berliner GIZ-Repräsentanz und Botschafterin der Klima-Kollekte

Ein Beitrag zur Nachhaltigkeit
In der AGENDA 2030 und dem Klimaabkommen von Paris ist die Verantwortung für die Bewahrung der Schöpfung beschrieben. Alle sind dazu aufgefordert, sorgsam mit unserem gemeinsamen Lebensraum Erde und unseren endlichen Ressourcen umzugehen. Papst Franziskus hat seine Enzyklika LAUDATO SI' dem amerikanischen Präsidenten Trump im Vatikan überreicht. Ein deutlicher Hinweis, dass sich niemand aus der Verantwortung stehlen darf. Ob Präsident Trump seine CO_2-Bilanz mit nachhaltigen Klimaprojekten ausgleicht, ist nicht zu vermuten. Bei uns tun dies immer mehr Menschen. Kompensieren ist das eine. Noch besser ist es, den CO_2-Ausstoß zu reduzieren oder ganz zu vermeiden. Werden auch Sie Teil dieser neuen Nachhaltigkeitsbewegung und unterstützen Sie die Klima-Kollekte.

Marlehn Thieme, Vorsitzende des Rates für Nachhaltige Entwicklung und Botschafterin der Klima-Kollekte

Mehr als nur Klimaschutz
Die Klima-Kollekte hilft da, wo Vermeiden und Vermindern von Klimaschäden nicht geht. Dann kann jede/r mit der Kompensation durch die Klima-Kollekte einen konkreten Beitrag zum Klimaschutz leisten – und sogar noch mehr als das: Durch die Förderung von gezielt armutsorientierten Projekten leistet die Klima-Kollekte einen direkten Beitrag in ärmeren Ländern – dort, wo der Klimawandel am Stärksten zu spüren ist.

Info-Box 15: Stimmen zur Klima-Kollekte

Abschließend soll noch ein DAX-30-Konzern ausführlich beleuchtet werden. Henkel ist ein weltweit führender Hersteller von Klebstoffen, Kosmetik und Wasch-/Reinigungsmitteln. Das Unternehmen hat sich mit seinen Werten zu einer führenden Rolle in der Nachhaltigkeit verpflichtet. Signifikante erreichte Fortschritte schlagen sich in positiven Bewertungen der Stakeholder sowie in Ratings, Rankings und Indizes nieder. Des Weiteren hat Henkel dafür viele Ehrungen und Auszeichnungen erhalten. Henkel hat als eines der ersten Unternehmen seinen CO_2-Fußabdruck entlang der gesamten Wertschöpfungskette bestimmt und extern prüfen lassen. Kurz- und mittelfristige Ziele zur CO_2-Reduktion werden seit mehreren Jahren erfolgreich umgesetzt. Über diese konkreten Ziele hinaus verfolgt Henkel in einer langfristigen Vision, ein klima-positives Unternehmen zu werden. Der folgende Gastbeitrag (Info-Box 16) von Thomas Müller-Kirschbaum, Corp. Senior Vice President für Forschung und Entwicklung und stellvertretender Vorsitzender des Henkel Sustainability Council, beschreibt die Kernelemente.

Umfassende Nachhaltigkeitsstrategie

Henkel hat sich mit seinen Unternehmenswerten verpflichtet, seine führende Rolle im Bereich Nachhaltigkeit auszubauen. Henkel will mehr Wert schaffen bei einem gleichzeitig verkleinerten ökologischen Fußabdruck. Die Nachhaltigkeits-strategie des Unternehmens beschreibt dafür einen klaren Rahmen und spiegelt die steigenden Erwartungen der Stakeholder wider.

Einfluss maximieren

Henkel will seine Beiträge zur Bewältigung der großen globalen Herausforderun-gen ausweiten und den Einfluss maximieren, den das Unternehmen mit seiner Geschäftstätigkeit, seinen Marken und seinen Technologien erreichen kann. Dazu hat sich Henkel zusätzliche ambitionierte Ziele gesetzt, um die wichtigen globalen Herausforderungen zu adressieren. Eine dieser Herausforderungen ist die Begren-zung des bereits eingetretenen Klimawandels.

Klimapositiv werden

In der Folge des Pariser Klimaabkommens verpflichtet sich Henkel, zur Erreichung des Zwei-Grad-Ziels beizutragen. Die langfristige Vision besteht darin, ein *klima-positives* Unternehmen zu werden und einen aktiven und engagierten Beitrag für den Klimaschutz zu leisten.

Drei Hebel zur Reduktion der Emissionen

Es gibt drei Wege, die Kohlendioxidemission zu begrenzen und – im letzten Schritt – sogar einen klimapositiven Beitrag zu leisten.

➜ Globales Klimaziel: Erwärmung auf unter 2 Grad Celsius begrenzen
Drei große Hebel zur Reduzierung der Emissionen

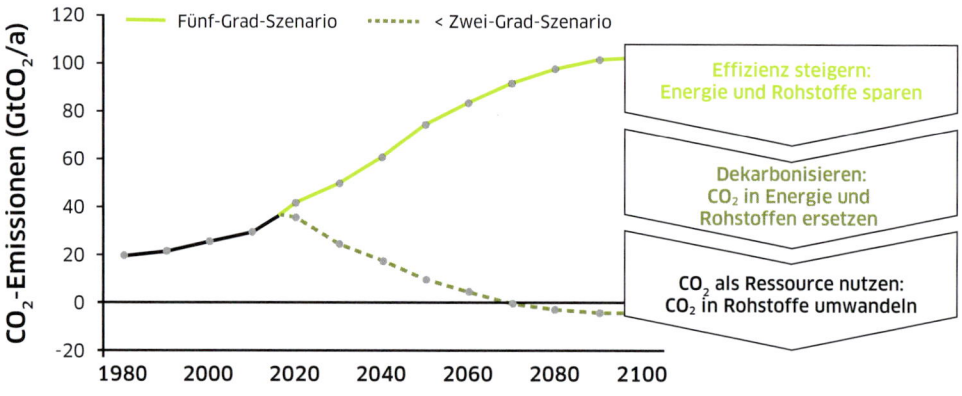

Data: CDIAC/GCP/IPCC/Fuss et. al./Rogelj et. al. 2016

Zwei-Grad-Ziel und die drei Hebel zu seiner Erreichung

Effizienzsteigerung: Durch bessere Ressourceneffizienz kann der Verbrauch von fossil basierter Energie und fossil basierten Rohstoffen eingeschränkt werden.

Dekarbonisierung: Werden fossile Energieträger und fossil basierte Rohstoffe durch Energien und Rohstoffe aus erneuerbaren Quellen ersetzt, entsteht bei der Nutzung kein zusätzliches Kohlendioxid.

CO_2 als Ressource: Wird CO_2 selbst zur Ressource für Rohstoffe oder Energieträger, kann dadurch zum einen jeder weitere Eintrag von CO_2 in die Atmosphäre vermieden werden. Zum anderen besteht – abhängig von der Entwicklung geeigneter Technologien – die Möglichkeit, atmosphärisches CO_2 als Ressource einzusetzen. Damit würde nicht nur die Lücke zur Klimaneutralität geschlossen. Es könnte am Ende auch mengenmäßig mehr CO_2 langfristig gebunden werden als kurzfristig durch eigene Aktivitäten entsteht. Damit wäre ein klimapositiver Zustand erreicht.

Fokus auf eigene Produktion

Henkel fokussiert sich auf diesem Weg zunächst auf die eigene Produktion, da diese unmittelbar beeinflusst werden kann. Der CO_2-Fußabdruck der Produktion liegt bei rund 734 000 Tonnen CO_2 für das Jahr 2017. Er verteilt sich zu etwa gleichen Teilen auf die von Henkel selbst genutzten fossilen Brennstoffe sowie auf die fremdbezogene Energie, insbesondere Strom aus fossilen Energieträgern.

264

➔ **Langfristige Vision: Klimapositives Unternehmen**
Unser Ziel bis 2030: –75 Prozent CO₂ in unserer Produktion

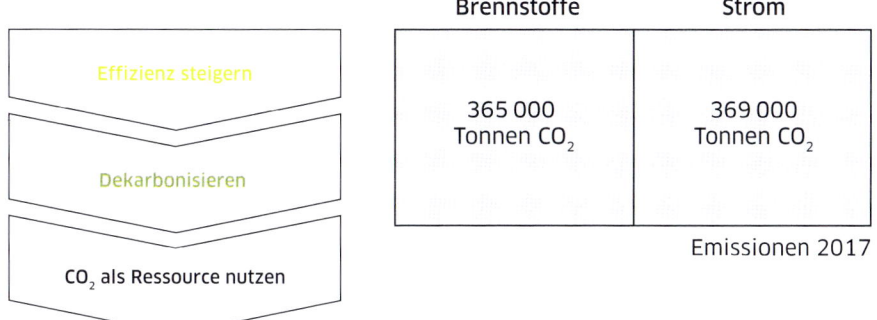

Effizienz steigern

Dekarbonisieren

CO₂ als Ressource nutzen

Brennstoffe	Strom
365 000 Tonnen CO₂	369 000 Tonnen CO₂

Emissionen 2017

CO₂-Fußabdruck zu etwa gleichen Teilen aus fossilen Brennstoffen und fossil erzeugtem Strom

Werden die drei Hebel zur CO₂-Reduktion auf den CO₂-Fußabdruck der eigenen Produktion angewandt, ergibt sich folgendes Bild:

➔ **Langfristige Vision: Klimapositives Unternehmen**
Unser Ziel bis 2030: –75 Prozent CO₂ in unserer Produktion

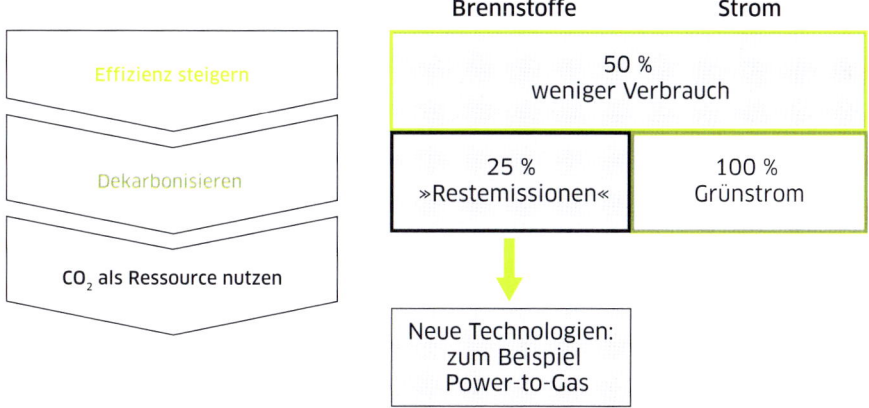

Effizienz steigern

Dekarbonisieren

CO₂ als Ressource nutzen

Brennstoffe	Strom
50 % weniger Verbrauch	
25 % »Restemissionen«	100 % Grünstrom

Neue Technologien: zum Beispiel Power-to-Gas

Ziel 2030: Reduktion der relativen CO₂-Emission der Produktion um 75 Prozent

75 Prozent CO_2-Reduktion bis 2030

Bis zum Jahre 2030 will Henkel den CO_2-Fußabdruck der eigenen Produktion um 75 Prozent reduzieren. Das soll unter anderem durch die kontinuierliche Verbesserung der Energieeffizienz erreicht werden. Im Rahmen des langfristigen Ziels von Henkel, bis 2030 dreimal effizienter zu werden (»Faktor 3«), soll bis zum Jahr 2020 der Energieverbrauch der Produktionsstandorte um jeweils 30 Prozent pro Tonne Produkt bis 2020 im Vergleich zum Basisjahr 2010 reduziert werden. Bis zum Jahr 2030 wird eine Einsparung um 50 Prozent gegenüber 2010 angestrebt. Ende 2017 wurde bereits eine Reduktion um 24 Prozent erreicht. Das Unternehmen operiert damit erfolgreich innerhalb seines Plans.

Parallel hat Henkel damit begonnen, die verbleibenden CO_2-Emissionen aus der Nutzung fossil erzeugter elektrischer Energie durch Strom aus regenerativen Quellen zu ersetzen. Bis 2020 will das Unternehmen 50 Prozent und bis 2030 100 Prozent des elektrischen Stroms für die eigene Produktion aus erneuerbaren Quellen beziehen. Um dies vor dem Hintergrund lokal oder regional sehr unterschiedlicher Gesetzgebungen und Infrastrukturen, teilweise stark regulierter Märkte, verschiedener Standortbedingungen und unterschiedlicher klimatischer Gegebenheiten umsetzen zu können, werden mehrere Modelle genutzt. Idealerweise wird regenerativer Strom direkt am Standort durch Windturbinen, Solarzellen oder andere Technologien erzeugt. Die benötigte Infrastruktur finanziert Henkel entweder selbst oder kooperiert mit externen Partnern im Rahmen langfristiger Stromabnahmeverträge. Die Alternative ist der direkte Bezug von außen, entweder aus dem Netz eines lokalen Energieversorgers oder im Rahmen eines langfristigen Stromabnahmevertrages. Sind die beiden ersten Modelle nicht umsetzbar, bleibt die indirekte Abdeckung durch ebenfalls langfriste Abnahmeverträge, die sicherstellen, dass »Grünstrom« aus spezifischen Anlagen in gleicher Höhe unseres Verbrauchs in das Netz eingespeist wird. Ein Ankauf von »Grünstrom«-Zertifikaten soll nur dann erfolgen, wenn keines der vorgenannten Modelle zum Einsatz kommen kann.

Szenario für 2030 und darüber hinaus

Ab 2030 will das Unternehmen auch die verbleibenden Brennstoffe in der eigenen Produktion durch klimaneutrale Alternativen wie beispielsweise Biogas oder Gas aus der Umwandlung von CO_2 ersetzen. Dazu beteiligt sich Henkel bereits heute an der Erforschung entsprechender Technologien wie zum Beispiel dem 2016 gestarteten Kopernikus-Forschungsprojekt »Power-to-X« unter Federführung des Bundesministeriums für Bildung und Forschung. X steht als Platzhalter für vielfältige Produkte wie zum Beispiel Gas, Treibstoffe oder Chemieprodukte: Power-to-Gas, Power-to-Fuel, Power-to-Chem. Ausgangspunkt ist die Energiespeicherung von regenerativ erzeugtem Strom in Form von Wasserstoff, der aus der Elektrolyse von Wasser gewonnen wird. Wird dieser Wasserstoff katalytisch mit CO_2 umgesetzt, können daraus Methan, flüssige Treibstoffe oder Basismoleküle für Chemieprodukte erzeugt werden. Power-to-X oder analoge Technologien zur Nutzung von CO_2 sind noch lange nicht zur Anwendungsreife gelangt. Daher kann auch derzeit kein exakter Zeitpunkt angegeben werden, zu dem diese oder ähnliche Technologien die verbleibenden 25 Prozent »Restemissionen« vollständig abdecken und die Produktion zur Klimaneutralität führen. Darüber hinaus will Henkel auch Dritte mit CO_2-neutraler Energie versorgen, die das Unternehmen für eigene Zwecke nicht benötigt. Auf diese Weise werden nicht nur eigene Emissionen vermieden, sondern es wird Dritten ermöglicht, von CO_2-neutraler Energie zu profitieren.

CO_2-Bilanz entlang der Wertschöpfungskette
Henkel hat bereits 2016 die CO_2-Emissionen entlang der Wertschöpfungskette auch extern überprüfen und zertifizieren lassen. Für 2017 weist die geprüfte CO_2-Bilanz Emissionen von etwa 51 Millionen Tonnen CO_2 aus.

Geprüfte CO_2-Bilanz
51 Mio. t/a CO_2 entlang der Wertschöpfungskette

Rohstoffe	Produktion	Logistik	Industrie und Verbraucher	Entsorgung
13,4 Mio. t/a	0,8 Mio. t/a	0,7 Mio. t/a	34,5 Mio. t/a	1,5 Mio. t/a

CO_2-Emissionen entlang der Wertschöpfungskette (2017)

Die beiden dominierenden CO_2-Beiträge entstehen durch Rohstoffe und Verpackungen sowie in der Anwendungsphase unserer Produkte. Rohstoffe und

Verpackungen sind zum großen Teil auf petrochemischer Basis hergestellt. Die Anwendung unserer Produkte erfolgt häufig bei erhöhter Temperatur, beispielsweise bei Schmelzklebstoffen, Wasch- und Spülmitteln oder Shampoos beziehungsweise Duschbädern.

Initiativen entlang der Wertschöpfungskette

Um CO_2-Emissionen langfristig in möglichst allen Teilen der Wertschöpfungskette zu reduzieren, hat sich Henkel auch in diesem Bereich bereits mehrere konkrete Ziele gesetzt und zudem weiterführende Initiativen gestartet. Eine Übersicht zeigt die folgende Abbildung. Auch hier folgen die Maßnahmen den drei Hebeln zur CO_2-Reduktion.

→ **Langfristige Vision: klimapositives Unternehmen**
Konkrete Ziele (inklusive Jahr) und weiterführende Initiativen

Rohstoffe	Produktion	Logistik	Industrie und Verbraucher	Entsorgung
13,4 Mio. t/a	0,8 Mio. t/a	0,7 Mio. t/a	34,5 Mio. t/a	1,5 Mio. t/a
Lieferanten reduzieren Rohstoff-Fußabdruck	Ziel 2010–2030: + 50% Effizienz	Ziel 2015–2020: –5% CO_2 pro Transportvolumen	Ziel 2015–2020: 50 Mio. t CO_2 vermeiden	
100% Nachhaltiges Palmöl (2020)/ Plastik-Rezyklate	Ziel 2030: 100% Grünstrom			
Neue Technologien: zum Beispiel Power-to-Chem	Neue Technologien: zum Beispiel Power-to-Gas			

Konkrete Ziele (mit Jahreszahl) und weiterführende Initiativen entlang der Wertschöpfungskette

Rohstoffe

Henkel geht davon aus, dass seine Lieferanten ebenfalls ihren CO_2-Fußabdruck durch Effizienzprogramme optimieren. Entsprechend sollte bei der Herstellung von Rohstoffen und Verpackungen weniger CO_2 entstehen. Das Unternehmen erwartet von seinen Vertragspartnern vergleichbare ambitionierte Effizienzziele, wie sie sich das Unternehmen selber setzt. Hierfür arbeitet Henkel mit seinen Zulieferern an einem gemeinsamen Plan.

268

Zur Dekarbonisierung der Rohstoffbasis von Henkel tragen nachhaltig erzeugte nachwachsende Rohstoffe in der Lieferkette bei. Bei Henkel machen Palmöl und Palmkernöl den überwiegenden Teil nachwachsender Rohstoffe in der Lieferkette aus. In den meisten Fällen nutzt Henkel diese Öle nicht selbst. Das geschieht vielmehr bei Vorlieferanten, die daraus Vorprodukte wie zum Beispiel Tenside herstellen. Henkel hat das konkrete Ziel, bis zum Jahre 2020 nur noch Vorprodukte aus 100 Prozent nachhaltigem Palmöl beziehungsweise Palmkernöl einzusetzen. Damit wird entsprechend heutiger Mengen eine jährliche CO_2-Reduktion von etwa 500 000 Tonnen resultieren. Der zunehmende Einsatz von Kunststoff-Rezyklat anstelle von neu hergestellten Kunststoffen leistet ebenfalls einen Beitrag zur Dekarbonisierung.

Aus den bereits diskutierten und intensiv beforschten neuen Technologien zur Nutzung von CO_2 als Ausgangsstoff zur Herstellung von klimaneutralen Basischemikalien und entsprechenden Endprodukten erwartet Henkel eine weitere Entlastung des Rohstoff-Fußabdruckes.

Produktion, Logistik, Anwendungsphase

Neben der bereits angesprochenen Produktion hat Henkel auch für die Bereiche Logistik und Anwendungsphase seiner Produkte Zielvorgaben beziehungsweise Initiativen entwickelt.

Ausblick

Die vorgestellten konkreten Ziele und Initiativen können erst den Anfang eines mehrere Jahrzehnte langen Weges beschreiben. Wichtig ist es, fortlaufend ambitionierte kurz- und mittelfristige Ziele zu entwickeln und zu erreichen, die auf dem Zielpfad der langfristigen Vision liegen. Mit Sicherheit werden sich auf diesem Weg auch neue, heute noch unbekannte Möglichkeiten und Technologien ergeben, die signifikante zusätzliche positive Klimabeiträge leisten und heute noch nicht vorstellbare Lösungen realisierbar machen. Entscheidend ist die Überzeugung der Mitarbeiter, ihre Kreativität und Begeisterung für Nachhaltigkeit und die Unterstützung durch interne und externe Stakeholder. Erst damit wird am Ende dieses Weges die heutige Vision eines klimapositiven Unternehmens greifbare Wirklichkeit.

Info-Box 16: Henkel und das Thema Klimaneutralität

6.2_SEKTOREN IM WANDEL

◆◆◆ Die aufgeführten Beispiele von Initiativen und Unternehmen zeigen, welche Möglichkeiten zur Kompensation bereits genutzt werden und dass es zahlreiche Vorreiter gibt, die die Zeichen der Zeit erkannt haben. Das Engagement einzelner Akteure ist wichtig, weil es ausstrahlt auf andere Menschen und Organisationen und zur Nachahmung ermutigt. Eine noch größere Wirkung im Sinne des Klimas würde man erzielen, wenn es zu strukturellen Veränderungen in Sektoren käme, die mit ihrem CO_2-Ausstoß maßgeblich zum Klimawandel beitragen. Zwei dieser Sektoren sind die Immobilienbranche und die Automobilindustrie. Untersucht man deren Überlegungen zur Reduktion ihrer Klimagase allerdings im Detail, wird deutlich, dass das gut Gemeinte nicht immer gleichzusetzen ist mit dem gut Gemachten. Es gibt Zielkonflikte und politische Abwägungen, die einen Prozess hin zu einem wirksamen Handeln erschweren und verzögern. Auf den folgenden Seiten soll das einmal näher beschrieben werden.

Die Immobilienbranche

Eine ganz zentrale Bedeutung für die Klimafrage hat der Immobiliensektor. Etwa ein Drittel der Energie- und Ressourcenverbräuche findet in diesem Bereich statt, ebenso ein Drittel der Klimagasemissionen. Die Gesamtthematik »Nachhaltigkeit und Immobilienwirtschaft« ist in einem Grundsatzdokument des Zentralen Immobilienausschusses (ZIA) zur Nachhaltigkeit des Immobiliensektors dargestellt [23]. Alle Akteure im Immobilienbereich werden durch ZIA motiviert, sich freiwillig der »Global Reporting Initiative« anzuschließen; das FAW/n in Ulm war in diese Positionierung des ZIA als wissenschaftlicher Begleiter des Projekts wesentlich involviert.[56] Die Initiative schließt sich der Zielsetzung der Politik an, Gebäude zu sogenannten »Green Buildings« umzubauen. Solche Gebäude verbrauchen wenig Energie, erzeugen somit wenig CO_2. In einer idealen Vorstellung kann man solche Gebäude sogar zu kleinen Kraftwerken machen. Sie erzeugen dann mehr Energie, als verbraucht wird.

Es kostet etwas, solche Green Buildings zu schaffen, aber wenn man neu baut, ist vieles möglich, und da man später Energiekosten spart, gibt es hier für die Politik auch einen Ansatzpunkt, den Druck zu erhöhen, also im Neubaubereich dafür zu sorgen, dass die Gebäude zumindest in der Tendenz den Charakter von »Green Buildings« oder Niedrigenergiehäusern haben. Weltfirmen ziehen als Mieter immer häufiger in solche Premiumimmobilien ein. Geht es ihnen dabei primär um die Energiekosten oder vielleicht um das Klima? Nein. Vielmehr ist Folgendes zu beachten:

Unternehmen mit internationaler Ausstrahlung und Markenkraft haben im Bereich Corporate Social Responsibility ganz besondere Verantwortung. In der Regel sind sie Mitglied der »Global Reporting Initiative« oder des »Global Compact« oder bei beiden. Sie wollen und müssen ihr sogenanntes »Carbon Budget« jedes Jahr absenken. Die Kunden erwarten dies ebenso wie die Investoren, die Mitarbeiter, die Zulieferer und die Zivilgesellschaft. Jährliche Absenkung wird zu einem Thema der Reputation. Residieren in »Green Buildings« wird in diesem Kontext zu einer Frage der Betriebswirtschaftslehre, und zwar wegen der Erwartungen so vieler Stakeholder. Ob sich energetische Sanierung im klassischen Sinne rechnet, ist dann zweitrangig. Und wie die Klimaeffekte aussehen und wie das Preis-Leistungs-Verhältnis für eine eingesparte Tonne CO_2 aussieht, ist ebenfalls weitgehend irrelevant.

Reduzierte Energiekosten sind angenehm, und man nimmt sie gerne mit, aber sie sind auch nicht das zentrale Thema. Im Kern geht es um Reputation und Öffentlichkeitswirkung. Und natürlich verlagert man die Themen gerne auf Zulieferer. Man erwartet vom Markt Angebote für eine klimaneutrale Logistik, für das klimaneutrale Reisen der Mitarbeiter und eben auch für »Green Buildings«. Investiert also jemand in Gebäude, in die Premiumunternehmen als Mieter einziehen sollen, müssen das zunehmend grüne Gebäude sein.

Gebäude machen einen Kernbestand der Assets auf diesem Globus aus. Etwa die Hälfte dessen, was die Menschen besitzen, sind Gebäude. Der Gesamtwert dessen, was wir besitzen, liegt bei etwa dem Fünffachen des globalen Bruttosozialprodukts – das entspricht 400 000 Milliarden US-Dollar. Der

Gebäudebestand hat bei uns eine lange Lebensdauer, der tatsächliche Neu-
bauanteil liegt unter einem Prozent. Die vorhandenen Gebäude werden ab und
an saniert. Die Politik möchte, dass Gebäude wegen der Klimathematik um-
gebaut werden, und zwar in Richtung sogenannter »Green Buildings«. DAX-
Unternehmen ziehen dort, wie beschrieben, bevorzugt ein, vor allem wegen
der Reputation. Anders sieht es bei sozial schwachen Mietern aus. Die energetische Sanierung ist im Bestand teuer, insbesondere dann, wenn gegen den
natürlichen Rhythmus saniert wird, beispielsweise weil die Politik in diese
Richtung Druck aufbaut. Das übersetzt sich dann irgendwann in höhere
Mieten, da Kosten häufig auf die Mieter umgelegt werden. Dies ist in einem
erheblichen Umfang erlaubt. Manchmal wird energetische Sanierung in Bal-
lungsgebieten mit »Luxussanierung« verknüpft. Die bisherigen Mieter verlieren dann die Wohnungen. Und Eigentümer im sozialen Wohnungsbau gehen
insolvent, es kann zu erheblichen Eigentumsverlusten kommen. Im sozialen
Wohnungsbau bedeutet das unter Umständen die weitere Stigmatisierung sozial schwacher Bürger, denen dann im Extremfall der Strom abgestellt wird.
Dies ist in Deutschland mittlerweile bei etwa 600 000 Hartz-IV-Empfängern
der Fall.

In einer Studie[57] zur sozialen Seite einer forcierten energetischen Sanie-
rungspolitik, an deren Entstehung das FAW/n in Ulm wesentlich beteiligt war
[11, 24], wurde festgestellt, dass die Entwicklungen im Bereich des sogenannten
Erneuerbare-Energien-Wärmegesetzes (EEWärmeG) und der Energieeinspar-
verordnung (EnEV) fast schon den Charakter einer »Klimaplanwirtschaft« haben. Offenbar wurde teilweise vergessen, worum es eigentlich geht: nicht um
die Energiekosten, sondern um das Klima. Dann ist aber auch zu prüfen,
inwieweit wir dem Klima auf diese Weise helfen und was es in diesem Zusammenhang kostet, CO_2-Emissionen zu vermeiden, und ob es nicht viel
preiswertere Alternativen gibt. Insbesondere solche im Bereich globaler Kompensationsprojekte.

Interessant ist Folgendes: Untersucht man den Gebäudebestand im Kontext
eines großen Verbandes, angelehnt an den Bundesverband deutscher Woh-

nungs- und Immobilienunternehmen (GdW), dann redet man über Millionen Wohnungen, die aber in der Summe trotzdem für »nur« 14 Millionen Tonnen CO_2 pro Jahr verantwortlich sind. All diese Wohnungen zusammen haben deshalb weniger Klimaeffekte als ein großes Kohlekraftwerk. Jedem müsste klar sein, dass es teuer werden kann, wenn man Millionen Wohnungen saniert. Vom FAW/n durchgeführte Analysen zeigen Folgendes: Wenn man gegen den Rhythmus operiert, muss man CO_2-Vermeidungskosten für eine Tonne CO_2 (die dann natürlich auch über die Folgejahre substituiert ist) in der Größenordnung von 750 Euro kalkulieren, während man heute in internationalen Kooperationsprojekten eine Tonne CO_2 zu einem Preis von weniger als 10 Euro kompensieren kann und dabei auch noch erhebliche Co-Benefits für Entwicklungsanliegen erzeugt. Sanierung ist demgegenüber so teuer, dass es manchen in den Ruin treiben wird, insbesondere sozial schwächere Partner. Dem Klima hingegen ist es egal, wo auf der Welt CO_2 eingespart wird. Deshalb argumentiert der Bundesverband deutscher Wohnungs- und Immobilienunternehmen (GdW) vehement gegen viele der heutigen Vorgaben und für die Möglichkeit, teilweise globale Kompensation einbeziehen zu können.

Die Quintessenz aus alldem ist, dass energetische Sanierung, falls sie nicht primär aus Reputationsgründen verfolgt wird, vor allem wegen der Energiekosten betrieben werden soll – wenn überhaupt – und nicht wegen der Klimaseite, denn da sind die Effekte zu gering. Und dass sich energetische Sanierung auch von der Energieseite her allenfalls dann rechnet, wenn man ohnehin schon saniert. Dann kann sich eine energetische Sanierung rechnen. Hier könnte der Staat die Situation natürlich noch verbessern, zum Beispiel bei den Abschreibungen. Dauert es noch bis zur nächsten Sanierung, kann man die Zwischenzeit durch Kompensationen überbrücken. Die Idee ist also, die Zeit bis zur nächsten regulären Sanierung, in vielleicht 15 oder 20 Jahren, dadurch zu überbrücken, dass man international kompensiert, bis der Zeitpunkt der regulären Sanierung gekommen ist. Von da an befindet man sich auf einem deutlich niedrigeren Emissionsniveau, muss also auch entsprechend weniger kompensieren, wenn man klimaneutral sein will. Man könnte in einer solchen Übergangsphase auch ein Mehrfaches an CO_2-Emissionen in weltweiter Betrachtung einsparen im Verhältnis zu einer vorgezogenen Sanierung vor Ort, und das für einen Bruchteil der Kosten.

Es ist in diesem Kontext besonders interessant, welche Ziele dennoch erreicht werden können durch Absenkungen im natürlichen Rhythmus. Ein Gutachten des FAW/n, das in Zusammenarbeit mit dem GdW entstand, zeigt, dass man im GdW-Bestand bis 2050 gute Chancen sieht, 60 Prozent der heutigen Emissionen einzusparen [11, 24]. Bis zum Jahr 2075 können es sogar 80 Prozent sein. Sollte die Politik hingegen eine forcierte Sanierung durchsetzen wollen, bei der man die 80 Prozent Einsparungen bereits 2050 erreicht, spart man insgesamt nicht viel mehr CO_2 ein, zahlt dafür aber einen exorbitanten Preis, der sich in Milliardenhöhe bewegt. Das kann viele Wohnungsbauunternehmen des GdW in wirtschaftliche Schwierigkeiten bringen.

Das Ziel muss also sein, etwas Klügeres zu tun als eine forcierte Sanierung bei Gebäuden, nämlich eine energetische Sanierung im Rhythmus des natürlichen Sanierungsprozesses, verbunden mit der Kompensation des noch nicht eliminierten, aber politisch gewollten Emissionsumfangs in weltweiten Kompensationsprojekten. Dabei ist dann zum Beispiel ab 2030 sogar die bilanzielle Absenkung auf null möglich – was einen viel größeren Klimaeffekt als politisch überhaupt angestrebt zur Folge hätte, und das bei massiv geringeren Kosten.

Wenn man große Wirkungen erzielen will, sollte man für große Wirkungen sorgen. Das kann man sofort haben, wenn man bereit ist, international zu kompensieren. Damit lassen sich Ziele wie Klimaneutralität sofort angehen, auch im Gebäudebestand eines großen deutschen Wohnungsbauverbandes. In dem Maße, wie man über die nächsten Jahre die Emissionen senkt, etwa durch energetische Sanierungen, muss man weniger kompensieren. In der Summe ist man immer bei null. Das Absenken über die kommenden Jahre ist unbedingt erforderlich, weil wir ja über Kompensation nur Zeit kaufen können und müssen. Und wir haben glücklicherweise genügend Zeit und genügend Möglichkeiten, aufzuforsten und forcierten Humusaufbau weltweit zu betreiben und mitzufinanzieren, um durch Sanierungen den Gebäudebestand im natürlichen Rhythmus auf den neuesten Stand bringen zu können. Gestaltet man den Prozess vernünftig aus, dann lassen sich dessen Kosten beherrschen. Finanziell schwächere Mieter würden zusätzlich auch nur begrenzt belastet. Noch einmal zur Erinnerung: Es geht beim GdW bei sieben Millionen Wohnungen heute um etwa 14 Millionen Tonnen CO_2 pro Jahr. Das ist deutlich weniger als die Hälfte der Emissionen eines einzigen großen deutschen Kohlekraftwerks.

Die Automobilbranche

Der Automobilsektor ist für einen substanziellen Teil der CO_2-Emissionen verantwortlich. Dies hängt damit zusammen, dass wir Menschen Automobile in großem Stil benutzen. Das ist nicht verwunderlich, denn das Automobil ist eine »Wertschöpfungsmaschine«. In vielen Fällen bedeutet die Möglichkeit des Zugriffs auf ein Automobil den Unterschied zwischen einem Leben in Armut und einem Leben in Wohlstand. Dabei gilt: Ein Auto ist extrem preiswert für das, was es leisten kann. Fragt man nach der Klimaseite, dann redet man pro Kopf im Durchschnitt in Deutschland über etwa 2 Tonnen CO_2-Emissionen im Jahr durch Nutzung von Automobilen. Das resultiert daraus, dass eine Tonne Benzin (ungefähr 1000 Liter) zu etwa 3 Tonnen CO_2-Emissionen führt. Ein Automobil, das im Jahr 30 000 Kilometer fährt, verbraucht vielleicht 2000 Liter Benzin, womit wir dann bei 6 Tonnen CO_2 wären. Das ist dann oft auf mehrere Personen umzulegen.

Es ist nicht einfach, über Technik die Menge CO2, die in Automobilen verbraucht wird, noch weiter zu senken, weil in der Vergangenheit schon sehr viel erreicht wurde. Im Übrigen braucht der Automobilsektor keine Motivation von außen, um Absenkung als Ziel zu verfolgen, soweit das mit überschaubarem Aufwand erreichbar ist. Die Anreize dafür sind nämlich ohnehin hoch, denn das Benzin macht als Teil der laufenden Kosten einen erheblichen Anteil der Kosten des Autofahrens über die Lebenszeit eines Automobils aus.

Der Verkehrsbeirat der Bundesregierung empfiehlt in einer Studie [103], den Automobilsektor in das europäische Zertifikatssystem einzubeziehen. Die

Politik will diesen Weg aber nicht gehen. Er wäre zu preiswert für die Auto-fahrer. Denn die Kosten für Benzin sind im Wesentlichen Steuern, etwa 65 Cent. Würde man den CO_2-Effekt im Sinne dieses Buches zu neutralisieren versu-chen, etwa über die Stilllegung von CO_2-Zertifikaten des EU-Handelssystems, käme man pro Liter Benzin auf etwa 3 Cent. Diese Zusatzkosten würden an-gesichts der hohen Steuerbelastung kaum auffallen. Man kann die heutige Steuerbelastung auch als einen CO_2-Strafbetrag deuten. Dann wird deutlich, wie wichtig den Bürgern die Möglichkeit ist, Automobile nutzen zu können. Hier liegt der Grund, warum die Politik den Verkehr nicht in das Zertifikats-system der EU integriert, was die Automobilindustrie durchaus positiv sehen würde. Wenn man das täte, und selbst wenn dafür keine kostenlosen neuen Zertifikate ausgegeben würden, also die Autofahrer für ihre CO_2-Emissionen Zertifikate des europäischen Emissionssystems vollumfänglich kaufen müss-ten, um sich allein auf diesem Wege klimaneutral zu stellen, würde das doch nur zu Zusatzkosten im Cent-Bereich pro Liter führen. Damit würde man nur wenig Druck ausüben und kaum Änderungen im Mobilitätsverhalten bewirken.

Deshalb beschreitet die Politik andere Wege: Geschwindigkeitsbeschrän-kungen, die klimaseitig kaum etwas bringen, oder immer striktere technische Vorgaben, die zu vernünftigen Kosten kaum noch zu erfüllen sind. Was auch die Debatte über die Zukunft des Dieselmotors zeigt. In der Folge von Paris gibt es nun viele, die den Druck auf den Verkehrssektor weiter erhöhen wol-len, obwohl schon die Planungen des Weißbuchs der EU zum Thema aus 2011 unrealistisch scharf sind. Der wissenschaftliche Beirat beim Bundesminister für Verkehr und Infrastruktur, bei dem der Autor seit 2000 Mitglied ist, hat sich gegen eine solche mechanisch-algorithmische Adressierung des Themas schon lange gewandt, schon in seinem ersten Klimagutachten aus 2008 [102]. Nach Paris ist jetzt ein zweites Gutachten entstanden, das in diesen Fragen noch deutlicher ist [103]. Es beinhaltet insbesondere die sehr allgemeine Bot-schaft, dass die richtige Reaktion auf Paris nicht darin besteht, den Druck auf die Politik weiter zu verschärfen, sondern dass es jetzt auch darum gehen muss, andere Akteure ins Spiel zu bringen, die freiwillig in Richtung Stilllegung oder Kompensation operieren und dadurch Zeit zu erschließen versuchen für das Verfolgen anderer Maßnahmen, insbesondere für das Hervorbringen neuer geeigneter Technologien und Energiesysteme. Wörtlich heißt es in dem Gutachten aus dem Jahr 2016: »Der einzige Energiesektor, dem es bisher nicht gelungen ist, die durch ihn emittierten Klimagase zu reduzieren, ist der Verkehrsbereich. Im Gegenteil: Im Luft- und Schiffsverkehr sind die Emissionen weiter angestiegen. Bisher wurde durch das Bundesministerium für Verkehr und digitale Infrastruktur kein Plan vorgelegt, durch welche Beiträge des Verkehrsbereichs die generellen Ziele in Deutschland in welchem Ausmaß zu erreichen sind.« Das 2014 aufgelegte Aktionsprogramm Klimaschutz setzt für 2020 zwar auf eine Stärkung des Schienenverkehrs, den Ausbau des öffentlichen Verkehrs und die Elektromobilität, besonders in Form von Elektro-Pkw. Darüber hinaus müssen im Verkehrsbereich aber weitere Möglichkeiten genutzt werden, so das Gutachten. Ferner heißt es: »Es wird der Frage nachgegangen, ob und gegebenenfalls inwieweit aus dem allgemeinen Reduktionsziel heruntergebrochene Vorgaben quantitativer Natur (mit fixen Zeithorizonten) mit vertretbaren finanziellen Ressourcen erreicht werden können. Bei der Festlegung Sektor-spezifischer Reduktionsstrategien sind die vorhandenen Reduktionspfade und die Innovationszyklen der jeweiligen Verkehrssektoren zu berücksichtigen. Denn forcierte Reduktionsvorgaben, die aus der Logik einer vermeintlich präzisen Kenntnis der Klimasensitivität abgeleitet werden, drohen zu überzogenem Einsatz finanzieller Ressourcen zu führen.«

6.3_ANSPRECHPARTNER

Atmosfair
(Denis Machnik)
(https://www.atmosfair.de)

ClimatePartner
(Walter Pohl)
(https://www.climatepartner.com)

CO_2OL
(Dirk Walterspacher)
(https://www.co2ol.de)

European Forest Institute
(Dr. Lukas Giessen)
(https://www.efi.int)

GreenBlau.com (BEaZERO)
(Georg Radermacher)
(https://www.greenblau.com)
(https://www.klimapositiv.me)

FAW/n
(Prof. Estelle Herlyn)
(http://www.fawn-ulm.de)

First Climate
(Dr. Jochen Gassner)
(https://www.firstclimate.com/)

Fokus Zukunft GmbH & Co. KG
(Peter Friess)
(http://www.fokus-zukunft.com)

ForestFinance
(Harry Assenmacher)
(https://www.forestfinance.de)

ForestFinest Consulting
(Dirk Walterspacher)
(http://www.forstfinestconsulting.com)

Klima Allianz Österreich
(Hans Harrer)
(http://www.senat-oesterreich.at/klimaallianz)

Klima-Kollekte gGmbH
(Dr. Martin Stauch)
(https://klima-kollekte.de)

Klimaneutralitätsbündnis 2025
(Martin Seeberger)
(http://www.klimaneutralitaetsbuendnis2025.com)

Naturefund e.V
(Katja Wiese)
(http://www.naturefund.de)

Netzwerk Lebenswert Wirtschaften
(Kajetan Jenner)
(https://netzwerk-lebenswert-wirtschaften.com)

South Pole
(Stefan Roesch)
(https://www.southpole.com)

UPM-CDM
(Martin Dilger)
(http://www.upm-cdm.eu/de)

WeForest
(Anna Rösinger)
(http://www.wefoest.org)

Welt Wald Klima Initiative
(Dr. Christoph Brüssel)
(http://www.weltwaldklima.de)

Zukunftswerk eG
(Alexander Rossner)
(http://www.zukunftswerk.org)

Schlussbemerkungen

Die Situation in Bezug auf das Klima ist alles andere als einfach. Immerhin hat die Politik in Paris geliefert. Aus Sicht des Autors ist viel mehr nicht möglich gewesen und viel mehr auch für die nächsten Jahre nicht zu erwarten. Die zwischenzeitliche Veränderung der US-Position zeigt, wie schwierig die Lage ist, auch wenn die USA wohl dennoch ihren versprochenen Beitrag erbringen werden, wenn auch aus anderen Gründen. Nämlich aufgrund von geopolitischen Interessen im Kontext einer massiven Produktionsausweitung bei Schiefergas und Schieferöl und die daraus zunehmend resultierende Ersetzung von Kohle durch Gas. Dies hat erhebliche positive Klimawirkungen.

Was hat die Politik mit dem Vertrag geleistet? In Paris wurde endlich das »Loch in dem bodenlosen Fass« der ständig wachsenden Klimagasemissionen geschlossen, das den privaten Sektor daran hinderte, die Probleme aktiv anzugehen. Es gibt jetzt eine Art Deckel, eine obere Grenze für weitere CO_2-Emissionen, sodass der private Sektor nun daran arbeiten kann, ein definiertes Volumen an CO_2-Emissionen bilanziell zu vermeiden, um so das Zwei-Grad-Ziel zu erreichen. Das erleichtert die Aufgabe erheblich.

Man kann erwarten, dass der Paris-Vertrag – im Vergleich zur bisherigen Situation – global kumulative CO_2-Emissionseinsparungen von wahrscheinlich 500 Milliarden Tonnen bis 2050 zur Folge haben wird. Das wird nicht ausreichen, um das Zwei-Grad-Ziel zu erreichen, aber es ist dennoch eine erhebliche Einsparung, ungefähr die Hälfte der zu erfüllenden Aufgabe. Durch die Fixierung eines Deckels ist jetzt abschätzbar, was zusätzlich noch geleistet werden muss: eine Reduktion um weitere etwa 500 Milliarden Tonnen bis 2050.

Diese Lücke muss jetzt geschlossen werden. Das kann die Politik wahrscheinlich nicht leisten, wohl aber können es andere Akteure. Über gesetzliche Verpflichtungen hinaus müssen wirtschaftlich leistungsfähige nichtstaatliche Akteure wie Länder, Städte und Kommunen genauso wie Unternehmen, Organisationen und Privatpersonen aktiv werden. Wobei die Staaten dies unterstützen und die Öffentlichkeit dies positiv begleiten kann und sollte. Die im Besonderen aufgerufenen Akteure können mit dem Einsatz von Geldmitteln – vor allem »verlorene« Finanzierungsbeiträge zu globalen Kompensationsprojekten – viel zur Verbesserung der Klimasituation auf dem Globus tun, sollten das aber angesichts der Knappheit des Geldes intelligent tun. Also einerseits freiwillig Maßnahmen vor Ort vornehmen, da, wo das finanziell darstellbar ist, ansonsten internationale Maßnahmen finanzieren, die kompensatorischen Charakter haben – in der Regel über »verlorene« Zuschüsse. Kompensationen sind heute für unter 10 Euro pro Tonne CO_2 möglich, unter anderem einerseits durch Stilllegungen von legalen Emissionsberechtigungen, andererseits durch biologische Sequestrierung, um der Atmosphäre CO_2 zu entziehen.

Von Stilllegungen kann man erhoffen, dass der jährliche Zufluss von CO_2 in die Atmosphäre bis 2050 um ungefähr 250 Milliarden Tonnen weiter verringert werden kann. Die verbleibenden 250 Milliarden Tonnen können durch negative Emissionen ausgeglichen werden, insbesondere durch biologische Sequestrierung. Notwendig sind dazu Investitionen in Aufforstung, in einen wachsenden Humusgehalt von Böden (zum Beispiel unter Nutzung von Bio-Kohle) und in den Schutz und die Rekultivierung von Feuchtbiotopen. Alle diese Aktivitäten ergeben schon aus sich heraus Sinn. Zusätzlich werden sie Nachhaltigkeit fördern. Sie werden insbesondere auch in Entwicklungsländern und in den am wenigsten entwickelten Ländern die wirtschaftliche Entwicklung voranbringen, und zwar im Einklang mit Klimaschutz. Die Welt braucht dringend solche wirtschaftlichen Fortschritte in Entwicklungsländern, die mit Nachhaltigkeit vereinbar sind, insbesondere mit Beiträgen zur Erreichung des Zwei-Grad-Ziels. Natürlich beeinflussen alle diese Aktivitäten in der Form sogenannter Co-Benefits auch positiv die Umsetzung der im September 2015 durch eine einvernehmliche Entscheidung der Vereinten Nationen beschlossenen »Sustainable Development Goals« (Agenda 2030).

Um dies zu erreichen, brauchen wir den Privatsektor, der seine Kompetenzen und sein Geld freiwillig einbringt, um die Lücke im Klimabereich zu schließen. Der Privatsektor wird hoffentlich handeln: in Umsetzung des Verursacherprinzips, um eine Klimakatastrophe zu vermeiden, die eigenen Eigentumstitel und den eigenen Lebensstil abzusichern, aber auch, um die Reputation der handelnden Akteure zu sichern, indem diese insbesondere die Klimaneutralität ihrer eigenen Aktivitäten sicherstellen.

In diesem Bereich ist bereits viel passiert. Sicher viel mehr, als in der öffentlichen Debatte wahrgenommen wird. Das Buch beschreibt die Logik hinter solchen Maßnahmen, vorhandene Standards und Angebote, wissenschaftliche Positionen, Akteure in dem Feld und insbesondere auch beispielgebende Initiativen. Der Temperaturanstieg kann nach Paris unter 2 Grad im Verhältnis zur vorindustriellen Zeit gehalten werden, wenn genügend viele nichtstaatliche Akteure ihren Beitrag leisten. Jetzt ist Zeit zu handeln. Stop talking – start planting!

Literatur

1. Addis Abeba: *From Billions to Trillions*, 2016[58]
2. Atkinson, A. B.: Inequality. *What can be done?*, Harvard University Press, 2015
3. Bachmann, G.: »Die historischen Wurzeln des Leitbildes Nachhaltigkeit und das 21. Jahrhundert«, erschienen in: *300 Jahre Nachhaltigkeit – ein altes sächsisches Leitbild. Hans Carl von Carlowitz (1645–1714). Sein Leben, sein Werk und seine Bedeutung für das 21. Jahrhundert*, Sächsische Hans-Carl-von-Carlowitz-Gesellschaft e.V., März 2013
4. Bardi, U.: *Der geplünderte Planet. Die Zukunft des Menschen im Zeitalter schwindender Ressourcen. Ein Bericht an den Club of Rome*, Oekom, 2. Auflage, 2013
5. Bardi, U.: *Der Seneca-Effekt: Warum Systeme kollabieren und wie wir damit umgehen können*, Oekom, 2017
6. Bruder, J.: »TÜV Hessen: Verantwortung für das Klima leben«. Erscheint in: *Klimaneutralität – Hessen 5 Jahre weiter*, Springer Vieweg, 2018
7. Bundesanstalt für Geowissenschaften und Rohstoffe (BGR): *Energiestudie 2016 – Reserven, Ressourcen und Verfügbarkeit von Energierohstoffen*, Hannover, 2016[59]
8. Bundesanstalt für Geowissenschaften und Rohstoffe (BGR): *Energiestudie 2017 – Daten und Entwicklungen der deutschen und globalen Energieversorgung*, Hannover, 2017[60]
9. Bundesministerium für wirtschaftliche Zusammenarbeit und Entwicklung (BMZ): »Entwicklungspolitik als Zukunfts- und Friedenspolitik«, *15. Entwicklungspolitischer Bericht der Bundesregierung*, 2017
10. Bundestag: Sozialen Basisschutz in Entwicklungsländern schaffen, Antrag im Bundestag, Arbeitskreis »Lernen und Helfen in Übersee« e.V., 23.06.2016, Quelle: *Heute im Bundestag (hib)* Nr. 392
11. Bundesverband deutscher Wohnungs- und Immobilienunternehmen e.V.(GdW), GdW Position »Strategie der Wohnungswirtschaft zur Umsetzung der Energiewende«, November 2012 (Studie unveröffentlicht)
12. Bushuyev, O. S.; De Luna, P.; Dinh, C. T.; Tao, L.; Saur, G.; van de Lagemaat, J.; O. Kelley, S.; Sargent, E. H.: »What Should We Make with CO_2 and How Can We Make It?« *Joule 2*, 1–8, Elsevier Inc., May 16, 2018
13. Carlowitz von, H. C.: *Sylvicultura oeconomica – Anweisung zur wilden Baumzucht*, Leipzig 1713
14. Chakravarty, S.; Chikkatur, A.; de Coninck, H.; Pacala, S.; Socolow, R.; Tavoni, M.: »Sharing global CO_2 emission reductions among one billion high emitters«. *Proceedings of the National Academy of Sciences* vol. 106 no. 29 (2009): 1 1884–88. http://cmi.princeton.edu/research/pdfs/one_billion_emitters.pdf

15. Chancel, L.; Piketty, T.: *Carbon and inequality: from Kyoto to Paris – Trends in the global inequality of carbon emissions (1998–2013) & prospects for an equitable adaption fund*, Paris School of Economics, November 2015

16. Climate Focus: »Progress on the New York Declaration on Forests: Finance for Forests – Goals 8 and 9 Assessment Report. Prepared by Climate Focus in cooperation with the New York Declaration on Forest Assessment Partners with support from the Climate and Land Use Alliance«, 2017

17. Climate Summit 2014: *Forests. Action Statements and Action Plans*, UN Headquarters, New York, 23 September 2014

18. Club of Rome und FAW/n Input »Landwirtschaft für eine bessere Welt – 50 Themenpunkte« zur 1. Internationalen Konferenz agriglobal, Hannover, 2012

19. Club of Rome, Senat der Wirtschaft: *Migration, Nachhaltigkeit und ein Marshall-Plan mit Afrika*, Denkschrift für die deutsche Bundesregierung, November 2016

20. Crowther, T. W. et al.: »Mapping tree density at a global scale«, *Nature* 525, 201–205, 2015

21. Crowther, T. W. et al.: *Predicting Global Forest Reforestation Potential*, bioRxive, doi: https://doi.org/10.1101/210062, 2017

22. Diamond, J.: *Kollaps. Warum Gesellschaften überleben oder untergehen*, S. Fischer Verlag, Frankfurt am Main, 2005

23. Forschungsinstitut für anwendungsorientierte Wissensverarbeitung/n (FAW/n): »Studie für den Zentralen Immobilienausschuss Deutschland (ZIA), Immobilienwirtschaft und Nachhaltigkeit«, erschienen in: *Nachhaltigkeit in der Immobilienwirtschaft – Kodex, Bericht und Compliance*, ZIA, 2011

24. Forschungsinstitut für anwendungsorientierte Wissensverarbeitung/n (FAW/n): Studie für den Bundesverband deutscher Wohnungs- und Immobilienunternehmen e.V.(GdW), »Die soziale Dimension des Klimaschutzes und der Energieeffizienz im Kontext von Bau- und Wohnungswirtschaft«, GdW, 2013

25. Forschungsinstitut für anwendungsorientierte Wissensverarbeitung/n (FAW/n): Studie für Deutsche Gesellschaft für Internationale Zusammenarbeit (GIZ), »Umsetzung der Sustainable Development Goals (SDGs)/der Agenda 2030 – Anforderungen an Global Governance und Möglichkeiten der Umsetzung«, Autoren: E. Herlyn, F. J. Radermacher und E. U. von Weizsäcker, Ergebnisbericht 2016

26. Forschungsinstitut für anwendungsorientierte Wissensverarbeitung/n (FAW/n): Studie für BMZ/giz »Globale Wertschöpfungsketten und Nachhaltigkeit – Möglichkeiten und Grenzen im Rahmen des WTO- und des EU-Rechts«. Autoren: F. Ekardt; E. Herlyn; Y. N. Hodu; T. P. Holterhus; K. Hossain; F. J. Radermacher und P.-T. Stoll, 2016

27. Fridgen, G.; Radszuwill, S.; Schweizer, A.; Urbach, N.: »Entwicklung disruptiver Innovationen mit Blockchain: Der Weg zum richtigen Anwendungsfall«. Erschienen in: *Wirtschaftsinformatik & Management*, 5/2017

28. Galinato, S. P.; Yoder, J. K.; Granatstein, D.: »The Economic Value of Biochar in Crop Production and Carbon Sequestration«. *Working Paper Series WP* 2010-3. School of Economic Sciences, Washington State University, 2010

29. Gassner, J.: »Das Pariser Klimaschutzabkommen und die Zukunft der freiwilligen CO_2-Kompensation«. In: Worms, M. J.; Radermacher, F. J. (Hrsg.): *Klimaneutralität – Hessen 5 Jahre weiter.* Band II: *Neue Impulse*, Springer Vieweg, 2018

30. Gimpel, H.; Röglinger, M.: »Disruptive Technologien – Blockchain, Deep Learning & Co. Eine Einführung in den Themenschwerpunkt«. Erschienen in: *Wirtschaftsinformatik & Management*, 5/2017

31. Grober, U.: *Die Entdeckung der Nachhaltigkeit. Kulturgeschichte eines Begriffs*, Kunstmann Verlag, 2010

32. Grober, U.: »Hans Carl von Carlowitz: Der Erfinder der Nachhaltigkeit«, erschienen in: *300 Jahre Nachhaltigkeit – ein altes sächsisches Leitbild. Hans Carl von Carlowitz (1645– 1714). Sein Leben, sein Werk und seine Bedeutung für das 21. Jahrhundert.* Sächsische Hans-Carl-von-Carlowitz-Gesellschaft e.V., März 2013

33. Grzega, J.: *Wohlstand durch Wortschatz? Wie Wörter die Leistung europäischer Länder prägen und uns Chancen zu Besserem bieten.* ASEcoLi Publications by the Academy for SocioEconomic Linguistics 10, 2017

34. Hamrick, K.; Gallant, M.: »Unlocking Potential. State of the Voluntary Carbon Markets 2017«. *Ecosystem Marketplace*, May 2017

35. Harari, Y. N.: *Homo Deus: Eine Geschichte von morgen*, C.H. Beck, 2017

36. Hawken, P.: *Drawdown the most Comprehensive Plan ever Proposed to Reverse Global Warming*, Penguin Books, UK, 2018

37. Helm, D.: *Burn Out: The endgame for Fossil fuels*, Yale University Press (3. März 2017)

38. Herlyn, E.: *Einkommensverteilungsbasierte Präferenz- und Koalitionsanalysen auf der Basis selbstähnlicher Equity-Lorenzkurven – Ein Beitrag zu Quantifizierung sozialer Nachhaltigkeit*, Gabler Verlag, Wiesbaden, 2012

39. Herlyn, E.: »Freiwillige Klimaneutralität – Ohne private Anstrengung kein Erfolg«, in: *SENATE* 1/17, S. 18/19, 2017

40. Herlyn, E., Kämpke, T., Radermacher, F. J., Solte, D.: »*Reflections on the OECD-Project ›The Role of Data in Promoting Growth and Well-Being‹, BIG DATA and Analytics – What are the perspectives?*«, 2015

41. Herlyn, E., Radermacher, F. J.: »A 1-1-1 Relationship for World Bank Income Data and the Gini«. *EINEQ WP* 2018–473, 2018

42. Herrmann, M.: *Consequential omissions. How demography shapes development – Lessons from the MDGs for the SDGs. Berlin Institute for Population and Development*, Berlin, 2015.

43. Hölscher, L.; F. J. Radermacher (Hrsg.): *Klimaneutralität – Hessen geht voran*, Springer Vieweg/Springer Fachmedien Wiesbaden GmbH, Oktober 2012

44. Icroa, Imperial College: »Unlocing the hidden value of carbon offsetting«, study, 2014[61]

45. Idel, A.: *Die Kuh ist kein Klimakiller!*, Metropolis Verlag, 2011

46. International Energy Agency (IEA): *World Energy Outlook 2016*, Paris, 2016[62]

47. International Energy Agency (IEA): *World Energy Outlook 2017*, OECD Publishing, Paris/IEA, Paris, 2017[63]

48. IPCC: Climate Change 2013: *The Physical Science Basis. Contribution of Working Group I to the Fifth Assessment Report of the Intergovernmental Panel on Climate Change.* Stocker, T. F., et al., Cambridge University Press, Cambridge, United Kingdom and New York, NY, USA, 2013

49. IPCC: »Summary for Policymakers«. In: *Climate Change 2013: The Physical Science Basis. Contribution of Working Group I to the Fifth Assessment Report of the Intergovernmental Panel on Climate Change.* Stocker, T. F., et al., Cambridge University Press, Cambridge, United Kingdom and New York, NY, USA, 2013

50. Johnston, P.: *Carbon balance and global development: An integrated approach to climate and energy security, human development and bio-diversity.* Club of Rome, Vienna, November 2017

51. Kapitza, S.: *Population Blow-up and after. Report to the Club of Rome and the Global Marshall Plan Initiative*, Hamburg, 2005, ISBN 5-02-033528-2

52. Keller, D. P.; Feng, E. Y.; Oschlies, A.: »Potential climate engineering effectiveness and side effects during a high carbon dioxide-emission scenario«. *Nature Communications* 5, 11, 2014

53. Kleber, Claus: *Spielball Erde: Machtkämpfe im Klimawandel*, C. Bertelsmann Verlag, 2012

54. Kotter, A.: *Ressourcen-Knappheit als Motiv staatlichen Handelns. Umweltgeschichtliche Untersuchungen zur Holzversorgung aus den Wäldern des Salzmaieramtes Traunstein (1619–1791/98)*, A. Miller & Sohn Traunstein, 1998

55. Lakoff, G.: *Don't think of an elephant! Know your values and frame the debate*, Chelsea Green Publishing, 2004

56. Lerchenmüller, H.: »Mit Pflanzenkohle die Welt retten?« Vorlesung, Hochschule Offenburg, 10. Januar 2018

57. Marshall, T.: *Die Macht der Geographie. Wie sich Weltpolitik anhand von 10 Karten erklären lässt.* dtv Verlagsgesellschaft, 4. Auflage, 2017

58. Martin, Claude: *Endspiel – Wie wir das Schicksal der tropischen Regenwälder noch wenden können. Der neue Bericht an den Club of Rome*, Oekom Verlag, 2015

59. Meadows, D. H., Meadows; D. L., Randers, J.; W. W. Behrens III: *The Limits to Growth. A Report to the Club of Rome's Project on the Predicament of Mankind* (1st ed.), Location: Universe Books, 1972

60. Müller, Gerd: *UNFAIR! Für eine gerechte Globalisierung*, Murmann Publishers, 2017

61. Neirynck, J.: *Der göttliche Ingenieur*, expert-Verlag, Renningen, 1994

62. Nicholls, M.: »Why more business should reassess the voluntary carbon market«, *Green-Biz*, April 2018,

63. OECD (2016): *Development Co-operation Report 2016: The Sustainable Development Goals as Business Opportunities*, OECD Publishing, Paris

64. Offermanns, H. et al.: »CO_2 – ein janusköpfiges Molekül – ›Klimakiller‹ und Basis für eine Weltwirtschaft ohne fossile Rohstoffe«, erschienen in: *Chemie unserer Zeit*, 2016, 50, Wiley-VCH Verlag GmbH & Co. KGaA, Weinheim

65. Offermanns, H.; Effenberger, F.; Keim, W.; Plass, L.: »Solarthermie und CO_2: Methanol aus der Wüste«, erschienen in: *Chemie – Ingenieur – Technik*, 2017

66. Offermanns, H.; Keim, W.: »Die Methanol-Technologie«, erschienen in: *Aspekte, Erdöl Erdgas Kohle* 132, Jg. 2016, Heft 5

67. Ornstein, L.; Aleinov, I.; Rind, D.: »Irrigated afforestation of the Sahara and Australian Outback to end global warming«. *Climatic Change* 97, 409–437, 2009

68. Papst Franziskus: »2. Enzyklika Laudatio Si': Über die Sorge für das gemeinsame Haus«, 24. Mai 2015 [64]

69. Piketty, Th.: *Das Kapital im 21. Jahrhundert*, C.H. Beck Verlag

70. Radermacher, F. J.: »Weltklimapolitik nach Kopenhagen – Umsetzung der neuen Potentiale«. *FAW/n-Report*, Ulm, 2010

71. Radermacher, F. J.: »Wege zum 2-Grad-Ziel – Wälder als Joker«. *Politische Ökologie* 127, S. 136–139, 2011

72. Radermacher, F. J.: »Die Ressourcen der Erde setzen uns Grenzen – vom sächsischen Bergmann Hans Carl von Carlowitz 1713 bis zum neuen Report an den Club of Rome 2052«. In: *Die Erfindung der Nachhaltigkeit – Leben, Werk und Wirkung des Hans Carl von Carlowitz*. Sächsische Hans-Carl-von-Carlowitz-Gesellschaft e. V (Hrsg.), S. 141–155, oekom Verlag, März 2013

73. Radermacher, F. J.: »Klimapolitik nach Doha – Hindernisse in Lösungen verwandeln«. *GAIA* 22/2, S. 87–92, 2013

74. Radermacher, F. J.: »Die Ernährungssituation der Menschheit – Überlegungen zu einem brisanten Thema«. in: Kongressband *125 Jahre VDLUFA im Dienste von Landwirtschaft, Umwelt- und Verbraucherschutz*. Verband Deutscher Landwirtschaftlicher Untersuchungs- und Forschungsanstalten e. V., *VDLUFA-Schriftenreihe* 69, S. 18–27, Berlin 2014

75. Radermacher, F. J.: »Can we still comply with the maximum limit of CO_2? Approaches to a new climate contract«. *CADMUS*, Vol. 2, No. 3, October 2014, p. 152–161

76. Radermacher, F. J.: »Globale Entwicklungsagenden, Nachhaltigkeit, Zukunft – Navigieren in schwierigem Gelände«, Beitrag im Sammelband *Die Post 2015 – Agenda für nachhaltige Entwicklung und ihre möglichen Auswirkungen auf die Entwicklungspolitik – Eine kritisch-rationale Reflexion von Petra und Dr. Werner Bruns*, 2015

77. Radermacher, F. J.; Beyers, B.: *Welt mit Zukunft – Die Ökosoziale Perspektive*, Murmann Verlag, Hamburg 2011

78. Radermacher, F. J.; Riegler, J.; Weiger, H.: *Ökosoziale Marktwirtschaft – Historie, Programm und Perspektive eines zukunftsfähigen globalen Wirtschaftssystems*, oekom Verlag, 2011

79. Randers, J.; Bus, A.; Held, U.; Leipprand, A.: *2052. Der neue Bericht an den Club of Rome: Eine globale Prognose für die nächsten 40 Jahre*, oekom Verlag, 2012

80. Randers, J.; Maxton, G.: *Ein Prozent ist genug – Mit wenig Wachstum soziale Ungleichheit, Arbeitslosigkeit und Klimawandel bekämpfen*, oekom Verlag, 2016

81. Rehm, M.; Schwark, J.; Schwark, A.: »Abschlussbericht: Torfsubstitution durch den Einsatz von carbonisierter Biomasse vorrangig aus Landschaftspflegematerial als Substratzuschlagstoff, Institut Energiesysteme und Energiewirtschaft«, Hochschule Ruhr West, Mülheim an der Ruhr, Projektzeitraum: 01.03.2012–29.02.2014[65]

82. Rosenberger M.; Weigl, N. (Hrsg.): *Über Nutzen und Würde von Wald und Holz – Überlegungen zur Verantwortung im Umgang mit einer zentralen Lebensgrundlage*, oekom Verlag, München, 2014

83. Schlatt, V.; Schweizer, A.; Urbach, N.; Fridgen, G.: »Blockchain: Grundlagen, Anwendungen und Potenziale«. Diskussionspapier, S. 1–54, in: Fraunhofer FIT, Dezember 2016

84. Schmidt, L.; Gerber, K.: »A comparison of carbon market standards for REDD+ projects«, *Germanwatch*, 1/2016

85. Senat der Wirtschaft und Club of Rome: *Migration, Nachhaltigkeit und ein Marshall-Plan mit Afrika. Denkschrift für die Bundesregierung.* Sonderausgabe SENATE, 2017

86. Senate of Economy, Club of Rome: *Migration, Sustainability and a Marshall Plan with Africa. A Memorandum for the European Commission, the European Parliament, and the Governments of the EU Member States:* Special Edition SENATE, 2017

87. Sinn, H.-W.: *Das grüne Paradoxon – Plädoyer für eine illusionsfreie Klimapolitik*, Econ Verlag, 2008

88. Spitzer, M.: *Digitale Demenz – Wie wir unsere Kinder um den Verstand bringen*, Droemer Verlag, 2014

89. Steiner, C.: »The Biochar Approach: A Complementary Use of Waste Biomass for Renewable Energy Production, Carbon Sequestration and to Enhance Soil Fertility. In Sustainable Agriculture: Technology, Planning and Management«. Eds. Salazar A.; Rios I., Nova, Science Publishers, New York, 2009

90. Tegmark, M.: *LEBEN 3.0. Mensch sein im Zeitalter Künstlicher Intelligenz*, Ullstein Buchverlage GmbH, Berlin, 2017

91. Töpfer, K.: »Kapitalismus und ökologisch vertretbares Wachstum – Chancen und Risiken«. In: *Kapitalismus im 21. Jahrhundert* (Alfred Herrhausen Gesellschaft, Hrsg.), München, 1999

92. Töpfer, K.: »Globale Umweltpolitik im 21. Jahrhundert, eine Herausforderung für die Vereinten Nationen«. in: Erfurter Dialog (Thüringer Staatskanzlei, ed.), 2001

93. Töpfer, K.: »Klima als globale Herausforderung«. In: Worms, M. J.; Radermacher, F. J. (Hrsg.): *Klimaneutralität – Hessen 5 Jahre weiter*. Band II: *Neue Impulse*, Springer Vieweg, 2018

94. Umweltbundesamt, Deutsche Emissionshandelsstelle (DEHSt), *Carbon Leakage: Die Verlagerung von Produktion und Emissionen als Herausforderung für den Emissionshandel?* Oktober 2008

95. Umweltbundesamt: »Aktualisierte Analyse des deutschen Marktes zur freiwilligen Kompensation von Treibhausgasemissionen«. *Climate Change*, 02/2015

96. Urner, M.; Austen, F.: *Müssen wir uns zwischen Zukunft und Kindern entscheiden?*[66]

97. Vereinte Nationen: »Rahmenübereinkommen der Vereinten Nationen über Klimaänderungen«, 1992

98. von Braun, J.; Díaz-Bonilla, E. (Eds.): *Globalization of food and agriculture and the poor.* Nueva Delhi: Oxford University Press, 2008

99. von Braun, J.: *Welternährung und Nachhaltigkeit – Herausforderungen und Strategien für das 21. Jahrhundert*, oekom Verlag, 2015

100. von Braun, J.: »Klimawandel – Risiken für die Ernährungssicherung und Handlungsbedarf«, Leopoldina Vorlesung, Halle, 23. Mai 2018 (Foliensatz)[67]

101. Wackernagel, M.; Beyers, B.: *Der Ecological Footprint. Die Welt neu vermessen*, Hamburg, 2010

102. Wissenschaftlicher Beirat beim Bundesminister für Verkehr, Bau und Stadtentwicklung: *Strategien zur Minderung der CO$_2$-Emissionen im Verkehrssektor*, 2008

103. Wissenschaftlicher Beirat beim Bundesminister für Verkehr und digitale Infrastruktur: *Braucht der Verkehr in Deutschland nach der Klimakonferenz in Paris eine neue Klimastrategie?*, 2016

104. Wissenschaftlicher Beirat beim Bundesminister für Verkehr und digitale Infrastruktur: *Automatisiertes Fahren im Straßenverkehr – Herausforderungen für die zukünftige Verkehrspolitik*, 2017

105. Wissenschaftlicher Beirat der Bundesregierung für Globale Umweltveränderungen WBGU: *Kassensturz für den Klimavertrag – Der Budgetansatz. Sondergutachten*, Berlin, 2009

106. Wolters, S., Becker, R.: *Freiwillige Klimakompensation als grünes Produkt?*, IÖW und oekom verlag, 2015

107. Worms, M. J.; Radermacher, F. J. (Hrsg.): *Klimaneutralität – Hessen 5 Jahre weiter*. Band II: *Neue Impulse*, Springer Vieweg, 2018

108. WWF: *Living Forests Report: Chapter 1 – Forests for a Living Planet*. WWF, Gland, Switzerland, 2011

Anmerkungen

1 »In the line of fire – Losing the war against climate change«. Titel-Story: *The Economist*, August 4th-10th, 2018.

2 *Neue Zürcher Zeitung*, 16. 02.2018.

3 »Tricky Business: Space for Civil Society in Natural Resource Struggles«.

4 *Die Welt*, 11.03.2018, Beitrag von Daniel Wetzel.

5 Vgl. »Deutschland lässt sich gehen«, Handelsblatt.de, 24.01.2018, von Silke Kersting.

6 1. Auflage, Dezember 2015.

7 Aus: www.klimaretter.info

8 16. Dezember 2017.

9 Vgl. https://www.ncdc.noaa.gov/bams

10 Vgl. *Die Zeit,* Nr. 3, 11.01.2018.

11 *Spiegel Online*, 25.10.2017.

12 Es fehlen nur einige kleine Staaten, denen der Vertrag nicht weit genug geht, die also größere Beiträge der anderen Staaten gefordert haben.

13 Der Text ist in Teilen eine überarbeitete Variante aus dem »Marshall-Plan mit Afrika«. Dokument vom Club of Rome und Senat der Wirtschaft [19].

14 Zu Deutsch: von Milliarden zu Billionen, wobei eine Billion 1000 Milliarden sind.

15 Global Footprint Network (2017): http://www.footprintnetwork.org/our-work/sustainable-development

16 Jürgen Flauger, »Die Kohle-Lüge«, *Handelsblatt*, 29.06.2017.

17 Hinweis des Autors: So viel zu den Umsetzungschancen der Agenda 2030.

18 Hinweis: Helm [37] spricht von 10 Millionen Barrel Öl pro Tag. Da ein 1 Barrel etwa 159 Litern entspricht und die Dichte von Heizöl etwa 883 kg/m^2 beträgt, bedeutet das bei 365 Tagen im Jahr ein Volumen von etwa 500 Millionen Tonnen.

19 *Welt kompakt*, 24.01.2018.

20 Vgl. Christiane Grefe, *Die Zeit,* Nr. 23/2014.

21 http://blog.zeit.de/teilchen/2015/04/01/china-beton-verbrauch-usa-urbanisierung/

22 https://de.statista.com/statistik/daten/studie/162007/umfrage/zementverbrauch-in-ausgewaehlten-laendern-weltweit/

23 Gastbeitrag des Autors im *Handelsblatt Business Briefing Nachhaltige Investments*, Nr. 8, S. 11, 11.08.2017.

24 *Vision – Das ZF-Magazin*, 2/2018.

25 *Handelsblatt*, 06.07.2017.

26 *Süddeutsche Zeitung*, 12./13.08.2017.

27 *Süddeutsche Zeitung*, 12./13.08.2017.

28 *Welt Kompakt*, 16.01.2018.

29 »Neustart der Energiewende«, *Handelsblatt*, Nr. 4, Januar 2018.

30 *Die Zeit*, Woche 27: »Ist das Auto am Ende?«.

31 *Handelsblatt*, 30.06.2017.

32 With reference to personal communication with P. Johnston concerning ongoing debates in the Club of Rome on the issue.

33 Weitgehend übernommen aus http://www.goldstandard.org/sites/default/files/documents/goldstandard_impactinvestment.pdf

34 www.atmosfair.de

35 Quelle: Statistisches Bundesamt, »Direkte und indirekte CO_2-Emissionen in Deutschland 2005–2013«, 24.05.2017.

36 Ebd.

37 CERs (Certified Emission Reductions) sind »zertifizierte Emissionsreduktionen für erfolgreich durchgeführte CDM-Projekte«.

38 VCS bezeichnen Zertifikate des Verified Carbon Standard.

39 Mittlerweile (2018) sind die Commerzbank und die Münchner Rück hinzugetreten. Das große deutsche Softwareunternehmen SAP hat Klimaneutralität bis 2030 angekündigt.

40 Vgl. dazu die Hinweise im Text zum Adaptation Fund der Vereinten Nationen, der von der Weltbank gemanagt wird. Dies sind CDMs, deren Nutzung in diesem Buch besonders empfohlen wird.

41 Philip Plinchent, »Die grüne Klima-Heuchelei«, 13.5.2018.

42 www.Klimaretter.info, 5.12.2017.

43 Der Text ist eine Adaption der Information in www.weltwaldklima.de

44 Der Text ist weitgehend von der Webseite http://co2.hessen-nachhaltig.de/ übernommen.

45 Der Text ist weitgehend übernommen von der Webseite https://www.vkw.de/klimaneutralitatsbuendnis-2025-geschaeftskunden.htm

46 Mitglieder des Klimaneutralitätsbündnisses siehe: http://www.klimaneutralitaetsbuendnis2025.com/buendnispartner/

47 https://www.allianz.com/de/nachhaltigkeit-2014/2014/fortschritt/umwelt/umweltbilanz.html

48 https://www.db.com/cr/de/umwelt/klimaneutralitaet.htm

49 https://www.dpd.com/de/unternehmen/verantwortung/drivingchange/klimaneutraler_pakettransport

50 https://www.dhl.de/gogreen

51 http://www.sutterluety.at/wnbinaryweb/166/4857474.pdf

52 https://unternehmen.aldi-sued.de/de/presse/pressemitteilungen/verantwortung/2016/pressemitteilung-aldi-sued-wird-ab-januar-2017-klimaneutral/

53 http://news.sap.com/germany/klimaneutral-bis-2025/

54 Vgl. http://www.dgm-moebel.de/klimaneutrale-hersteller.html

55 Vgl. http://www.avia.de/nc/geschaeftskunden/avia-heizoel/avia-heizoel-klimaneutral.html

56 https://www.zia-deutschland.de/fileadmin/Redaktion/Positionen/PDF/ZIA-Nachhaltig
    keitsleitfaden.pdf

57 http://web.gdw.de/energie-und-klimaschutz/gutachten/489-studie-zur-sozialen-dimen
    sion-des-klimaschutzes-und-der-energieeffizienz

58 https://www.imf.org/en/News/Articles/2015/09/14/01/49/pr15170

59 https://www.bgr.bund.de/DE/Themen/Energie/Produkte/energiestudie2016_Zusam
    menfassung.html

60 https://www.bgr.bund.de/DE/Themen/Energie/Produkte/energiestudie2017_Zusam
    menfassung.html?nn=1542288

61 www.icroa.org

62 http://dx.doi.org/10.1787/weo-2016-en 99

63 http://dx.doi.org/10.1787/weo-2017-en

64 http://w2.vatican.va/content/francesco/de/encyclicals/documents/papa-francesco_20
    150524_enciclica-laudato-si.html

65 https://www.dbu.de/OPAC/ab/DBU-Abschlussbericht-AZ-29695.pdf

66 www.perspective-daily.de/article/314/mZSMt3jl (aufgerufen am 04.08.2017).

67 https://www.leopoldina.org/veranstaltungen/veranstaltung/event/2592/

Danksagung

Der Autor dankt vielen Partnern, ohne deren Unterstützung und Beiträge das vorliegende Buch – und die umfangreichere Scientific Edition als Grundlage – nicht entstanden wäre, ebenso den Mitarbeitern am FAW/n und der Universität Ulm, die diesen Text und die vielen mit diesem Projekt verbundenen sonstigen Publikationen, unter zum Teil schwierigen zeitlichen Restriktionen, fertiggestellt haben. Nach den Entscheidungen in Kopenhagen haben am FAW/n in Ulm Prof. Herlyn, Herr Gerth (insbesondere im Bereich Recherche), Dr. Kämpke († 02.01.2015), Dr. Solte und Dr. Ünver mitgeholfen, die entsprechenden FAW/n-Berichte zu produzieren, die auf einen Klimavertrag abzielten, wie er jetzt in Paris realisiert wurde. In jüngerer Zeit hat des Weiteren Tobias Orthen mitgewirkt. Vor allem Prof. Herlyn hat sich in all diesen Arbeiten sehr engagiert und war auch in die Entstehung des vorliegenden Buches aktiv eingebunden. Aus diesem Grunde ist auch eine eigene Positionierung von ihr zum Thema »Freiwillige Klimaneutralität« aufgenommen worden.

Im Kontext der beschriebenen Arbeiten haben das Stilllegen von ETS-Zertifikaten und vor allem auch die Themen Aufforstung sowie massive Humusbildung (unter Nutzung von Bio-Kohle) im Bereich der Landwirtschaft einen hohen Stellenwert bekommen, letzteres auch in Verbindung mit der Erarbeitung mehrerer wissenschaftlicher Studien für BMZ/giz. Gedankt sei in diesem Umfeld Herrn Eberhard Schulz (Aerzener Bio-Landbau), Herrn Dr. Heiner Hoogen, einem international tätigen Landwirtschaftsexperten, Herrn

Dr. Christoph Steiner, internationaler Fachexperte im Bereich Bio-Kohle und ihre Nutzung, sowie mehreren aktiven Landwirten aus der Familie Herlyn.

Hervorgehoben sei in diesem Umfeld die immer wieder motivierende enge Zusammenarbeit mit Minister Dr. Gerd Müller und einigen seiner Mitarbeiter, Bundesministerium für wirtschaftliche Zusammenarbeit und Entwicklung, verantwortlich für die internationalen Beiträge Deutschlands im Klimabereich. Dies gilt insbesondere auch für die Verknüpfung des Klimathemas mit Co-Benefits bezüglich der »Sustainable Development Goals« der Vereinten Nationen (Agenda 2030) und einem Marshallplan mit Afrika, einem Schwerpunkt des vorliegenden Buches. In die Erarbeitung der Strategie für einen Marshallplan mit Afrika waren der Club of Rome (Winterthur und Hamburg) und der Senat der Wirtschaft e.V. (Bonn) eng eingebunden.

Der Autor dankt dem FAW/n und der Universität Ulm als den wissenschaftlichen Umfeldern, in denen viele der hier dargestellten Überlegungen erarbeitet wurden. Der Dank gilt insbesondere dem Sekretariat (Frau Grau, Frau Simon und in diesem Fall ganz besonders Frau Weizinger) sowie Herrn Jörn Hofschläger (Thema »Grafiken«). Er dankt insbesondere auch Herrn Härthe und Herrn Dr. Brüßel und vielen weiteren Verantwortlichen beim Senat der Wirtschaft, die das Thema Aufforstung beim Senat positioniert und in Wechselwirkung mit dem deutschen Umweltministerium, der Weltbank und auch dem US-Außenministerium vorangebracht haben. Die Einbindung in die Konferenzen vom Typ Bonn Challenge war dabei wichtig. Wichtig waren ebenso Beiträge der Klima-Allianz des Senats der Wirtschaft, Österreich. Hier gilt der Dank insbesondere Herrn Harrer, dem Vorstand des Senats in Österreich. Dies gilt ähnlich für die Zusammenarbeit mit dem früheren österreichischen Vizekanzler und Vordenker einer weltweiten ökosozialen Marktwirtschaft, Dr. Josef Riegler, und für Josip Baotić, der sich in Deutschland und in seiner Heimat Kroatien sehr für das Thema engagiert hat. Hervorgehoben seien des Weiteren als wichtige Diskussionspartner Gerhard Heise, Manfred Höhl und Jutta Saase sowie mein Co-Autor von *Welt mit Zukunft*, Herr Bert Beyers. Ferner auch Herr Stuckmann, Zero Emission Think Tank,

Herr Kammerhofer, Bundesamt für Umwelt BAFU/Wirtschaftliche Landesversorgung WL, Schweiz, sowie Herr Gersbach, GMS AG, Schweiz. Für ihre Beiträge zum Text dankt der Autor ebenfalls Herrn Thomas Müller-Kirschbaum (Fa. Henkel), Herrn Alfred T. Ritter (Ritter Sport) und Herrn Urs A. Weidmann (Silent-Power AG).

Für den Autor erhellend waren verschiedene Projektaktivitäten des FAW/n zum Thema. Dazu gehört die Beteiligung an dem Projekt Klimaneutrale Landesverwaltung Hessen und in diesem Kontext die immer wirkungsvolle Zusammenarbeit mit Herrn Hans-Ulrich Hartwig und Frau Kornelia Helbig vom Hessischen Ministerium der Finanzen. Ebenso die Betreuung der Klimaneutralitätsaktivitäten der Wirtschaft des österreichischen Bundeslandes Vorarlberg. Herr Alfred Steurer war hier ein wichtiger Motivator. Aufschlussreich war die Betreuung des Zentralen Immobilienausschusses (ZIA) in der Erarbeitung seiner Nachhaltigkeitsstrategie, in enger Zusammenarbeit unter anderem mit Herrn Werner Knips (Heidrick & Struggles, Unternehmensberatung GmbH & Co. KG), ferner die Studien für den Gesamtverband der deutschen Wohnungsbauwirtschaft mit ihren Konsequenzen bezüglich einer klugen Art der energetischen Sanierung und der Verknüpfung dieses Themas mit globalen Kompensationsmaßnahmen. Hier wird im Text auf das GdW-Dokument »Strategie der Wohnungswirtschaft zur Umsetzung der Energiewende« ausführlich hingewiesen. In diesem Zusammenhang war der inhaltliche Austausch mit Herrn Axel Gedaschko und Frau Dr. Vogler immer hilfreich. Ein weiterer Bezug ist der Bericht zum Thema »Klima« des Verkehrsbeirats der Bundesregierung mit dem Titel »Braucht der Verkehr in Deutschland nach der Klimakonferenz in Paris eine neue Klimastrategie?«. In dem Beirat wirkt der Autor seit 17 Jahren mit.

Sehr hilfreich war die langjährige Zusammenarbeit mit Peter Johnston, Club of Rome, zur zentralen Bedeutung biologischer Sequestrierung zur Lösung des Klimaproblems und mit Frau Dr. Antje Grobe, einer sehr engagierten und breit vernetzten Akteurin im Bereich »Klima« in seiner ganzen Breite. Hilfreich war auch die frühere Initiative von Herrn Emse zum »Berliner

Apell«, ebenso die Zusammenarbeit mit dem deutschen Schornsteinfeger-handwerk zum Thema. Schornsteinfeger tragen heute als »Glücksbringer« die Idee der Klimaneutralität in viele deutsche Haushalte. Der Autor kommt aus einem Schornsteinfegerhaushalt. Sein Bruder Hermann Josef leitet seit vielen Jahren die größte Schornsteinfegerweiterbildungsstätte in Deutschland mit Sitz in Dülmen. Schornsteinfeger sind heute Experten für Heizen, Klima, Umweltschutz und alle damit zusammenhängenden Fragen. Die Zusammenarbeit mit den Ulmer Unternehmen Bantleon und Zwick/Roell sowie mit der Gütegemeinschaft Möbel haben dem Autor erneut verdeutlicht, wie entschlossen Unternehmen manchmal handeln. Glücklicherweise gibt es dies auch heute noch in unserer Welt, in der gigantische bürokratische Strukturen oftmals jede Initiative im Keim ersticken. Es ist bei dem endlosen Gerede an vielen anderen Stellen wohltuend zu sehen, dass es punktuell Entscheidungskraft gibt und rasch gehandelt wird. Die Entscheidungen der aik Immobilien-Investmentgesellschaft mbH, ebenso die Orientierung der Deutschen Gütegemeinschaft Möbel e.V. zum Thema sind von dieser Art. Ganz besonders hervorzuheben ist in diesem Umfeld die Entscheidung des Heizölanbieters AVIA, sein Heizöl auf eigene Kosten klimaneutral anzubieten. Dazu werden über eine Million Tonnen CO_2 pro Jahr international kompensiert. Das ist eine besonders wichtige Initiative. Die Entscheidung des größten deutschen Softwarehauses SAP für Klimaneutralität 2025 hat ebenfalls große Signalwirkung.

Das alles macht Hoffnung und ist einer der Gründe, warum der Autor und viele Partner die freiwillige Klimaneutralität nichtstaatlicher Akteure, vor allem in Form »verlorener« Finanzierungsbeiträge zu globalen Kompensationsprojekten, als möglichen Schlüssel zur Lösung der Weltklimafragen sehen. Dies umso mehr, als über so erzeugte Co-Benefits auch eine Chance besteht, substanzielle Fortschritte bezüglich der Agenda 2030 der Vereinten Nationen zu erreichen.

Besonders hervorgehoben werden soll an dieser Stelle auch die über viele Jahre schon dauernde Zusammenarbeit mit der Global Marshall Plan Initiative, mit dem früheren Vorstandsvorsitzenden von ZEISS, Peter Grassmann, mit Klaus Wiegandt, dem früheren Vorstandssprecher der Metro AG, dem Club of Rome Deutschland und dem Desertec-Umfeld, insbesondere auch mit Frithjof Finkbeiner, einem immer hochmotivierten Streiter für eine bessere Welt. Die Zusammenarbeit geht zurück auf gemeinsame Aktivitäten bei Rotary in der Bevölkerungsfrage, im Besonderen im Kontext der Rotarian Action Group for Population & Development (RFPD), deren Vorsitzender der Autor ist. Von der RFPD und ihren vielen Botschaftern gehen viele Inspirationen aus, die im Marshallplan mit Afrika und auch in diesem Buch zu finden sind. Dies gilt ähnlich für die erfolgreichen Aktivitäten der Deutschen Stiftung Weltbevölkerung.

Für die inhaltliche Orientierung des vorliegenden Buches war die langjährige Zusammenarbeit mit Prof. Klaus Töpfer wichtig, dem wohl besten Kenner der internationalen Debatte zu Nachhaltigkeit und Klimaschutz in Deutschland. Seine Hinweise zum Umgang mit den internationalen Entwicklungsanliegen im Kontext der Klimafrage sind von hoher Prägekraft für das vorliegende Buch. Ihm danke ich auch für das zweite Vorwort zu diesem Buch. Für das erste Vorwort gilt das in derselben Weise für Frau Patrizia Espinosa, Executive Secretary des UN Climate Change Secretariat.

Wichtig und motivierend war für mich dabei schließlich auch die Zusammenarbeit mit der Initiative Plant-for-the-Planet und dem jungen Felix Finkbeiner, eine Initiative von welttransformaler Kraft, die für den Autor eine beständige Motivationsquelle ist. Dies gilt gerade auch für die aktuelle »Trillion Tree Campaign«, die in diesem Buch beschrieben ist. Das gilt ähnlich für die Zusammenarbeit mit seinem Sohn Georg Rouven Radermacher in der Thematik. Georg Rouven Radermacher hat von seiner Masterarbeit an der Business School der Universität Salzburg über die Mitwirkung beim Klimaneutralitätsbündnis 2025 Vorarlberg bis hin zur Etablierung der Plattform GreenBlau.com (www.greenblau.com) wesentliche Impulse zur Umsetzung des Themas erarbeitet. Dazu zählen insbesondere auch der BEaZERO-Standard für Privatpersonen und Unternehmen, den der Autor unterstützt, aber ebenso inhaltliche Beiträge zu diesem Buch. Das gilt schließlich auch für viele Kollegen und drei anonyme Reviewer des Club of Rome. Ihnen allen danke ich für ihre wertvollen Hinweise.

Zum Schluss danke ich dem Murmann Verlag, den dortigen Verantwortlichen Dr. Sven Murmann und Dr. Peter Felixberger sowie dem Lektor der Druckvariante, Herrn Marc Winkelmann, für die kompetente Betreuung der Publikation und ihre Positionierung im Markt. Hier konnte an die positiven Erfahrungen mit *Welt mit Zukunft* angeknüpft werden.

ANHANG

Estelle L. A. Herlyn

Freiwillige Klimaneutralität[1]

Ein hoffnungsvoller Ansatz, die Verantwortung für die Bekämpfung des Klimawandels auf viele Schultern zu verteilen, liegt in der sogenannten freiwilligen Klimaneutralität von Organisationen aller Art, zum Beispiel Unternehmen und Privatpersonen.

Ihre Bemühungen erfolgen parallel zu den politischen Anstrengungen, den CO_2-Ausstoß zu senken. So haben die Staaten der Welt im Kontext des Pariser Klimaabkommens Reduktionszusagen getroffen (»Nationally Determined Contributions«, NDC), die in nationale Klimaschutzpläne überführt wurden. So ist es der Plan Deutschlands, seine Emissionen bis zum Jahr 2050 um 80 bis 95 Prozent gegenüber dem Wert des Jahres 1990 zu senken.[2] In einer Gesamtbetrachtung stellt man jedoch fest, dass die bisher vereinbarten politischen Maßnahmen bei weitem nicht ausreichen werden, um das Zwei-Grad-Ziel, das in Paris auf Wunsch der Inselstaaten sogar noch einmal in Richtung 1,5 Grad verschärft wurde, zu erreichen.

Eine wichtige Bedeutung bekommt in diesem Zusammenhang die freiwillige Klimaneutralität.[3] Zunehmend mehr Organisationen, aber auch Privatpersonen, kompensieren nach dem Verursacherprinzip die CO_2-Emissionen, die trotz aller Reduktions- und Vermeidungsmaßnahmen noch in ihrer CO_2-Bilanz stehen. Man spricht auch von Offsetting. Hierzu können unterschiedliche Maßnahmen ergriffen werden. Eine besteht in der Erzeugung von Negativemissionen, die einen unerlässlichen Beitrag zur Erreichung des Zwei-Grad-Ziels darstellen.[4] CO_2, das bereits emittiert wurde, wird wieder aus der Atmosphäre herausgeholt. Besonders wirkungsvoll ist hierfür die massive Bildung von Humus in der Landwirtschaft. Sie bindet sehr viel CO_2, ist gut für die Bodenfruchtbarkeit, verbessert den Wasserhaushalt und das Ernteergebnis und vieles mehr. Ein anderer, unter vielen Aspekten positiv zu beurteilender Ansatz ist die Wiederaufforstung degradierter Flächen. Neben der Bindung von CO_2 durch die gepflanzten Bäume können vielfältige positive Effekte vor Ort erzielt und Entwicklung gefördert werden. Im ökologischen Bereich wird durch die Renaturierung von Flächen die Biodiversität positiv befördert, der Wasserhaushalt verbessert sich. Im sozialen Bereich kommt es zu einer Verbesserung der Lebensbedingungen und der Ernährungssituation. Nicht zuletzt ergeben sich positive ökonomische Effekte: Die Forstwirtschaft generiert Arbeitsplätze und Einkommen, es entsteht Infrastruktur, und schließlich ist Holz ein wichtiger erneuerbarer Rohstoff, erneuerbare Energiequelle und Biomasse zugleich. Auf diese vielfältige Weise wirken Aufforstungsmaßnahmen positiv bei 12 der 17 »Sustainable Development Goals«.[5]

Eine weitere Maßnahme besteht in der Finanzierung erneuerbarer Energiesysteme in sich entwickelnden Staaten, wodurch dort der Umfang der Nutzung fossiler Energieträger reduziert wird.[6] Durch eine Auswahl von sogenannten Gold-Standard-zertifizierten Maßnahmen lässt sich eine hohe Qualität und hohe Wirksamkeit der finanzierten Aktivitäten absichern.[7] Schließlich besteht ein dritter Weg in der Stilllegung von CO_2-Zertifikaten aus dem europäischen Emissionshandelssystem. Man erwirbt CO_2-Zertifikate und damit die Erlaubnis, CO_2 zu emittieren, nutzt diese aber nicht. Auf diese Weise wird die zulässige Menge an CO_2-Emissionen innerhalb des Handelssystems reduziert. In der Praxis findet sich bereits eine Vielzahl von Unternehmen, die klimaneutral sind. Exemplarisch genannt seien Aldi Süd, die Allianz, die Deutsche Bank oder auch das mittelständische Unternehmen Zwick Roell.[8] In jüngster Zeit hat die AVIA Mineralöl AG die von ihr pro Jahr angebotenen 360 Millionen Liter Heizöl klimaneutral gestellt.[9] Diese verursachen eine Million Tonnen CO_2. Weitere Unternehmen bieten einzelne Produkte oder Dienstleistungen klimaneutral an, so etwa das Unternehmen DPD den klimaneutralen Versand aller Pakete.[10]

Mit einer jeweils individuellen Kombination aller drei beschriebenen Maßnahmen leisten diese und andere Unternehmen einen sehr wichtigen Beitrag zum Klimaschutz. Es ist zu erwarten, dass die Klimaneutralität des Privatsektors in Zukunft eine noch viel größere Bedeutung erhalten wird, weil sich mehr und mehr die Erkenntnis durchsetzen wird, dass die Politik alleine nicht in der Lage sein wird, die Maßnahmen zu ergreifen, die notwendig sind, um den Klimawandel auf ein für die Menschheit beherrschbares Ausmaß zu begrenzen. Das liegt unter anderem daran, dass die Verteilung der Anpassungslasten nicht nur die bekannten Gerechtigkeitsfragen zwischen Staaten aufwirft, sondern auch solche zwischen reichen und armen Individuen.

Die Autorin Prof. Dr. Estelle L. A. Herlyn ist Rektoratsbeauftragte für Nachhaltigkeit und Wirtschaftsethik, FOM Hochschule für Ökonomie und Management

Anmerkungen

1 Der Beitrag basiert auf einem im *SENATE-Magazin* erschienenen Text [39].
2 Vgl. BMUB (2016).
3 Vgl. Hölscher/Radermacher (2013).
4 Vgl. Hansen et al. (2016)
5 Vgl. zum Beispiel https://www.co2ol.de/soddo-community-managed-reforestation/
6 Vgl. zum Beispiel https://shop.southpolecarbon.com/uploads/product/190_DE.pdf
7 Vgl. http://www.goldstandard.org
8 Vgl. https://www.einfach-besseres-klima.de/, https://www.allianz.com/de/nachhaltigkeit-2014/allianz_und_nachhaltigkeit/unternehmen/umweltmanagement.html/, https://www.db.com/cr/de/umwelt/klimaneutralitaet.htm und https://www.zwick.de/umwelt-soziales
9 Vgl. https://www.avia.de/nc/geschaeftskunden/avia-heizoel/avia-heizoel-klimaneutral.html
10 Vgl. https://www.dpd.com/de/home/verantwortung/klimaneutraler_pakettransport

Andreas Ziegler[1]

Umstrittene CO$_2$-Kompensationen schützen das Klima[2]

Freiwillige Kompensationszahlungen für privaten CO$_2$-Ausstoß tragen zum Klimaschutz bei. Personen, die sich freiwillig klimaneutral stellen, sind zudem häufig besonders engagiert für Nachhaltigkeitsanliegen im Allgemeinen und setzen das häufig auch in ihrem Lebensstil um. Zu diesem Ergebnis kommen Wissenschaftler der Universitäten Kassel und Hamburg. Damit widerlegen sie die verbreitete These, wonach es sich bei diesem sogenannten CO$_2$-Offsetting um bloßen Ablasshandel für Klimasünden handelt, der sogar negative Effekte für das Klima haben könnte.[3] Zu einem ähnlichen Ergebnis kommt übrigens auch der TÜV Hessen in einer neueren Publikation [6].

Der Autor Prof. Dr. Andreas Ziegler ist Professor für Volkswirtschaftslehre, Schwerpunkt Empirische Wirtschaftsforschung, Universität Kassel

Anmerkungen

1 Positionierung zum Thema von Prof. Andreas Ziegler und weiteren Wissenschaftlern, Universität Kassel, 2015.
2 Zitiert nach: http://www.uni-kassel.de/uni/forschung/aktuelles/beitraege/article/umstrittene-co2-kompensationen-schuetzen-das-klima.html
3 Links zu den Studien: http://www.sciencedirect.com/science/article/pii/S0928765515300440 sowie http://www.tandfonline.com/doi/abs/10.1080/00036846.2015.1085647?journalCode=raec20

Klaus Wiegandt et al.

Die Waldoption – Ein Korridor für den Klimaschutz vor dem langfristigen Umbau der Energiesysteme[1]

Die Problemstellung

Die Ergebnisse des Pariser Weltklimagipfels Ende 2015 haben spontan weltweit Begeisterung ausgelöst. Und in der Tat, dieser Gipfel war insofern ein großer Durchbruch, als erstmals 196 Staaten offen bekannt haben: Der Klimawandel findet real statt und droht noch in diesem Jahrhundert zu einem der größten Probleme für die gesamte Menschheit zu werden. Unerwartet kam auch das Bekenntnis, die Erderwärmung möglichst auf 1,5 Grad begrenzen zu wollen, um das Auftreten von Kipppunkten im Erdsystem weitgehend ausschließen zu können. Die bisherigen Selbstverpflichtungen der Staaten im Klimavertrag bringen in der Summe aber nur etwa die Hälfte dessen zusammen, was nötig wäre, um dieses Ziel zu erreichen. Daher sind im Vertrag vorsorglich Mechanismen vorgesehen, in fünfjährigen Abständen das Ausmaß der möglichen globalen Zielerreichung durch die jeweils aktuellen Länderverpflichtungen zu evaluieren und entsprechende Nachbesserungen einzufordern. Die Berichtspflicht wird einen erheblichen politischen und moralischen Druck auf die einzelnen Staaten verursachen. Der Schutz der Wälder wie auch die weltweite Aufforstung als biotische Ansätze zur möglichen Emissionsreduzierung beziehungsweise CO_2-Entlastung der Atmosphäre werden als wesentliche Instrumente erneut – diesmal sogar an prononcierter Stelle – anerkannt.

Wesentlich weniger euphorisch wird man allerdings, wenn man die Schwachstellen des Vertrages analysiert. Schon bei den aktuellen Selbstverpflichtungen kommen aufgrund zum Teil vager Formulierungen im Vertrag wie »sollen«, »einladen«, »ermutigen« oder »so schnell wie möglich« Zweifel an der konkreten Umsetzbarkeit des Vertrages auf. Gravierender noch werden die Zweifel, wenn es um die unabdingbare Nachbesserung in Fünfjahresabständen geht. Denn wir laufen selbst bei voller Erfüllung der Selbstverpflichtungen des Pariser Vertrages auf eine Erderwärmung von knapp 3 Grad zu. Und den Staaten ist freigestellt, mit welchen Instrumenten sie ihre Ziele erreichen wollen. Der wohl wichtigste Beitrag im Klimaschutz, etwa 50 Prozent des Energieverbrauchs bis zum Jahre 2050 weltweit einzusparen, wird überhaupt nicht thematisiert. Die beiden Hauptreiber des Klimawandels, die weiter steigende Weltbevölkerung sowie das Weltwirtschaftswachstum, werden gar nicht oder völlig unzureichend erwähnt. In den nächsten 35 Jahren wird die Weltbevölkerung um weitere zwei Milliarden Menschen wachsen, mit allen Auswirkungen auf Ressourcen- und Energieverbrauch und damit auf CO_2-Emissionen. Aber viel gravierender ist das weitere Weltwirtschaftswachstum. So werden in den nächsten 20 bis 25 Jahren weitere drei Milliarden Menschen in den Mittelstand der Verbraucher aufsteigen und gleichzeitig Billionen in den Schwellen- und Entwicklungsländern in die Infrastrukturen investiert. Für die Schwellen- und Entwicklungsländer ist Wirtschaftswachstum Voraussetzung, um zumindest die Grundbedürfnisse der Menschen zu befriedigen, sofern dort denn eine faire Verteilung der Wachstumsgewinne überhaupt stattfindet.

Leider werden sowohl im Konsum- als auch im Investitionsbereich die Entwicklungen nach dem nicht nachhaltigen Vorbild der Industrienationen vorangetrieben. Und die Industrieländer stehen unter dem vermeintlichen Zwang, trotz gesättigter Märkte weiter wachsen zu müssen, um ihre gesellschaftliche Stabilität nicht zu gefährden. Auch das wird nicht hinterfragt. Wiederum kommen zwei der nicht nachhaltigen und am stärksten wachsenden Wirtschaftssektoren ungeschoren davon: der Flug- und der Schiffsverkehr. Der Verzicht auf die Kerosinsteuer subventioniert allein in Deutschland den Flugverkehr jährlich mit rund acht Milliarden Euro. Der weltweit dominierende Ansatz der Politik, sofern sie überhaupt Nachhaltigkeit im Blick hat, bleibt die umfassende und zügige Entkopplung von Wirtschaftswachstum und Ressourcen- und Energieverbrauch, um eine Reduzierung der CO_2-Emissionen zu erreichen.

Doch der riesige Nachholbedarf in den Schwellen- und Entwicklungsländern sowie der sog. Reboundeffekt, bei dem die Verbraucher durch ihr Verhalten einen Großteil der Effizienzgewinne zunichtemachen, haben in den letzten beiden Jahrzehnten eine absolute Entkopplung verhindert, woran sich auf absehbare Zeit auch nichts ändern wird.

Die Waldoptionen

Radikale Umstellungen in Lebensstilen, Konsum und Wirtschaftsform sind nicht durchsetzbar und daher unter demokratischen Voraussetzungen auch nicht wünschbar. Sie würden überdies in vielen Ländern Massenarbeitslosigkeit zur Folge haben und zu sozialen und politischen Verwerfungen führen. Daher brauchen wir mehr Zeit für eine sozialverträgliche Transformation der Weltwirtschaft in Richtung Nachhaltigkeit und Klimaschutz. Diese Zeit haben wir unter den gegenwärtig gegebenen Bedingungen nicht, weil nach Erkenntnissen der Klimaforschung die Weichen für einen gebremsten Klimawandel innerhalb der nächsten 15 bis 20 Jahre gestellt sein müssen. Gelingt dies nicht, besteht die Wahrscheinlichkeit eines irreversiblen, gefährlichen Klimawandels. Das notwendige Zeitfenster können die sog. Waldoptionen öffnen. Seit mehr als zwei Jahrzehnten werden sie insbesondere von den Forstwissenschaften empfohlen, wie beispielsweise in dem von 250 Wissenschaftlern unterzeichneten Wald- und Holz-Manifest von 1998 dokumentiert.

Der Autor Klaus Wiegandt ist Stifter und Vorstand der Stiftung Forum für Verantwortung

Anmerkung

1   Der Text stammt aus einem Positionspapier der Bildungsinitiative »Mut zur Nachhaltigkeit«.

Horst Emse
Berliner Appell aus 2012

Angesichts der nur allzu schleppend vorankommenden Klimaschutzpolitik appellieren die Unterzeichner an Private, Unternehmen und sonstige Organisationen, mit eigenem Handeln der Öffentlichkeit und den Politikern zu signalisieren: »Wir sind bereit, die Konsequenzen dringend erforderlicher Klimaschutzmaßnahmen mitzutragen.« Die manchmal zögerliche Politik braucht zusätzlichen Anschub, vor allem aber Ermutigung. Den politisch Verantwortlichen muss der Rücken gestärkt werden, notwendige, aber leider unbequeme Regelungen zu beschließen. Deshalb: Übernehmen Sie – freiwillig und souverän – in Ihrem Zuständigkeitsbereich Verantwortung für die dort anfallenden CO_2-Emissionen, indem Sie sich um eine weitgehende (für Sie finanziell tragbare) Reduzierung Ihrer CO_2-Emissionen bemühen und indem Sie zusätzlich, im Sinne des Verursacherprinzips, für die technische und/oder biotische Kompensation der nicht vermiedenen Emissionen sorgen – beispielgebend dafür, wie eigentlich alle energieaufwendig Lebenden und Arbeitenden handeln müssten, damit nicht andere die Folgen der verursachten CO_2-Emission erleiden müssen!

Wir hoffen, mit Unterstützung all derer, die seit Jahren vergeblich einen effektiven globalen Klimaschutz fordern, einen Bewusstseinswandel bei Bürgern und Politikern in Gang zu bringen, dem zufolge es für jedermann selbstverständlich wird, für die ökologischen Konsequenzen der jeweils eigenen Energienutzung beziehungsweise für die Kosten der Entsorgung eigener nicht vermiedener CO_2-Emissionen einzustehen – so wie es die Politik schnellstens im großen Maßstab allgemein verbindlich durchsetzen muss.

Der Autor Horst Emse war früher Pfarrer, mehrere Jahre bei der Klimaschutzinitiative Prima Klima engagiert und engagiert sich inzwischen selbstständig für den Klimaschutz

Franz Josef Radermacher

Input in einen Vertragsentwurf für einen gehärteten Paris-Vertrag

Der Autor hat in seiner umfangreichen Publikation zum Thema nach Kopenhagen in 2010 einen ausgearbeiteten Vertragsentwurf für ein funktionsfähiges weltweites Klimaabkommen vorgelegt, das vom Charakter mit dem Paris-Vertrag kompatibel ist, aber in Details auch differiert. Der betreffende Vertragsentwurf ist aus 2010. Er beinhaltet klarere Verpflichtungen für Industrieländer und Nichtindustrieländer, als in Paris festgelegt wurden, obwohl die Stoßrichtung ähnlich war. Waldthemen und der internationale Schiffs- und Flugverkehr waren einbezogen. Niedrigst emittierende Staaten werden in besonderer Weise belohnt, niedrig emittierende Staaten und emissionsstarke Schwellenländer ebenso, aber in je angepasstem Umfang. Hinzu kommt eine Unterstützung weltweiter Aufforstprojekte. Der WTO-Bezug (Grenzausgleichsabgaben gegen »Free-rider«) ist einbezogen, ebenso Mindestzahlungspflichten für Industrieländer bzgl. der Finanzierung des Klimafinanzausgleichs. Freiwillige Klimaneutralität des Privatsektors soll gefördert werden, Stilllegung von Zertifikaten wird vorgesehen, Regenwälder werden geschützt. Für diesen Schutz wird bezahlt. Der Vertragsentwurf aus 2010 ist unter www.faw-neu-ulm.de nachlesbar. Dies empfiehlt sich, auch wenn sich zwischenzeitlich die Bedingungen für den Vertrag verändert haben. Der Vertragsentwurf gibt nämlich viele Hinweise darauf, wo und wie der Paris-Vertrag »nachgehärtet« werden könnte oder sollte. In der großen Linie zeigt der Entwurf auf, wohin die internationale Politik im Klimabereich zielen sollte.

Über den Autor

Franz Josef Radermacher ist Mathematiker, Informatiker und Wirtschafts-wissenschaftler. Er ist seit 2018 Professor und Botschafter für digitale Trans-formation an der Zeppelin Universität Friedrichshafen. Bis zu seiner Eme-ritierung 2018 war er Professor für Datenbanken und Künstliche Intelligenz an der Universität Ulm und leitet in Ulm weiterhin das Forschungsinstitut für anwendungsorientierte Wissensverarbeitung (FAW/n). Radermacher ist Preisträger des Robert-Jungk-Preises 2005 und seit 2010 Präsident des Senats der Wirtschaft e.V. Er ist Autor von *Welt mit Zukunft* (2011) und *Balance oder Zerstörung* (2002). Weiterhin ist er seit 2000 Mitglied des Wissenschaftlichen Beirats beim Bundesministerium für Verkehr und digitale Infrastruktur, Mit-glied des Club of Rome und ein international gefragter Redner.

© Foto: Kilian Blees